임흥식

서울대학교 중어중문학과를 졸업하고
1984년 문화방송에 기자로 입사해
정치, 경제, 사회부 기자와 홍콩특파원,
사회부장, 〈시사매거진 2580〉 부장 등을 거쳤고
보도국 편집, 기획에디터, 논설위원 등을 지내다가
2015년 정년퇴직했다.
2013년 건국대학교 언론홍보대학원에서 언론학 석사 학위를 받았고
2012년부터 성신여자대학교, 수원대학교, 동양대학교에서 겸임교수와 초빙교수로
방송뉴스 제작과 논술 등을 강의했으며
2011년부터 2017년까지 이화여대・SBS문화재단 〈프런티어 저널리즘 스쿨〉에서
예비언론인들을 가르쳤다.
2018년 3월 MBC C&I 대표이사에 취임했다.
limpio801@gmail.com

방송문화진흥총서 142

방송뉴스 기사쓰기

2014년 9월 5일 발행
2018년 9월 5일 2쇄

지은이   임흥식
발행자   趙相浩
발행처   (주) 나남
주소   10881 경기도 파주시 회동길 193
전화   (031) 955-4601(代)
FAX   (031) 955-4555
등록   제 1-71호(1979.5.12)
홈페이지   http://www.nanam.net
전자우편   post@nanam.net

ISBN 978-89-300-8772-8
ISBN 978-89-300-8001-9 (세트)

책값은 뒤표지에 있습니다.

이 책은 MBC재단 방송문화진흥회의 지원을 받아 출간되었습니다.

방송뉴스 기사쓰기

나남
nanam

방송문화진흥총서 142

방송뉴스 기사쓰기

임 흥 식 지음

나남
nanam

Broadcast News Reporting and Writing

Lim, Heung - Sik

nanam

올해로 30년이 넘었습니다. 수습기자로 노량진과 관악경찰서를 드나
든 게 1984년 초였으니까요. 그 후 한 번도 뉴스와 기사를 떠난 적이 없
습니다. 한 가지 일을 30년 넘게 했으면 정말 '불 끄고 떡을 썰' 정도가
됐을 법한데 그렇지 못하네요. 저의 부족함 때문이기도 하겠지만, 아
마 뉴스나 기사라는 게 너무나 다양하고 변화무쌍해서 달인을 허(許)
하는 분야는 아닌가 봅니다. 그래도 몇 년 전부터 기자 지망생들과 대
학생들에게 뉴스를 가르치면서 '아무것도 남지 않은 건 아니구나' 하는
생각이 들 때도 가끔 있었는데요, 그 생각에 의지해서 30년 방송기자로
서 취재하고, 기사 쓰고, 보도하고, 배우며 가르치면서 제 안에 쌓인
것들을 써보기로 했습니다. 곧 방송기자라는 직함을 내려놓아야 하는
처지이다 보니 30년 기자생활에 의미를 부여할 수 있는 '마침표'를 찍고
싶었던 욕심도 있었겠지요.

　기사를 잘 쓰는, 뉴스를 잘 만드는 '기술'에 대해서 썼습니다. 애써
취재한 것들을 보고 듣는 이들에게 가장 잘 전달할 수 있도록 기사를 쓰
는 방법이나 뉴스 제작방식에 대해서 쓴 것입니다. '좋은 기사'인지 아
닌지는 기사의 내용이 결정합니다. 어떤 기사가 좋은가 아닌가에 대한

평가는 사람에 따라 다를 수 있습니다. 그러나 '잘 쓴 기사'는 조금 다릅니다. 어떤 내용이든, 그 내용을 보고 듣는 이들에게 제대로 전달했느냐에 대한 판단은 훨씬 객관적입니다. 이 책은 '좋은 기사'를 쓰기 위한 시각이나 의식보다는 기사를 잘 쓰는 법과 리포트를 잘 만드는 법에 대해 쓴 것입니다. '기술'이라고 표현한 마음을 헤아려주십시오. 동시에 '기술'에 관한 것이라고 쉽게 여기지도 마시길 바랍니다. 많은 경우 기사를 잘 쓰는 법에 충실하다 보면 기사의 내용도 좋아집니다.

기자가 되고자 하는 이들을 염두에 두고 썼습니다. 많은 언론사가 입사시험 때 어느 정도 기사도 쓸 줄 알고 기획뉴스에 대한 감각도 있는 지원자들을 뽑으려 합니다. 언론사에 들어가게 되어도, 기사를 쓰는 법에 대한 그럴듯한 교육을 받지 못하는 경우가 대부분입니다. 다 일하면서 배우는 거죠. 이런 상황을 감안해, 기자가 되려는 이들이라면 기사 쓰는 법에 대해서 이 정도는 알고 일을 시작했으면 좋겠다는 뜻에서 썼습니다. 물론 '아는 것'과 그만큼 '쓰는 것'은 다르겠지만 말이죠. 기자 지망생들뿐만 아니라 방송기자가 된 지 얼마 되지 않은 기자들, 방송을 해야 하는 신문이나 인터넷 매체의 기자들에게도 도움이 될 수 있을 것으로 기대합니다.

책은 모두 13번의 강의로 이루어져 있습니다. 첫 번째 강의는 전체 강의의 프롤로그 성격으로 '좋은 기사'가 갖춰야 하는 조건들에 대해서 언급했고, 제 2강은 방송기사가 지켜야 할 기본원칙을 설명했습니다. 제 3강부터 제 12강까지는 각론입니다. 스트레이트 기사와 리포트 기사를 작성하는 법, 기사작성에 필요한 문장력과 표현력, 앵커와 대담하는 생방송 그리고 기획뉴스 등에 대해서 얘기했습니다. 〈프런티어 저널리즘 스쿨〉의 기자 지망생들이 제시된 사실(facts)이나 보도자료를 보고 쓴 기사와 이미 방송된 기사 등을 사례로 들어가면서 강의했습니다. 제 13강에는 기사를 읽는 것에 대해 썼습니다. 그리고 책 끝에 기자 지망생들이 언론사 입사시험에서 만나게 되는 논술에 관한 특강을 붙였습니다. 성신여자대학교에서 3년간 논술 첨삭지도를 한 경험이 바탕이 됐습니다.

'한국 언론이 위기에 처해 있다는 진단이 더 이상 새롭지 않은 때에, 그것도 세월호 참사 보도로 "기레기"라는 말까지 나도는 이때에, 이런 책을 써 내는 게 너무 한가롭게 비치지나 않을지' 하는 생각에 마음이 무겁습니다. 그러나 어떤 상황, 어떤 처지에 있든지 방송기자에게 '기사를 잘 쓰고 리포트를 잘 만드는 것'만큼 중요한 것은 없습니다. 원칙과 기본에 충실해야 모든 걸 극복하는 힘도 길러집니다. '비정상화'된 것이 언젠가 '정상화'된다고, 없던 실력이 갑자기 나오는 것은 아닙니다. 여러분이 얼른 실력을 갖춘 기자가 돼 '좋은 기사'로, 위기에 처한 언론을 구하는 데 힘을 보태실 수 있기를 기대합니다.

책을 내기까지 여러 분들의 도움이 필요했습니다. 자신들의 습작을 사례로 쓰도록 허락해준 〈프런티어 저널리즘 스쿨〉의 수강생들, 마찬가지로 자신들의 논술을 인용할 수 있도록 해준 성신여대 제자들에게 고맙습니다. 또한 이 책에 인용된 기사를 쓴 모든 분들께도 감사드립니다. 누구보다도 초고를 읽고 날카로운 지적과 조언을 해준 선후배와 제자들에게 고마움을 표합니다. 한 분 한 분 밝히는 게 어떨까 했지만, 제

글에 대한 비판까지도 떠넘기는 결례를 범할 것 같아 그러지 않았습니다. 마지막으로 부족한 제 글을 다듬어 책의 형태를 갖추게 해주신 나남출판 편집진께 고마움을 표합니다.

2014년 8월

문화방송 논설위원

임 홍 식

방송문화진흥총서 142

방송뉴스 기사쓰기

차 례

01

—

강의를 시작하며

진실이 무엇인지 모른다는 이유로
진실을 외면할 수는 없습니다.

진실은 기사가 지향하는 목표가 돼야 합니다.

곧 기사는 기자가
진실에 최대한 가까이 접근하려고
노력해서 얻은 결과물이어야 합니다.

제 1강
강의를 시작하며

기사는 진실을 담아야 합니다

"기자는 국민의 알 권리를 충족시키고, 진실을 알릴 의무를 가진 언론의 최일선 핵심존재로서 공정보도를 실천할 사명을 띠고 있으며 …" 한국기자협회의 윤리강령은 이렇게 시작됩니다. 그렇습니다. 기자에게는 진실을 알릴 의무가 있습니다. 기사는 진실을 담아야 한다는 것입니다. 진실은 겉으로 드러나 있을 때도 있지만 저 깊은 곳에 파묻혀 캐내기 어려울 때도 많습니다. 진실이 무엇인지 혼란스러울 때도 있습니다.

진실이 무엇인지 모른다는 이유로 진실을 외면할 수는 없습니다. 진실은 기사가 지향하는 목표가 돼야 합니다. 곧 기사는 기자가 진실에 최대한 가까이 접근하려고 노력해서 얻은 결과물이어야 합니다. 〈워싱턴 포스트〉의 보도원칙이라고 하는 '진실로서 확보될 수 있는 가장 가까운 진실'(the truth as nearly as the truth may be ascertained)도 그런 의미이겠고, '얻을 수 있는 최선의 진실'(the best obtainable version of truth)도 비슷한 뜻일 겁니다.[1]

기사는 '사실'을 써야 합니다. 다행히도 '사실'은 진실보다 상대적으

---

1 빌 코바치·톰 로젠스틸, 이재경 옮김 (2009) 《저널리즘의 기본원칙》, 한국언론재단, 81쪽.

로 가까이 가기 쉽습니다. 사실을 전할 때는 '정확'하게 해야 합니다. 정확성은 기사가 지녀야 할 가장 기본적인 요소입니다. 정확하게 사실을 쓰면 다 좋은 기사일까요? '진실'과 '사실'은 어떻게 다를까요?

2014년 4월, 〈임을 위한 행진곡〉을 5·18 민주화운동 기념곡으로 지정하느냐 마느냐를 놓고 여야가 논란을 벌일 때였습니다. 새누리당의 한 고위 당직자는 "광복절, 3·1절 등 5대 국경일 노래도 기념곡으로 지정돼 있지 않은 상황"이라며 기념곡 지정을 반대한다는 발언을 했습니다. 같은 날 새정치민주연합의 한 의원은 "3·1절이나 4·19 등 국가기념일에는 모두 기념곡이 있다. 〈임을 위한 행진곡〉도 형평성에 맞게 기념곡으로 지정돼야 한다"고 말했습니다. 보도된 내용만 보면 두 사람의 발언 중 어느 하나는 진실이 아닙니다. 두 사람이 그렇게 발언한 것은 '사실'이지만 '진실'이 무엇인지는 기사를 본 사람들은 모를 수밖에 없습니다. 기자는 두 사람이 발언한 '사실'만 전하는 것이 아니라 두 사람의 발언 중 어느 것이 '진실'인지를 취재해 밝혀야 합니다. 거기까지는 할 수 있을 것입니다. 그러나 진실인지 아닌지 여부를 판단할 수 있게 하는 모든 정보를 갖고 있는 권력이 '거짓'을 말할 때, 기자가 진실을 파헤치기란 쉽지 않습니다. 기자가 정의롭고, 용기가 있으며 끈질겨야 하는 이유입니다.

기사를 말할 때, '진실'보다는 조금은 현실적으로 다가오는 가치가 있습니다. 바로 '공정'입니다. 한국기자협회 윤리강령 첫 줄에 나왔듯이 기자는 공정보도를 실천할 사명을 띠고 있습니다. '공정'의 사전적 의미는 '공평하고 올바름'입니다. 공정보도라 함은 취재대상에 편향(偏向)적이지 않은 자세로 접근해, 사실을 정확하게 보도함으로써 진실이 무엇인지 알게 하는 모든 행위를 포함한다고 할 수 있을 것입니다. 어느 쪽으로 치우치지 않는, 곧 편향되지 않는다는 것은 객관성을 유지한다는 것과 같은 말입니다.

'편향'이나 '객관성' 자체도 논란의 대상이 되곤 합니다. 편향돼서는 안 된다는 것은 특정한 사안에 대해 어느 한쪽으로 치우친 시각을 갖고 접근해서는 안 된다는 것이지 어느 한편에 기운 기사를 써서는 안 된다는 것을 의미하지 않습니다. 즉, 취재 의도나 과정의 편향성이 문제일 뿐, 취재 결과는 진실에 부합하게 쓰면 된다는 것입니다. 편향되지 않겠다며 '기계적으로 중립성'을 지킨 기사는 진실을 '희석'시키기도 합니다.

같은 사안을 다룬 기사들이라도 신문에 따라, 방송에 따라 다를 때가 많아서 어느 말이 맞는지 헷갈릴 때가 있습니다. 언론사마다 사안을 보는 관점(觀點)이 다르기 때문이라고들 말합니다. 물론 언론사마다 이념적인 성향이 다를 수 있습니다. 문제는 진실에 다가서려는 노력에 앞서 이념적 잣대부터 들이대려는 데 있습니다. 그러다 보니 공론의 장을 통해 사회통합의 기능을 해야 할 언론이 오히려 사회 갈등을 증폭시키는 '분열의 촉매'와 같은 역할을 하고 있다는 비판도 제기되는 것이겠지요.

이번 강의는 서문에서도 말씀드렸듯이 기사를 쓰는, 또 리포트를 만드는 '기술'에 초점을 맞춘 것입니다. 그러다 보니 기자라면 항상 지니고 살아야 할 '진실', '사실', '정확성', '공정', '편향되지 않음'과 같은 가치들을 너무 홀대하는 것 아닌가 하는 생각에서 강의를 조금 무겁게 시작했습니다.

강의 계획

이 책은 모두 열세 번의 강의로 구성되어 있습니다. 제 1강은 오리엔테이션이라고 보면 됩니다. 제 2강은 방송기사를 쓰는 데 지켜야 할 기본 원칙에 대해서 얘기할 것입니다. 제 3강부터 제 12강까지가 기사를 쓰는 법과 리포트를 만드는 법에 대한 본격적인 수업이 될 것입니다. 기사의 종류에 따라 기사쓰기는 어떻게 달라져야 하며, 염두에 둬야 할 사항들은 무엇인지 사례를 들어가며 설명하고자 합니다. 마지막 강의는 기사를 읽는 훈련에 대해 얘기할 것입니다.

이 강의록은 소파에 앉아서, 또는 누워서 볼 만한 책은 아닙니다. 컴퓨터 켜놓고 의자에 앉아서 공부하는 마음으로 봐야 합니다. 제가 '기사를 한번 써보라'고 하면 꼭 써보시고요, 보도자료를 보고 '어떻게 기사를 쓸 것인지' 구상해보라고 하면 한번 그렇게 해보시길 바랍니다. '방송사 홈페이지에 들어가서 리포트를 확인하라'고 하면 정말 확인해보십시오. 이렇게 쌍방향으로 강의가 이뤄져야 제 강의를 '읽는' 의미가 있고 효과가 있습니다. 그렇지 않고 보통 책처럼 그냥 줄줄 읽어나가면 뻔한 소리 몇 마디밖에는 남지 않으리라고 생각합니다.

마지막으로 한 가지 더. 강의가 끝날 때마다 과제가 있습니다. 기자를 지망하고 계신 분들이라면 그 과제도 반드시 하십시오. 얼마나 적극적으로 강의에 참여했는가에 따라 이 책을 덮을 때쯤 늘어난 '내공'의 양이 결정됩니다.

기사도 진화進化합니다

제가 기자생활을 한 30년 동안 취재하고 보도하는 환경은 정말 어지러울 정도로 많이 변화했습니다. 30년 전엔 우선 언론사 자체가 신문·방송 합쳐봤자 얼마 되지 않았고요, 인터넷도 휴대폰도 없었으니 한번 생각해보십시오, 어땠겠습니까. 한 예로 기사를 보내는 방식이 어떻게 변했는지 볼까요?

제가 5, 6년차 기자가 될 때까지만 해도 기자가 전화로 기사를 불러주면 보도국에서 받아쓰는 식이었습니다. 그때는 뭔 일이 터지면 기자실이 기사 부르는 소리로 소란스러웠습니다. 타사가 뭐라고 쓰는지 '커닝'도 가능했죠. 그러다 팩스가 등장합니다. 기자실은 갑자기 조용해졌고 팩스 앞에 줄을 서는 풍경이 등장했습니다. 80년대 말에서 90년대 초에 이르러 기자들이 노트북을 갖고 다니기 시작하면서 기자실엔 탁탁하고 키보드를 치는 소리만 들리게 됐습니다. 전화에서 노트북으로 가는 데 4, 5년밖에는 안 걸렸던 것으로 기억합니다.

데스크와 기자들의 통화 방식도 엄청 변했죠. 30년 전엔 보도국에 있는 데스크가 후배기자를 찾을 수 있는 곳은 출입처 기자실밖에 없었습니다. 기자실 게시판에 '○○기자님! 부장 전화', '○○기자님! 회사로 들어오랍니다' 등의 글이 쓰여 있던 시절이 있었습니다. 그러다 삐삐가 나와 비록 한 방향이지만 소통이 가능해졌고, 보온밥통만 한 모토로라 휴대폰을 폼 잡고 들고 다니다가 지금의 스마트폰이라는 '족쇄'를 차기에 이릅니다.

취재환경의 변화만큼은 아니지만 방송기사도 많이 변했습니다. 내용은 물론이고, 겉모습도 꽤 변했습니다. 변화의 폭은 스트레이트 기사보다는 리포트 기사[2]가 더 큽니다. 당시 리포트는 스트레이트를 길게 써서 읽는 형식이 많았습니다. 한마디로 신문기사에 '～습니다'만 붙인 모습이랄까요? 긴말 할 것 없이 한번 보시죠. 1987년 7월 어느 날 MBC 〈뉴스데스크〉에 나간 한 선배기자의 리포트입니다.

뉴스쓰기 국내취업 증가 - 1987년

> **앵커멘트**
>
> 요즘 국내에서 열리고 있는
> 각종 국내외 과학기술과 종합학술대회를 계기로
> 해외에서 활동 중인 한국인 과학자들의
> 국내취업이 부쩍 늘어났습니다.
>
> **리포트**
>
> 지난 7일부터 열리고 있는
> 제10차 국내외 한국과학기술자 종합학술대회에 참석 중인
> 해외과학기술자 280명 가운데 절반인 140명 정도가
> 완전 취업형식으로 국내업체나 연구소에
> 영구유치될 것이 확정되었거나 협의 중인 것으로 나타났습니다.
>
> 이 대회를 추진하고 있는
> 한국과학기술단체 총연합회에 따르면

---

2 스트레이트(*straight*) 기사는 주로 앵커나 아나운서가 읽는 짧은 길이의 기사이고, 리포트(*report*) 기사는 기자의 음성 위에 영상을 편집하고, 사운드바이트나 스탠드업, 컴퓨터그래픽 등을 포함시킨 제작물을 전제로 쓴 기사이다. 보다 구체적인 설명은 제 3강에.

이밖에도 기술지도 자문 등을 위해
1, 2년 동안 일시유치 형식으로 기업체들과 협의 중인 사람도
백 명에 이르는 것으로 밝혀졌습니다.

현재 3년 이상 취업하는 영구유치 현황을 보면
포항제철이 지원하는 산업과학기술연구소가
85명의 과학자들과 접촉, 14명의 영구유치를 확정했으며
나머지 사람들과도 협상을 계속하고 있습니다. … (생략)

　이 시절에도 젊은 기자들을 중심으로 기사를 좀더 방송뉴스답게 쓰려는 시도가 없지 않았지만 상당수의 기사가 이처럼 신문기사와 비슷했습니다. 요즘과는 퍽 다른 것 같지 않나요? 문어체여서 딱딱하고 문장이 긴 것 같지 않나요? 기사의 모양새와는 관계없는 얘기입니다만, 앵커멘트에 리포트 하는 기자 이름이 없는 것도 눈에 들어오네요. 이 리포트가 나갈 당시 앵커께서는 자신이 볼 때 아주 괜찮은 리포트를 한 기자의 이름만 '근엄하게' 불러주셨던 것으로 기억합니다.

　같은 내용으로 지금 리포트를 한다고 가정해봅시다. 사뭇 달라질 겁니다. 예상컨대 우선 국내 기업에 취업한 해외과학기술자 가운데 가장 이야깃거리가 되는 사람을 찾아 그 사람에 대한 얘기로 리포트를 시작할 것입니다.

　또, 문장의 길이나 쓰는 어휘들도 조금 달라졌을 것입니다. 제가 리포트의 앞부분만 요즘 방식으로 써봤습니다. 1987년의 기사와 비교해가며 보시죠.

앵커멘트

해외에 머물던 한국인 과학자들의
귀국 행렬이 이어지고 있습니다.
국내 기업이나 연구소가 이들의 지식을
필요로 하고 있기 때문인데요,
이 소식은 ○○○기자가 전해드립니다.

리포트

김○○ 박사.
김 박사는 주목할 만한 연구성과로
세계 물리학계에서 이름난 인물입니다.

김 박사는 유학길에 오른 지 30년 만인 지난 7월,
고국으로 돌아왔습니다.

국내 한 전자업체의 기술 연구소에서
기술 자문역으로 일하게 됐기 때문입니다.

사운드바이트: 김○○ 박사

"돌아오고 싶어 하는 학자들 많습니다.
배운 거 나라 위해 써보겠다는 마음 다들 있지 않겠어요?"

서울에서 열리고 있는
한 종합학술대회에 참석한
해외 과학기술자 가운데 절반인 140명 정도가
김 박사처럼 국내업체나 연구소에 취업했거나 협의하고 있습니다.

어떻습니까, 여러분이 보시기엔 뒤에 나온 기사가 훨씬 익숙하지 않나요? 일단 리포트의 첫 부분이 사람의 눈길을 좀 끌 것 같고 무엇보다도 알아듣기가 편할 것 같지 않나요?

요즘 기사는 이런 식으로 됐을 것 같네요. 방송을 둘러싼 다른 것들의 변화보다 훨씬 더딘 편이긴 하나 방송기사도 이렇게 달라졌습니다. 그동안 한 문장의 길이가 많이 짧아졌고 리포트에 들어가는 사운드바이트[3]도 많아졌습니다. 30여 년이 지났으니까 뭐든 달라지는 게 당연합니다. 자, 그럼 30년 뒤의 방송기사는 또 어떻게 변화해 있을까요? 지금의 기사 형태로는 진실을 전달하는 데 한계를 느낀다는 비판과 함께 뭔가 새로운 형태의 기사체가 나오진 않을까요? 말이 쉽게 변화하지 않듯이 그리 큰 변화는 없을지 모르겠습니다만 분명 달라지긴 달라질 겁니다.

기사는 이렇게 진화하고 있습니다. 또 같은 시대라도 기사의 모양은 서로 다르기 마련입니다. 제가 강의에서 얘기하게 될 '잘 쓴 기사'는 냉정하게 말하자면 '2014년에 제가 그렇게 생각하는 것'입니다. 시간이 흐르면 아마 '잘 쓴 기사'의 기준이 또 달라질지도 모릅니다. 그래야 합니다. 지금 기사를 쓰는 방식보다 좀더 듣기 좋은 기사의 형태를 찾아내고, 그렇게 쓰려는 노력은 끊임없이 이뤄져야 합니다. 그런 노력은 바로 여러분의 몫입니다.

---

3 사운드바이트(*soundbite*): 리포트에 삽입되는 모든 소리들로, 주로 인터뷰한 내용에서 일부를 발췌한 것이나 특정인의 발표나 회의 중 발언 등을 말한다. 보다 구체적인 설명은 147~148쪽 참고.

저널리즘의 10대 기본원칙[4]

1997년 미국의 언론인들과 저널리즘 교수 등이 '저널리즘을 염려하는 언론인 위원회'(The Committee of Concerned Journalists) 라는 이름으로 모여 언론인들에 대한 심층 인터뷰, 설문조사 그리고 학자들과의 토론회 등을 통해 뉴스취재와 보도에 대한 내용 분석을 실시했다. 그 결과 언론인들이 모두 동의하는, 그리고 시민들이 지켜지기를 기대하는 열 가지 원칙들을 도출해냈다. 비록 언론의 역사와 환경이 우리와는 다른 미국의 얘기이긴 하지만, 우리 언론에 주는 의미는 결코 작지 않다. 이들이 도출해 낸 10대 원칙이 우리 언론에서는 어떻게 지켜지고 있는지 함께 생각해보자는 차원에서 그 제목만을 싣는다.

① 저널리즘의 첫 번째 의무는 진실에 대한 것이다.

② 저널리즘이 가장 충성을 바쳐야 할 대상은 시민이다.

③ 저널리즘의 본질은 사실 확인의 규율이다.

④ 저널리즘을 실천하는 사람들은 반드시 그들이 취재하는 대상들로부터 독립을 유지해야 한다.

⑤ 저널리즘은 반드시 권력에 대한 독립적인 감시자로 봉사해야 한다.

⑥ 저널리즘은 반드시 공공의 비판과 타협을 위한 포럼을 제공해야 한다.

---

4 빌 코바치·톰 로젠스틸, 이재경 옮김(2009) 《저널리즘의 기본원칙》, 한국언론재단, 26쪽.

⑦ 저널리즘은 최선을 다해 시민들이 중요한 사안들을 흥미롭게, 그들의 삶과 관련 있는 일로 인식할 수 있도록 전달해야 한다.

⑧ 저널리즘은 반드시 뉴스를 포괄적이면서도 비중에 맞게 보도해야 한다.

⑨ 저널리즘을 실천하는 사람들은 그들의 양심을 실천해야 하는 의무를 지닌다.

⑩ 시민들도 뉴스에 대해 권리와 책임을 갖는다.

방송보도를 통해 본 저널리즘의 7가지 문제

방송기자연합회는 2012년에 언론학 교수들과 지상파 3사와 YTN의 중견 기자들로 구성된 저널리즘 특별위원회를 설치했다. 저널리즘 특별위원회는 '이미 사망을 선언해도 될 정도인 저널리즘을 어떻게 살릴 것인지에 관한 큰 그림을 그리기 위해' 먼저 저널리즘의 원칙을 벗어난 기사유형을 7가지로 정리했다. 그리고 그 내용을 《방송보도를 통해 본 저널리즘의 7가지 문제》[5]라는 제목의 책으로 발간했다. 이 책에 나온 '7가지 문제'의 제목만 소개하면 이렇다.

    ① 사실 관계에 대한 확인 부족

    ② 정치적 편향

    ③ 광고주 편향

    ④ 출입처 동화

    ⑤ 자사 이기주의

    ⑥ 시청률 집착

    ⑦ 관습적 기사작성

방송기자연합회 저널리즘 특별위원회는 이 같은 유형의 기사들이 저널리즘을 위기에 빠뜨리고 있다고 지적한다. 방송기자연합회의 이런 지적은 기사가 사실관계는 제대로 확인했는지, 정치적 편향은 없는지, 광고주를 인식해 쓴 것은 아닌지 등 점검이 필요한 귀중한 체크리스트를 제공하고 있다는 점에서도 큰 의미가 있다. 기자를 지망하는 학생들은 기존의 기사들을 이 같은 관점에서 꼼꼼히 살펴볼 필요가 있다.

---

5 방송기자연합회 저널리즘 특별위원회, 《방송보도를 통해 본 저널리즘의 7가지 문제》, 컬처룩, 2013.

02

—

방송뉴스 기사쓰기의
기본원칙

방송기사는
듣는 이 생각의 속도와 깊이를
감안해야 한다는 얘기입니다.

그래서 가능한 한 단문으로 쓰고
최대한 구어체로 쓰며,
이해하기 쉽게 쓰라는 것입니다.

즉, 짧게, 말하듯, 쉽게 써야 한다는 거죠.

제 2강
방송기사쓰기의 기본원칙

글에는 여러 종류가 있습니다. 기사도 그 많은 종류의 글 중 하나입니다. 글쓰기 자체로만 보면 기사는 매우 단순한 글입니다. 학문적인 깊이가 있어야 하는 연구 논문도 아니고, 문학적인 재능이 있어야 쓰는 시나 소설도 아닙니다. 기본적으로는 '여기'에서 있었던 일을 사실대로 써서 '저기'에 알리는 글일 뿐입니다. 사실대로 써야 한다는 점에서 본다면 한 가지 사실에 대해서 쓴 기사는 같아야 하는데 그렇지 않습니다. 기자마다 글쓰기 능력에 차이가 있고 보는 시각이 다르기 때문이죠. 그래서 아무리 간단한 사안에 대한 기사라도 같은 기사는 없습니다. '잘 쓴 기사'와 '못 쓴 기사'가 있을 뿐이죠.

　기사가 나오기까지의 과정을 취재와 기사작성으로 구분한다고 했을 때, 사실 취재과정이 기사를 쓰는 것보다 어려울 때가 많습니다. 기사로 쓸 사실(*facts*)을 정확히 알아내는 일, 그리고 그 사실들이 모여서 이뤄낸 이야기의 '핵심'을 제대로 짚어내는 일은 쉽지 않습니다. 애써 취재하고 머리를 싸매서 핵심을 짚은 이야기인데도 글을 잘 못 써서 듣고 읽는 이들에게 제대로 전달하지 못한다는 것은 억울하기 그지없는 일입니다. 우리 편 진영에서부터 예리한 패스와 현란한 발재주로 상대 골문 앞까지 가놓고 정작 슈팅은 하늘로 날려버리는 격이라고나 할까요.

　기사를 잘 쓰기 위해서 갖춰야 할 가장 기본적인 원칙을 말하기에 앞서 우선 방송기사의 다양한 형태부터 알아보도록 하겠습니다.

방송기사의 종류

방송기사는 어떤 기준으로 나누느냐에 따라 달리 분류됩니다. 먼저, 기사가 전하는 분야에 따라 분류할 수 있겠죠. 정치기사, 경제기사, 사건사고기사처럼 말입니다. 사안이 발생한 지역을 기준으로 국내기사, 국제기사로도 나누기도 합니다. 또 범죄사건과 관련된 기사는 사건이 터진 시점에서 썼느냐, 범인이 검거된 시점에서 썼느냐에 따라 발생기사, 검거기사로 불립니다. 사건사고나 보도자료, 기자회견이나 공개된 회의처럼 취재기자의 의사와는 관계없이 발생하는 기삿거리가 있을 것이고, 취재기자가 아이디어를 갖고 취재해 쓰는 기획기사가 있습니다.

전달되는 형태에 따라 나눌 수도 있습니다. 텔레비전이나 라디오 뉴스를 보고 듣다 보면, 같은 내용의 기사가 꽤 여러 형태로 방송되고 있는 것을 알 수 있습니다. 앵커나 아나운서가 짧게 읽을 때도 있고, 또 취재기자가 직접 전화로 읽어 전달할 때도 있으며, 저녁종합뉴스에서 보듯이 기자가 읽은 기사에 관계자 인터뷰나 그래픽을 적절하게 추가해 잘 포장된 형태로 전달하기도 합니다. 바로 스트레이트(straight)와 리포트(report)인데 이것이 가장 기본적인 분류입니다. 모든 방송기사의 형태는 이 두 가지 중 하나라고 봐도 됩니다.

● 스트레이트 기사

스트레이트 기사는 TV나 라디오 뉴스에서 앵커나 아나운서가 읽는 단신을 말합니다. 스트레이트 기사는 6하 원칙에 따라 전달할 내용의 핵심만을 짚어내서 중요한 순서부터 역(逆)피라미드형으로 쓴 기사를 말합니다. 흔히 방송기자가 기사를 쓴다고 하면 기자들이 읽는 리포트만 떠올리기 쉬운데, TV나 라디오의 수많은 뉴스에 나가는 모든 기사는 다 기자들이 쓰는 것입니다.

● 리포트 기사

리포트 기사는 리포트 형태로 방송되는 뉴스의 기사를 말합니다. 리포트는 기사를 읽은 기자의 오디오에 관계자의 인터뷰나 컴퓨터그래픽 등을 적절하게 넣어 전달하는 보도물을 말합니다. 방송사의 저녁종합뉴스를 생각하면 됩니다.

큰 사고가 났을 때나 중요 발표가 있을 때 스트레이트 기사를 길게 써서 기자가 현장에서 리포트를 하는 경우도 있습니다. '스트레이트성(性)리포트'[1]라고 부르기도 하는데, 이때 기사는 스트레이트이지만 전달되는 형태는 리포트인 것입니다.

양방향 리포트는 사건의 현장에서 중계차나 전화로 생방송을 하거나 스튜디오에 출연해 앵커의 질문에 대한 대답을 하는 형식의 보도를 말합니다. 영어의 two way를 직역한 이름입니다. 양방향 리포트의 기사도 크게 보자면 리포트 기사의 범주에 속하는데 보통의 리포트 기사와는 달리 대화체가 등장하곤 합니다.

논평과 해설기사는 어떤 사안에 대해 해설과 분석을 하고 비판도 하는 기사로, 칼럼의 모습일 수도 있고 신문 사설의 형태를 띨 때도 있습니다. 논평은 기자가 된 후에 선배들의 기사를 보고 배우면 될 것입니다.

---

1 임장원(2009), 《TV 뉴스 취재보도 실무》, 한국언론재단, 49쪽.

기사쓰기의 기본원칙

요즘이야 인터넷으로 기사 검색하는 사람들이 많아서 조금은 달라졌지만 기본적으로 방송기사는 듣는 것입니다. 어떤 이유로든 듣는 이가 '무슨 말이지? 무슨 뜻이지?' 하고 잠깐이라도 머뭇거리는 순간, 그 기사는 지나가게 됩니다. 방송기사는 듣는 이 생각의 속도와 깊이를 감안해야 한다는 얘기입니다. 그래서 가능한 한 단문으로 쓰고, 최대한 구어체로 쓰며 이해하기 쉽게 쓰라는 것입니다. 즉, 짧게, 말하듯, 쉽게 써야 한다는 거죠. 이 세 가지 원칙만 잘 지켜도 많은 기사들의 외형은 합격선 위에 머물 수 있을 것입니다. 특히 스트레이트 기사의 경우는 더욱 그렇습니다.

●짧게 써라

기사 한 문장의 길이는 어느 정도가 제일 좋을까요? 기자 또는 아나운서가 보통 속도로 읽었을 때 한 문장의 적절한 길이는 10초를 넘지 않는 게 좋습니다. 글자 수로 보면 50자 정도입니다. 물론 10초보다 짧은 문장도 괜찮죠. 이를테면 '서울 종로구 인사동에서 큰불이 났습니다'처럼 말입니다. 문장이 짧을수록 메시지는 확실하게 전달됩니다. 서술어를 들을 때, 앞서 나온 주어가 무엇이었는지 잊어버릴 수도 있는 긴 문장은 곤란합니다. 어떻게든 짧게 쓰는 게 중요합니다. 방법은 두 가지입니다. 생략을 하거나, 문장을 나누거나. 예를 들어보겠습니다.

쟁점 법안의 경우
국회의원 60% 이상이 찬성하지 않을 때
통과될 수 없도록 한 국회선진화법안에 대해
새누리당이 법안 개정을 검토하고 나섰습니다.

오늘 오후 대책회의를 연 새누리당은
'국회법 정상화 전담팀'[1]을 구성하고
"국회선진화법에 따라 야당의 허락 없이는
법안 통과가 사실상 불가능하다"며,
"야당이 이를 무기로 일정을 전면 중단하고
각종 법안 및 예산 처리와 연계해
국회를 파행으로 몰고 가고 있다"고 주장했습니다.

대책팀장을 맡은 주호영 의원은
"현재 선진화법안에 대한 위헌 소송과 관련해
집중 법리 검토에 들어갔다"며,
"이르면 이달 안에 한두 차례 더 회의를 열고
국회선진화법안 개정을 추진할 것"이라고 밝혔습니다.

　기사에 이런저런 문제가 있습니다만 일단 놔두고 문장의 길이에만 집중해서 한번 아나운서가 읽듯이 읽어보십시오. 실제 시간을 재면서 읽어보세요. 첫 문장은 12초 안팎? 그리고 두 번째 문장은 20초도 넘을 듯합니다. 마지막 문장은 15~16초쯤 될 것 같군요. 세 번째 문장도 조

---

1 '국회법 정상화 전담팀'에서 사용된 작은따옴표에 대해서 206쪽을 참조.

금 길지만 그 정도까지는 참아줄 수 있습니다. 그런데 가운데 문장은
아닙니다. 문장을 나눠 두 개로 만들든지, 내용의 한 부분을 생략하든
지 두 가지 방법 중 하나를 택해야 할 것 같습니다. 이 경우는 생략을
하는 편이 훨씬 낫겠네요. 다른 기사는 놔두고 두 번째 문장만 손을 좀
보겠습니다. 원래의 기사를 최대한 살리는 방향으로 고쳐보겠습니다.

뉴스쓰기 문장을 짧게 - 생략하라!

〈원래기사〉

오늘 오후 대책회의를 연 새누리당은
'국회법 정상화 전담팀'을 구성하고
"국회선진화법에 따라 야당의 허락 없이는
법안 통과가 사실상 불가능하다"며,
"야당이 이를 무기로 일정을 전면 중단하고
각종 법안 및 예산 처리와 연계해
국회를 파행으로 몰고 가고 있다"고 주장했습니다.

〈고친기사〉

새누리당은 오늘 오후 대책회의를 열어
"야당이 국회선진화법을 무기로
각종 법안과 예산 처리를 연계시켜
국회를 파행으로 몰고 가고 있다"고 주장하며
법 개정을 위한 전담팀을 구성했습니다.

'국회선진화법'에 대한 설명이 앞 문장에 있어 두 번째 문장에서는 생략했습니다. 고친 기사의 길이는 15초 남짓 되는 것 같습니다. 원래 것보다 7, 8초가량 시간이 단축되었습니다. 기사는 달라졌지만, 전해야 할 핵심내용은 다 들어가지 않았나 싶습니다. 문장을 짧게 쓰려는 노력을 하다 보면 이렇게 기사가 간결해집니다. 하나만 더 예를 들어볼까요?

뉴스쓰기 문장을 짧게 - 나눠라!

〈원래기사〉

… 생략 …

재판부는 "많은 사람들이 법원에 탄원했지만
세무 공무원 비리를 끊기 위해
실형을 선고할 수밖에 없다"며 이같이 판결하고
함께 재판에 넘겨진 ○○○ 전 국세청 차장[2]에 대해서는
원심과 같은 징역 2년 6월을 유지했습니다.

〈고친기사〉

재판부는 "많은 사람들이 법원에 탄원했지만
세무공무원 비리를 끊기 위해
실형을 선고할 수밖에 없다"며 이같이 판결했습니다.

법원은 또, ○○○ 전 국세청 차장에게는
원심과 같은 징역 2년 6월을 선고했습니다.

---

2 국세청장과 차장은 고위직 공무원이라 기사에서 당연히 이름을 밝혀야 하나, 교육을 목적으로 낸 책인 점을 감안해 익명으로 처리했음.

거의 고치지 않고 그냥 문장을 둘로 나눴습니다. 방송기사는 이렇게 짧게 쓰는 것이 좋습니다. 그리고 '한 문장에 하나의 정보', 영어로 'one message in one sentence'라는 말을 명심합시다. 앞의 예에서 당초 기사는 한 문장에 전(前) 국세청장에 대한 판결 이유와 전 국세청 차장에 대한 선고내용을 합쳐서 썼는데 이렇게 쓰는 것은 좋지 않습니다. 문장의 수보다는 기사 전체의 길이에 신경을 쓰시고, 한 문장에 너무 많은 것을 집어넣으려 하지 마십시오.

짧게 쓰는 게 좋다고 기사 전체를 다 너무 짧게 쓰면 듣기에 불편할 수도 있습니다. 5개의 문장으로 이뤄진 기사인데 모두가 다 5, 6초 정도의 짧은 문장이라면 너무 토막토막 끊어지는 듯한 인상을 주게 됩니다. 예를 들자면 읽으면 5, 6초짜리 짧은 문장이 이어지는 것보다는 5초, 13초, 10초, 8초 … 하는 식으로 변화가 있어 리듬감을 주는 기사가 바람직합니다. 이 경우에도 너무 긴 문장은 물론 피해야 합니다.

● 말하듯 써라

방송뉴스는 기본적으로 누군가 기사를 읽는다는 것을 전제로 합니다. 앵커든 기자든 아나운서든 말이죠. 사람이 말을 하고 듣는 것이기에 문어체(文語體)가 아닌 구어체(口語體)로 써야 합니다. 가능한 한 말하듯 쓰라는 겁니다.

지금도 방송뉴스에서 자주 들을 수 있는 문어체로 된 기사는 한둘이 아닙니다. '기름값이 올라서'라고 할 수 있는 것을 '유가(油價)가 인상돼'라고 쓰기도 하고, '나이가 많은 이산가족'이라고 쓰면 될 것을 '고령 (高齡) 이산가족'이라고 씁니다. '모두 조사한 결과'라고 쓰면 될 것을

'전수(全數) 조사한 결과'라고 쓰고 '올리기로 했다'라고 하면 될 것을 '상향 조정하기로 했다'라고 쓰기도 합니다. 우리말로 쓰는 게 맞는 것은 잘 알지만 한자어가 더 익숙해서 쓰는 경우도 있고, 상당수의 기자들은 별다른 고민 없이 그냥 쓰고 있는 것 아닌가 싶습니다.

문어체를 쓸 경우 의미가 희석되는 경우도 있습니다. '전기요금을 현실화하기로 했다'는 말은 틀린 말은 아니지만 '전기요금을 올리기로 했다'는 말과는 사뭇 느낌이 다릅니다. 원가에 미치지 못하는 요금을 올린다는 의미를 강조하려고 했다면 '현실화'라는 단어를 사용할 수도 있겠지만, 한전이 그 단어를 써서 발표했다는 이유로 '현실화'라는 말을 그대로 쓰는 것은 문제입니다.

단지 단어 하나둘의 문제가 아니라 문장 자체가 문어적인 방송기사

어휘와 표현 ━━

~에 따르면

방송기사 작성법에 대한 거의 모든 책에 문어체의 대표처럼 등장한다. 'according to~'를 그대로 직역한 데서 비롯됐다는 설명과 함께 피해야 할 표현으로 나타난다. 이제는 너무 익숙해져 큰 저항감은 없지만 그래도 가능하면 쓰지 않는 게 좋다. '경찰에 따르면 ~ 했다는 것입니다'는 '경찰은 ~ 했다고 밝혔습니다'라고 쉽게 고칠 수 있고, '통계청에 따르면 ~ '같은 것은 '통계청 조사 결과 ~ 나타났습니다' 하는 식으로 고치면 된다.

도 꽤 많이 있습니다. 그중 대표적인 것이 명사와 명사를 연결하는 형태입니다. '일선학교에 휴교 검토를 지시했습니다'보다는 '일선학교에 휴교를 검토하라고 지시했습니다'가 좋습니다. 또 '소비자 보호를 위한 일부 보험제도 개편을 권고했습니다'보다는 '소비자를 보호하기 위해 보험제도를 고치라고 권고했습니다'가 훨씬 낫습니다. 예를 들어보겠습니다.

뉴스 쓰기 | 야권, 특검법 공동 발의키로

민주당과 정의당 등 야권인사들로 구성된
'선거개입 진상규명을 위한 각계 연석회의'는
기자회견을 열고
국가기관 대선개입 의혹의 진상규명을 위한
특검법안을 공동 발의한다고 밝혔습니다.

민주당 전병헌 · 정의당 심상정 원내대표와
무소속 송호창 의원이 내일 공동 발의할 특검법안은
'국정원과 국방부 등 정부기관과 소속 공무원,
공모한 민간인의 선거 관련 불법행위와
축소 · 은폐 · 조작 · 비밀 공개 등 그 밖의 의혹'을
수사범위로 규정했습니다.

특검 후보는 여야 동수로 구성된 추천위원회가 선정하고,
특검 기한은 60일로 하되 수사가 미진할 경우
30일과 15일씩 두 차례 연장할 수 있도록 했습니다.

'말하듯 썼느냐'에 초점을 맞춰서 보도록 합시다. 두 번째 문장을 보면 우선 너무 긴 데다, 문어체로 돼 있어 귀에 잘 들어오지 않습니다. 좀 자세히 볼까요? 첫 문장을 보니까 민주당과 정의당, 그리고 안철수 의원 측이 특별검사 도입법안을 함께 발의하겠다는 것이네요. 두 번째 문장은 특별검사의 수사 범위를 말하는 것이고요. 세 번째 문장은 특별검사는 누가 뽑고, 특별검사 수사기한은 얼마로 하는지에 대해서 말하고 있습니다. '구어체로 썼느냐'만을 따질 때 첫 문장과 셋째 문장은 그런대로 넘어갈 수도 있겠지만, 둘째 문장은 아무래도 고쳐야겠습니다. 앞서 잠시 말했듯이 명사를 연결한 것이 매우 거슬립니다. 가능한 풀어서 써야 합니다. 말하듯이.

뉴스쓰기 말하듯 써라

〈원래기사〉
민주당 전병헌 · 정의당 심상정 원내대표와
무소속 송호창 의원이 내일 공동 발의할 특검법안은
'국정원과 국방부 등 정부기관과 소속 공무원,
공모한 민간인의 선거 관련 불법행위와
축소 · 은폐 · 조작 · 비밀 공개 등 그 밖의 의혹'을
수사범위로 규정했습니다.

〈고친기사〉
야권 연석회의가 마련한 특검법안은
지난 대선 때, 국정원과 국방부 등 국가기관과
소속 공무원, 또 이들과 공모한 민간인의

불법 선거개입 행위를 수사대상으로 했습니다.

또한, 국가기관이 선거에 개입한 의혹을
축소하고 숨기거나 조작한 일은 없었는지,
비밀을 불법적으로 공개하지는 않았는지 등도
수사대상으로 삼았습니다.

　양쪽을 비교해보면 고친 기사가 좀 길어지긴 했습니다만 신문기사
같았던 원래 기사에 비해 방송기사답습니다. 기사의 전체 길이를 줄여
보겠다며 명사를 나열하는 식의 기사는 피해야 합니다. 길이가 문제라
면 생략할 것이 무엇이 있는지를 찾는 게 맞습니다. 간단한 예 하나만
더 들어보겠습니다.

뉴스쓰기 말하듯 써라

〈원래기사〉
　정홍원 국무총리는
　오늘 오전 긴급 관계 장관회의를 열어,
　과도한 개인정보 요구 관행 개선과
　카드해지 뒤 개인정보 삭제,
　정보유출 금융사에 징벌적 과징금 도입 등을 담은
　대책 마련에 합의했습니다.

〈고친기사〉
　정홍원 국무총리는

오늘 오전 긴급 관계 장관회의를 열어,
개인정보를 과도하게 요구하는 관행을 개선하고
카드를 해지한 뒤에는 개인정보도 삭제토록 하며
정보를 유출한 금융사에 징벌적 과징금을 물리도록 하는 등의
대책을 마련하기로 했습니다.

━━ 알아둡시다

기자 단체

한국기자협회는 기자 단체 중 가장 오랜 역사와 가장 많은 회원을 가지고 있다. 2014년 현재 한국기자협회에 등록한 회원사는 180개이고 회원 수는 1만여 명에 이른다. 방송기자들이 모여 만든 방송기자연합회도 활발한 활동을 하는 단체다. 지상파 방송을 비롯해 지역의 민방 등 56개 회원사, 2천7백여 명의 방송기자들이 가입해 있다. 사진과 영상을 취재하는 기자들의 협회도 있는데 전국의 신문과 통신사, 출판매체들의 사진기자 550여 명이 가입한 한국사진기자협회와 방송의 영상취재를 맡고 있는 기자들이 모여 만든 한국방송카메라기자협회가 대표적이다. 또한 언론사 전·현직 간부들이 가입할 수 있는 관훈클럽도 오랜 역사와 전통을 갖고 있는 언론단체이다. 한국방송기자클럽은 전·현직 방송기자들이 모여 만든 단체다. 이밖에도 편집기자, 교열기자 등 직무별 단체들도 많으며, 과학, 의학 등 취재 분야별 기자모임도 여러 개 있다.

이번에도 역시 구어체에만 신경을 쓰다 보니 고친 기사의 문장이 조금 길어졌습니다. 고친 기사 역시 손볼 부분이 있지만 '말하듯 써라'라는 요점이 흐려질 우려가 있으니 그냥 넘어가겠습니다. 방송기사는 이렇게 말하듯 쓰는 것입니다.

• 쉽게 써라

어렵고, 복잡하게 쓰지 않아도 되는 말을 어렵게 쓸 때가 있습니다. 이런 거죠. '금강하구에서 폐사(斃死)한 가창오리가 …'에서 '폐사'라는 말과 '죽었다'라고 하는 게 뭐가 다른 것인지 모르겠습니다. 그냥 '금강하구에서 죽은 채 발견된 가창오리가 …'라고 쓰면 훨씬 쉽지 않을까요?

이렇게 좀 어려운 단어가 든 기사는 그 단어를 쉽게 고치면 그만이지만 문제는 어려운 내용을 기사로 쓸 때입니다. 쉽게 이해하기 힘든 내용의 기사는 더더욱 알아듣기 쉽게 써야 합니다. 사례를 보면서 얘기를 해보기로 하죠. 경제기사입니다.

뉴 스
쓰 기 **국가장학금 예산 25% 늘어** ────────────

올해 국가장학금 예산이 3조 4천575억 원으로
지난해보다 25% 늘고 장학금 유형에 대한 지급률은
최고 40% 상향 조정됩니다.

기획재정부에 따르면
애초 3조 3천억 원이던 국가장학금 규모는
국회심의 과정에서 셋째아이 등록금 지원을 위한 예산

1천225억 원을 포함해 1천5백억 원 증액됐습니다.

기재부는 이번 달 중순
구체적인 소득분위별 지급률 등에 대한
국가장학금 지원계획을 확정할 예정으로
이에 따른 대학 등록금 경감률은
45%에 이를 것으로 예상됩니다.

기사가 참 어렵습니다. 국가장학금에 대한 기본적인 지식[3]이 있어야 이해할 만한 기사로 보이네요. 이런 기사가 나가면 시청자들이 얼마만큼 알아들을 수 있을까요. 아마 '국가장학금이 늘었다고?', '셋째아이가 대학 들어가면 등록금을 지원받는구나' 정도의 정보라도 귀에 들어온 시청자, 청취자는 뉴스에 상당히 집중한 분일 겁니다. 기사에 전하고자 하는 모든 것을 담을 수도 없고, 설사 전부 담았다고 하더라도 모두 전달했다고 장담할 수도 없습니다. 다만 알아듣기 쉽도록 전달해야 합니다. 쉽게 풀어주라는 얘긴데 이건 또 그 내용을 많이 알아야 가능합니다. 위의 기사를 아래와 같이 고쳐봤습니다. 비교해보시죠.

---

3 국가장학금 지원제도는 2011년부터 도입되었다. 대학생들 가운데 성적이 B학점 이상이면 (2014년부터는 C학점도 일부 가능) 소득분위에 따라 장학금을 주는 제도이다. 소득분위는 8분위로 나뉘는데 숫자가 적을수록 저소득 가구를 말한다.

가정형편이 어려운 대학생들을 지원해주는
국가장학금 예산이 지난해보다 7천억 원가량 늘어난
3조 4천575억 원으로 확정됐습니다.

기획재정부는 늘어난 예산으로
소득 최하위 계층 바로 위인 2분위의 경우,
지난해 지급 기준액의 60%만 지원하던 것을
올해엔 전액을 주기로 하는 등
주로 저소득층 학생들을 지원할 예정입니다.

또한, 셋째아이 등록금을 지원하는 데도
천2백여 억 원을 사용할 예정입니다.

기획재정부는 국가장학금 예산의 증가로
올 대학등록금 경감률은 45%에 이를 것으로 전망했습니다.

어떻습니까, 앞의 기사보다 이해하기가 쉽지 않습니까? 앞의 기사를 최대한 살리면서 기사를 고치다 보니 더 알아듣기 편하게 쓰지는 못했습니다. 이 기사를 쓰는 기자가 국가장학금에 대해서 많이 알고 있었다면 기사는 훨씬 더 간단명료하게 핵심내용만을 골라서 썼을 것입니다. 사례를 하나만 더 들어볼까요?

정부가 올 하반기 세법개정에서
장애인과 70세 이상 경로우대자 등에 대한
근로소득 추가 인적공제를
세액공제로 전환하는 방안을 검토 중인 것으로
알려졌습니다.

기획재정부는 지난해 근로소득세제의
소득공제 조정작업을 올해도 계속 이어갈 것이라며
세액공제 전환 확대 계획을
올해 업무보고에 담는 것을 검토하고 있다고 밝혔습니다.

정부가 올해 세액공제로 바꾸려고 검토 중인 항목은
장애인과 경로우대자, 부녀자 등에 대한
추가 인적공제와 우리사주조합 출연금 등
일부 특별공제로 알려졌습니다.

무슨 얘기인지 한 번 들으면 아시겠습니까? 세금에 관심이 많았던 시청자나 전문가라면 혹시 모를까 대부분 사람들은 한 번 들어서 그 뜻을 알기 어렵지 않을까요?

위 기사를 말로 풀자면 '정부가 작년까지 경로우대자나 장애인, 부녀자를 부양할 때는 전체 소득액에서 일정 금액을 더 빼주고 나머지 소득액에 대해 세금을 매겨왔으나, 내년부터는 전체 소득에 대한 세금을 매긴 뒤에 일정 세금을 빼주기로 했다', '마찬가지로 우리사주조합 출연금처럼 특별히 소득에서 빼주던 것들도 세액에서 공제해주는 쪽으로

갈 방침이다', '정부는 이처럼 소득공제를 세액공제로 전환하는 것을 올해도 계속 확대해 나갈 것이다' 이런 얘깁니다.

이렇게 설명하는 것이 훨씬 알아듣기 쉽지 않나요? 길이는 비슷합니다. 이걸 기사화하면 되는 겁니다. 원래 이 기사의 가장 큰 문제점은 알아듣기 어렵다는 점 외에도 듣는 이들이 가장 궁금해 할 정보가 빠져 있다는 데 있습니다. 이 기사를 접한다면 '그래서 내가 세금을 더 내야 하는 거야?'라는 질문이 자연스럽게 따라올 테니까요. 기사엔 그 부분이 들어가야 합니다. 보도자료에 나오지 않았다면 그 부분을 관계자에게 취재해 써넣어야 한다는 거죠. 또 세 개의 문장으로 쓰기엔 기사가 담을 내용이 너무 많습니다. 짧게 쓰라는 것은 문장을 짧게 하라는 것이지 기사를 짧게 쓰라는 뜻이 아닙니다. 원래 기사를 최대한 살리면서 기사를 고쳐봤습니다.

뉴 스 쓰 기 쉽게 써라 - 정부 세액공제 확대 추진

내년부터 장애인과
70세 이상 경로우대자, 부녀자에 대한
근로소득 추가 인적공제가
소득공제에서 세액공제로 바뀔 것으로 보입니다.

우리사주조합 출연금 등 일부 특별공제 항목도
세액공제로 전환될 전망입니다.

기획재정부는 지난해에 이어 올해도
소득공제를 줄이고 세액공제를 늘리는 작업을
계속 이어갈 것이라고 밝혔습니다.

소득공제에서 세액공제가 되면
중간 이상의 연봉을 받는 근로자들은 세금을 더 내야 하고,
저소득층의 세금은 줄게 됩니다.

소득공제는 전체 소득에서 특정항목에 쓴 돈을 빼고
나머지 금액에 대해 세금을 매기는 것이고,
세액공제는 전체 소득에 대한 세금을 물린 뒤
특정항목에 대해서는 일정액의 세금을 빼주는 방식입니다.

기사가 좀 길어졌습니다만 마지막 문장은 경우에 따라선 생략할 수도 있습니다. 네 번째 문장을 첫 문장답게 고쳐서, 제일 위로 올릴 수도 있죠. 시청자들의 관심은 내가 내는 세금이 늘어나느냐 줄어드느냐에 있을 테니까요(중간 이상의 연봉을 좀더 구체화시켜 쓰면 더욱 좋겠죠). 그건 기자나 데스크의 선택에 맡깁니다. 일장일단이 있으니까요.

어려운 얘기를 쉽게 풀어쓴 게 좋은 기삽니다. 사안의 핵심을 정확하게 파악하고 그 사안의 배경 지식이 많을수록 기사는 쉽게 쓸 수 있습니다. 거꾸로 말하면 어렵게 쓴 기사는 기자 자신이 그 내용에 대해서 잘 모르고 있다는 것을 반증합니다.

짧게, 말하듯, 쉽게 쓰라는 기본원칙 말고도 방송뉴스를 쓰는 데 알아둬야 할 기본적인 원칙들은 물론 더 있습니다. 존댓말을 쓴다든가, 표준말을 사용한다든가, 바른 말을 사용한다든가 하는 것들입니다. 이런 부분은 중요하지 않아서 설명을 하지 않는 게 아니라 너무나 기본적이어서 설명을 생략한다는 점을 말해둡니다.

최근의 방송 스트레이트 뉴스에서
① 한 문장이 너무 길었다고 생각되는 기사,
② 문어체라고 생각되는 기사,
③ 내용이 어려워서 쉽게 풀어줄 필요가 있다고 생각되는 기사를 세 개씩 골라 제 2강의 내용을 토대로 고쳐봅시다.

03

—

스트레이트 기사쓰기 원칙

스트레이트 기사쓰기는
모든 방송기사쓰기의
기본 중 기본입니다.

간단한 스트레이트 기사라고
대충 쓰는 기자들이
2, 3분짜리 리포트 기사를 잘 쓰는 경우는
극히 드뭅니다.

아무리 짧은 스트레이트 기사라도
최선을 다해서 쓰려고 노력해야,
모든 기사를 잘 쓸 수 있는 '내공'이 높아집니다.

제 3강
스트레이트 기사쓰기 원칙

스트레이트 기사쓰기 - 서론

스트레이트 기사쓰기는 모든 기사쓰기의 기본입니다. 스트레이트 기사를 잘 쓴다는 것은 취재가 충실하다는 의미입니다. 리포트 기사는 때론 영상과 인터뷰, 또한 글재주로 취재의 빈약함을 조금은 감출 수도 있으나 스트레이트 기사는 취재를 제대로 했는지 여부를 단박에 드러냅니다. 스트레이트 기사는 또한 기자가 기사의 '핵심'을 알고 있는지 아닌지도 선명하게 드러냅니다. 기자를 시작할 때 스트레이트 기사쓰기를 집중적으로 훈련시키는 이유입니다. 그리고 그때 받은 훈련이 기사 쓸 때 중요한 밑천이 될 때가 많습니다.

지금부터 본격적으로 스트레이트 기사쓰기에 대해서 얘기해보도록 하겠습니다. 여러분에게 교통사고 상황을 하나 제시하고, 이를 기사로 쓰는 과정을 통해 스트레이트 기사작성의 기본원칙에 대해서 정리해볼 계획입니다. 교통사고 현장에서 취재할 때 취재수첩에는 운전기사 이름, 부상자 명단, 후송된 병원, 차량번호 등이 깨알같이 적혀 있어야 합니다만, 기사작성 실습을 위해 사고 개요만 말씀드리자면 이렇습니다.

- 창원시 양덕동 어린교 오거리에서 낮 1시 반쯤 덤프트럭이 건너편에서 신호대기 중인 고속버스 3대의 측면을 들이받고 뒤집혔음.
- 덤프트럭이 과속으로 달리다 커브 길에서 중심을 잃은 것으로 추정.
- 버스에 타고 있던 승객 10여 명이 다쳤음.
- 사고가 나면서 덤프트럭에 실려 있던 모래가 다 쏟아져 한때 이 부근 교통이 매우 혼잡했음.

  기자가 되도 처음엔 기사가 머릿속에서만 뱅뱅 돌 뿐 쉽게 시작이 되지 않을 때가 많습니다. 무엇부터 써야 하는지, 얼마나 자세하게 써야 하는지, 어느 정도 길이로 쓰는 게 적당한지, 쉬울 것 같으면서도 막상 쓰려면 잘 되지 않습니다. 우선, 이 사고를 자기가 봤다고 하고 그 얘기를 누구에게 한다고 가정해봅시다.

  ① "오늘 점심 먹고 ② 어린교 오거리 횡단보도에 서 있었는데, 갑자기 오거리 건너편에서 ③ 덤프트럭이 쌩하고 오다가 고속버스 옆면을 쭉 들이받았다. ④ 신호 기다리던 버스 세 대 모두 왼쪽 창문이 전부 깨지고, 트럭은 옆으로 쓰러지고 난리였다. 사람도 많이 다친 것 같더라. 119가 왔는데 다친 사람이 최소한 열 명은 돼 보이더라. 다 실려 가고 … 트럭에서 모래 쏟아져서 길 완전히 막히고, 야~ 사고 정말 순식간에 나더라."

  대략 이런 식으로 말하지 않겠습니까? 바로 이걸 쓰면 기사가 되는 겁니다. 좀 자세히 말해볼까요? '6하(何) 원칙'에 따라서 보겠습니다. ①은 '언제'를, ②는 '어디서'를 얘기합니다. ③은 '누가, 무엇을, 어떻게'를 설명하고 있고요, '왜'를 설명하는 건 ③에 '쌩하고 오다가'라는 부분에 조금 있는 것 같습니다. ④는 이 사고의 피해 상황을 설명하는 대목입니다. 이 ①, ②, ③, ④만 잘 배열하면 기사가 되는 것입니다.

다음, '얼마나 자세하게 써야 하는지'입니다. 기사의 길이는 당연히 사고의 크기와 직결돼 있습니다. '이 정도 사고면 이 정도 길이가 적당할 것이다'라는 계산은 기자생활을 하면서 터득하게 될 것입니다.

뉴스쓰기 덤프트럭이 버스 들이받아

오늘 낮 1시 반쯤
경남 창원시 어린교 오거리에서
48살 박 모씨가 몰던 덤프트럭이
건너편에서 신호대기 중이던
고속버스 3대의 옆을 잇달아 들이받고 넘어졌습니다.

이 사고로 고속버스 운전자와 승객 등 12명이 다쳐
근처 병원에서 치료를 받고 있습니다.

경찰은 덤프트럭이
커브 길을 과속으로 달리다가
중심을 잃고 버스와 부딪친 것으로 보고
정확한 사고 원인을 조사하고 있습니다.

사고 직후 덤프트럭에 실려 있던 모래가
도로로 쏟아져 어린교 오거리 부근 교통이
한때 매우 혼잡했습니다.

처음엔 이 정도의 기사도 쓰는 게 만만치는 않습니다. 그러나 정말 어려운 건 이 사고 개요에 나와 있지 않은 내용 중 '기삿거리'를 찾는 것입니다. 이를테면, 덤프트럭 운전자가 마약에 취한 상태였다든가 ― 당사자에겐 매우 죄송한 가정입니다만 ― 어린교 오거리에서 이 같은 교통사고가 한 달에 열 번은 난다든가, 다친 사람들 가운데 유명한 연예인이 있다든가 하면 얘기는 좀 달라집니다. 기사의 시작부터 다르게 된다는 겁니다. 같은 사고 현장을 취재하고도 기사는 서로 다른 경우가 있습니다. 어느 기자는 일반적인 사고로 봤고, 어느 기자는 꼼꼼하게 취재해 새로운 '거리'를 찾았기 때문입니다.

취재는 새로운 것을 발견하는 작업입니다. 그 발견은 운이 좋아서 제 발로 찾아올 때도 있고, 기자의 뛰어난 감각으로 찾아낼 때도 있지만, 꼼꼼하게 뒤지는 과정에서 걸려들 때가 대부분입니다. 탄탄하게 취재하는 것은 처음에는 노력에 의해 이뤄지는 것이지만 몇 년 이런 노력을 기울이다 보면 습관적으로 이뤄집니다. 몸에 배게 되는 것이죠. 그래서 처음에 배우는 게 중요합니다.

새로운 '거리'를 놓친 것보다 더 안타까운 일이 있습니다. 똑같은 걸 취재해 놓고도 기사를 제대로 쓰지 못하는 경우죠. 사안이 단순한 기사는 그 편차가 작지만 좀 복잡한 내용이 들어가면 잘 쓴 기사와 그렇지 못한 기사는 확연하게 차이가 나기 마련입니다. 애써 취재해놓고 그걸 제대로 엮지 못해서 '잘 못 쓴 기사'라는 평가를 받는다는 건 정말 억울한 일입니다.

익명 처리에 대해서(1)

기사를 쓰다 보면 기사에 나오는 사람이나 단체 등의 이름을 밝힐 것인지 여부 때문에 골치 아플 때가 많다. 원칙적으로 어떤 경우 이름을 밝히지 않아야 되는 것인지부터 알아보자.

- 형사사건의 용의자나 피의자 이름은 익명으로 함을 원칙으로 한다. 천인공노할 범죄를 저지른 게 명백한 인물은 피의자 신분이지만 이름을 공개하는 추세인데, 이런 경우에도 편집회의 등 공식적인 논의를 통해 신중하게 결정하는 것이 옳다.
- 자살처럼 바깥에 알리고 싶지 않은 일과 관련된 인물의 이름 역시 익명으로 처리한다. 좀더 확대해서 이 사람이 다니던 학교나 자살을 시도한 아파트 등의 이름 등은 공개할 특별한 사유가 없는 한 익명 처리하는 것이 좋다. 최근에는 자살을 시도한 한강의 다리 이름까지도 밝히지 않는 경우가 많다.
- 성범죄 피해자처럼 이름을 밝힐 경우 2차 피해가 예상되는 인물은 철저히 익명으로 처리한다.
- 취재원을 보호하기 위해서 정보제공자의 이름은 본인이 공개를 원하지 않는 한 밝히지 않는다.
- 실명이 공개됐을 경우, 명예훼손 소송이 제기될 우려가 현저할 때는 익명 처리한다.

스트레이트 기사쓰기 - 원칙

자, 그럼 지금부터 스트레이트 기사를 작성할 때는 어떤 것들을 생각해야 하는가에 대해서 본격적으로 알아보도록 하겠습니다. 기사를 쓰기 전에 생각해야 하는 순서대로 한번 얘기해보도록 하죠.

● 무엇이 '핵심[1]'인가

기사를 쓸 때에는 무엇이 이 사안의 핵심인가를 빨리 파악해야 합니다. 바꿔 말하면 핵심을 알아야 기사가 되는지 안 되는지, 기사의 크기가 어느 정도인지를 판단할 수 있습니다. 대부분의 기자들이 취재 초기 단계에서부터 머릿속에 핵심을 그리면서 취재를 합니다만, 어떤 것을 핵심으로 삼아야 할지가 잘 잡히지 않거나 취재 도중 핵심이 바뀌는 경우도 종종 있습니다. '핵심을 어떻게 잡을 것인가'를 결정하는 데 있어, 몇 가지 무시해선 안 되는 기준들을 얘기해보겠습니다.

첫째는 뭐니 뭐니 해도 '어떤 것이 뉴스인가'입니다. 경찰이 꼬리물기를 집중단속하겠다는 발표를 하면서 단속을 위해 캠코더를 이용한 영상단속도 벌이고, 스마트폰으로 위반차량을 촬영해 제보하면 포상금도 주며, 시내버스나 택시 등에 부착된 블랙박스 영상을 제공받는 방안도 추진 중이라는 말을 했다고 합시다. 물론 '꼬리물기를 집중단속한다'는 경찰의 발표 자체가 뉴스이긴 합니다만, '시내버스나 택시에 부

---

1 기자가 되면 고참 선배들로부터 '핵심'이란 말보다는 일본말 '야마'(山)라는 말을 더 자주 듣게 될 것이다. 69쪽 참조. '초점'이라고도 한다.

착된 블랙박스 영상을 제공받겠다'는 방침이 눈에 띄는군요. 이것을 핵심으로 삼아 "시내버스, 택시도 꼬리물기를 단속한다"는 내용을 앞세워 기사를 써나갈 수도 있을 것입니다. 기자가 새롭다고 느끼지 않는 대상은 누구에게도 새롭지 않습니다.

둘째, '시청자나 청취자가 더 끌리는 정보는 무엇인가'가 기준이 돼야 합니다. 통계청이 내놓은 2012년 혼인과 이혼 통계를 한번 봅시다. 주요 내용은 이랬습니다. ① 혼인연령은 남자 32.1세, 여자 29.4세로 해마다 오름세를 보이고 있다. ② 남자 연상 부부가 68.2%, 동갑 부부 16.2%, 여자 연상 부부 15.6%였는데 여자 연상 부부 비중이 해마다 증가세다. ③ 외국인과의 혼인은 전체의 8.7%인데 전년도보다 감소했다. ④ 혼인지속기간 20년 이상의 이혼(26.4%)이 4년 이하 이혼(24.7%)을 처음으로 추월했다.

자, 이 가운데 어느 것이 시청자나 청취자가 더 끌리는 정보일까요? 둘 중 하나 아닐까요? '여자 연상 부부 늘었다' 아니면 '황혼이혼 늘었다', 이 두 가지 내용이 솔깃하네요. 여러분 같으면 어떤 것을 핵심으로 삼으시겠습니까? 물론 어느 하나를 핵심으로 삼는다고 나머지 사실(facts)을 기사에서 빼버리는 것은 아닙니다만, 무엇이 제목이 되고 리드가 되느냐를 정하는 것으로 기사쓰기에 있어선 매우 중요한 결정입니다.

셋째, '기사 전체가 주는 의미는 무엇인가'를 생각해야 합니다. 취재된 내용 중 새로운 것이 있었으나 너무 단편적인 사실이어서 기사 전체를 이끌어 갈 힘이 없으면 핵심이 될 수 없습니다. 기자가 기사를 통해 뉴스를 보고 듣는 이들에게 전하고자 하는 것, 전체를 감안해서 핵심을 정해야 합니다.

익명처리에 대해서 (2)

기사를 쓰다 보면 실명을 밝히는 것보다 익명으로 처리하는 게 훨씬 편하다. 시비에 휘말릴 우려가 없기 때문이다. 그러나 기자가 익명에 안주하다 보면 게을러지고 치열함을 잃게 돼 기사도 이것도 저것도 아닌 너덜너덜한 소설처럼 되고 말 것이다. 실명은 기사에 '힘'을 실어준다.

- 범죄 피의자라도 공인인 경우 실명을 밝힌다.
- 사고와 관련된 인물이나 장소, 기업의 이름은 밝히는 것을 원칙으로 한다. 그래야 '오늘 낮 서울 영등포구에 있는 모 백화점에서 불이 나' 같은 황당한 기사가 나오지 않는다. 단, 교통사고나 익사사고처럼 '공익'이나 '알 권리'와 관련이 없는 경우 관련자들의 이름은 밝히지 않을 수 있다.
- 단지 이름이나 얼굴이 공개되는 것을 꺼려 익명을 요구하는 취재원의 경우, 기자가 설득해 실명으로 처리할 수 있다면 기사의 신뢰도는 높아지게 된다. 취재원 보호와 기사의 신뢰도와의 경중을 냉정하게 따져 익명처리 여부를 결정해야지, 그냥 편해서 익명으로 하는 것은 피해야 한다.

이 밖에도 핵심을 고르는 여러 가지 기준과 그에 걸맞은 사례들이 있겠습니다만 이는 여러분이 기자가 된 후 실전 경험을 통해 쌓아가게 될 것입니다. 내가 말한 세 가지에 하나만 더 보탠다면, 자신이 고른 핵심이 '왜 핵심이 돼야 하는가'를 논리적으로 설명할 수 있어야 한다는 점입니다.

●제목 달기

뉴스에 나가는 스트레이트나 리포트 기사의 제목은 원칙적으로 편집부서에서 뽑습니다. 그러나 기자들도 송고할 때 제목을 써서 보냅니다. 기자는 핵심을 고를 때, 항상 제목도 같이 생각하게 됩니다. 제목과 핵심은 따로 떼어놓을 수 없는 존재인 거죠. "인사동 먹자골목에 큰불", "국가장학생 지원 예산 크게 늘어" 하는 식으로 말입니다. 기자가 제목을 잘 붙인다는 것은 곧 그 기사의 핵심을 잘 안다는 것입니다. 편집부서에서 하는 말이 있습니다. '기사 잘 쓰는 기자들이 제목도 잘 뽑는다'는 말입니다. 비슷한 말로 '제목 뽑기 어려운 기사는 잘 못 쓴 기사다'라는 말도 있습니다.

●리드 쓰기

기사 쓸 때 많이 나오는 말이 바로 리드(lead)입니다. 기사의 첫 문장이나 문단을 의미하죠. 스트레이트 기사에서의 리드는 곧 뉴스의 핵심을 정리한 것입니다. 스트레이트가 됐든 리포트가 됐든 리드만 잘 쓰면 기사의 절반은 썼다고 보면 됩니다. 리드 쓰기 훈련을 위해 잠시 방송뉴스에 자주 등장하는 리드의 형태를 보기로 합시다. 기사를 놓고 어떤 형태의 리드인지 알 필요는 없습니다만, 기사를 쓸 때 어떤 형태의 리드를 택하는 게 좋을지는 감을 잡아보십시오.

- 요약형 리드

기사 전체 내용을 요약한 것입니다. 가장 많이 쓰이는 리드입니다.

- 국내 거주자의 외화예금이 사상 최대치를 경신했습니다.

- 국민대와 광운대에서 홍역 환자가 발생해
  보건당국이 감염 경로를 파악하고 있습니다.

- 세무조사를 받던 한 중견기업 회장이
  아파트에서 투신해 숨진 채 발견돼
  경찰이 조사에 나섰습니다.

- 나열형 리드

기사 전체 내용이 두 가지 이상의 큰 핵심을 지닐 때 등장하는 리드입니다. 두 문장 이상으로 이뤄집니다.

- 정부는 65세 이상 노인에게 지급하는 기초 연금을
  소득 하위 70%를 대상으로 차등 지급하기로 했습니다.

  65세 이상 모든 노인에게 20만 원씩 지급하겠다는
  대선 당시 공약보다 축소된 내용이어서 논란이 예상됩니다.

• 본문형 리드

짧은 기사에서는 리드와 본문의 앞부분이 겹치는 경우가 있습니다.

• 구청 사무실에 들어가 흉기를 휘두르며 소란을 피운
  40대 남성이 경찰에 붙잡혔습니다.

  서울 관악경찰서는 지난 27일 오후
  관악구청 동물관리팀 사무실에 들어가
  직원들을 흉기로 위협하고 의자 등의 기물을 던진 혐의로
  47살 이 모씨를 불구속 입건했습니다.

웬만큼 긴 기사라면 모를까, 세 줄짜리 기사에서 두 줄이 겹친다면 그건 바람직하지 않습니다. 세 문장 이하의 짧은 기사에서는 리드와 두 번째 문장이 어느 정도 겹치는지를 판단하여 두 번째 문장을 리드로 만드는 게 나을 때가 많습니다. 사례로 든 기사에서 두 번째 문장이 리드가 될 때, 그런 기사의 첫 문장을 본문형 리드 혹은 통합형 리드라고 부릅니다. [2]

리드를 말할 때 5W1H, 즉 '6하 원칙'을 빼놓을 수 없습니다. 리드에 5W1H는 가능한 한 최대한 살리는 걸 원칙으로 합니다. 만약에 리드에 넣지 못했다면 기사 본문에는 반드시 들어가야 합니다. 언제(When), 어디서(Where), 누가(Who), 무엇을(What), 왜(Why), 어떻게(How)는 기사의 생명입니다. 아주 초보적인 얘기지만 의외로 이걸 충족시키

---

2 류희림(2012), 《방송보도 기사쓰기》, 글로세움, 159~160쪽.

지 못하는 기사를 꽤 많이 봅니다. 특히 '왜'가 빠진 부실한 기사들이 많습니다.

비슷한 사건이라도 5W1H가 무엇이냐에 따라 기사가 되기도 하고 되지 않기도 합니다. 이를테면, 음주운전하다 걸리는 사람들이 많아서 일반인이 걸리면 기삿거리가 되지 않지만, 인기 아이돌 그룹의 멤버가 걸렸다면 그건 기사입니다. '누가'가 강조돼야 합니다. 홀로 죽음을 맞는 노인들의 얘기는 기사로 다뤄지기는 하지만 추석 같은 명절 때 고독사한 노인이라면 기사의 크기가 달라질 수 있습니다. '언제'가 기사를 키워준 것입니다. 관공서를 찾아가 행정에 대한 불만을 거칠게 표현하는 사람들은 많이 있어 그 자체가 기사가 되기는 힘드나 만약 길고양이가 시끄럽다며 그런 불만을 나타냈다면 그 경우는 얘기가 좀 다를 수 있습니다. '왜'가 특별하기 때문입니다.

리드에는 이 '특별한 것'들이 포함돼야 합니다. 몇 가지만 예를 들어 보겠습니다.

- '염전 인권 유린' 사건과 관련해
  경찰청의 대대적인 단속이 이뤄진 가운데
  전남 신안의 한 기초의원도
  근로자의 임금을 체불한 것으로 조사됐습니다.

기초단체의원조차 염전 근로자들에게 돈도 제대로 주지 않고 일을 시켰다는 내용이 들어가 있습니다. 군(郡) 의원이 그랬기 때문에 기사가 됐고 그래서 그 내용이 리드에 들어간 것입니다.

• 경기도 안성경찰서는 환각상태에서 여성을 협박하고
  금품을 빼앗으려 한 혐의로 43살 최 모씨 등 2명에 대해
  구속영장을 신청했습니다.

  나머지 기사를 보면 최 모씨 등은 금품을 빼앗지도 못하고 도망가다
가 잡혔다는 얘기입니다. 이 정도라면 기사 '미달'입니다만, 문제는 이
들이 마약에 취한 상태에서 범행을 저질렀다는 것이죠. 그러니 그 말은
당연히 리드에 들어가 있어야죠.

  기사의 핵심을 너무 강조하려고 리드를 쓰다 보면 기사 전체가 리드
에 너무 끌려가는 경우도 나옵니다. 기사의 핵심을 중심으로 리드를 쓰
고 리드에 맞는 문장을 자연스럽게 이어가는 것이 기사를 잘 쓰는 방법
이긴 하나 너무 인위적으로 핵심과 리드를 강조하다 보면 자칫 기사 전
체가 과장되거나 왜곡될 위험이 있습니다.[3] 기사의 핵심을 찾는 일, 그
에 맞는 리드로 기사를 시작하는 일은 매우 중요하나, 그것이 '사실 전
달'이라는 기사의 본질마저 흔들어서는 안 되겠죠.

---

3 리드에서 '기사의 각'을 과도하게 잡다 보니, 기자는 그 각에서 벗어나는 정보를
  기사에 담기 어렵게 된다. 말하자면 자기가 설정한 리드의 덫에 스스로 걸리고
  마는 것이다. 리드가 초점화될수록 기사 내용은 한쪽 방향으로 흐를 가능성이 커
  진다. … 리드에서 잡아두었던 기사의 각을 유지하려면 그런 사례만 부각시켜야
  하기 때문이다. 즉, 기자는 그런 사례만 취재할 뿐 그와 다른 사례는 애써 무시할
  수밖에 없다[박재영 외 (2013), 《한국 언론의 품격》, 나남, 33쪽에서 인용].

쓸 사실(*facts*)이 정해지고 러드가 정해진 뒤에는 본문을 고민해야 합니다. 먼저 본문에 반드시 들어가야 하는 것은 기사의 출처입니다. 성폭행 범죄의 용의자가 잡혔다면 그 정보는 누가 얘기해준 것이냐를 밝혀야 합니다. 기사에 '○○경찰서는' 하는 구절이 많이 나오는 까닭입니다. 정보의 출처는 실명으로 밝히는 것이 가장 좋습니다. 취재원을 보호하는 차원에서 부득이하게 정보의 출처를 밝히지 않을 때도 있는데 이럴 때 기사의 신뢰도 역시 조금은 떨어질 수밖에 없다는 점을 감수해야 합니다.

본문에서는 어떤 사실을 어떠한 순서로 쓸지 결정해야 합니다. 기사를 쓸 때 언제나 고민스런 문제입니다. 답부터 말하자면 중요한 것부터 쓰면 됩니다. 문제는 무엇이 더 중요하냐는 것입니다. 사건사고기사야 그야말로 상식에 따라 중요한 것의 순서를 매길 수 있고 조금 쓰다 보면 그 유형의 기사 형태를 외워서 괄호 넣기를 하듯 금방 '툭'하고 내놓을 수 있지만 사안이 복잡한 내용의 스트레이트에서 여러 가지 사실들을 중요한 순으로 자리매김하는 것은 생각만큼 쉽지 않을 때가 많습니다.

중요한 것부터 쓴다고 할 때 나오는 단어가 바로 '역(逆)피라미드형'입니다. 한 변의 길이를 전달할 사실의 중요도라고 할 때 중요도가 가장 큰 사실이 밑변을 차지해 맨 위로 가고, 중요도가 제일 떨어지는 사실은 꼭짓점으로 제일 뒤에 나오는 기사의 구성을 말합니다.

사실의 중요도를 잘 판단해, 그 중요성에 따라 쓴 기사가 바로 '잘 쓴 기사'이자 '좋은 기사'입니다. 몇 가지 사실들을 놓고 무엇부터 쓸 것인가가 고민스러울 때는 항상 뉴스를 듣는 사람, 보는 사람의 입장에서 생각해보시기 바랍니다. 뉴스를 공급자가 아니라 수용자의 입장에서 판단하라는 것입니다. 내가 힘들여 취재했다고, 이건 '나만 아는 것'이라는 식으로 쓰는 이의 입장에서 '사실'을 배열하는 게 아니라 시청자나 청취자가 가장 궁금해 할 것, 알고 싶어 할 것, 알아야 할 것을 판단해 그 순서에 따라 기사를 쓰라는 것입니다.

중요한 것부터 써야 뉴스 진행자들이 시간 조절을 위해 기사를 잘라도 가장 중요한 내용은 방송에 나갈 수 있기에 방송뉴스에서 역피라미드 형태의 기사가 더욱 필요합니다. 예를 들자면 이런 것이죠.

뉴스 쓰기 주택가 화재, 일가족 3명 사망

서울의 한 주택가에서 불이 나
잠자던 일가족 3명이 숨졌습니다.

오늘 새벽 3시 반쯤 서울 관악구 신림동에 있는
연립주택 건물 2층에서 불이 나
자고 있던 38살 최 모씨 부부와
최 씨의 2살 난 아들이 숨졌습니다.

불이 나자 연립주택 주민 백여 명이
긴급 대피했으며 불은 연립주택 2층을 모두
태우고 한 시간 만에 꺼졌습니다.

경찰과 소방당국은
펑하는 소리와 함께 갑자기 불길이 치솟았다는
목격자들의 말에 따라 가스 폭발로 인한
화재가 아닌지 조사하고 있습니다.

불이 난 연립주택은
지은 지 20년이 넘은 건물로
가구별로 프로판 가스를 사용하고 있습니다.

가상으로 지어낸 기사입니다. 모두 5문장인데요, 방송에 나가야 하는 순서대로 기사를 쓴 것입니다. 어느 문장에서 방송이 잘려도 더 중요한 정보가 나가지 못하는 일은 없습니다.

리포트의 경우는 기자 자신에게 할당된 시간만큼은 기사가 나갈 수 있다는 약속이 전제되므로 역피라미드형 기사가 그렇게 필수적이지는 않습니다.

역피라미드형 기사는 사건이나 사안 전체보다는 선택된 개별적인 사실만 전달해 기사를 너무 조각낸다는 비판도 받아왔습니다. 신문을 중심으로 기사를 이야기하듯 쓰는 내러티브 스타일의 기사가 주목을 받으면서 역피라미드형의 '위세'가 조금 꺾이고는 있으나 뉴스 시간이 정해져 어디에서 잘릴지 모르는 방송뉴스에서만큼은 여전히 유효합니다.

•어느 정도 길이로 쓸 것인가

당연한 얘기지만 기사의 길이를 어느 정도로 할 것인가도 염두에 둬야 합니다. 물론 현장에서 길게 불러 온 기사를 줄이고 자르고 하는 일은 데스크나 편집부에서 할 일입니다만 그래도 기자가 작성하는 기사도 어느 정도는 기사의 가치를 판단해 길이를 결정하는 게 바람직하다는 얘기입니다. 뉴스에 세 문장이 나가면 적당할 기사를 두 배의 길이인 여섯 문장 이상으로 보낸다면 줄이기도 힘들뿐더러 정작 나가야 할 내용이 방송되지 못하는 일이 생길 수도 있습니다.

짧게 쓴다고 취재를 적게 해서는 절대 안 됩니다. 최근에는 하나의 기사가 방송에도 나가고 인터넷을 통해 나가기도 하는 까닭에 다양한 길이가 요구되고 있는 상황입니다. 같은 기사라도 길이를 자유자재로 쓸 수 있는 능력이 요구되고 있는 거죠. 따라서 길게 쓰려고 해도 취재 분량이 부족해서 못 쓰는 일만큼은 없어야 합니다.

● 다시 기본원칙으로 … '짧게, 말하듯, 쉽게 써라'

기사의 전체적인 틀이 결정이 되고 나면 방송기사쓰기의 기본인 짧게 말하듯 쉽게 쓰는 데 집중해야 합니다. 앞서 여러 번 강조했지만 방송기사는 가급적 단문으로, 구어체로 어려운 것은 쉽게 풀어써야 합니다.

● 이 밖에 알아둬야 할 사안들

기사를 쓰다 보면 깨치게 될 사안들이긴 하지만, 미리 머릿속에 넣어두면 좋은 것들입니다.

● 가급적 능동형으로 쓰십시오
기사에서 어떤 행위의 주체가 누구이며, 무엇인지는 분명히 밝혀주는 것이 좋습니다. 따라서 가능한 한 능동형의 문장으로 써 버릇하십시오.

출소자 후원 등의 활동을 하는 '범죄예방위원회' 제도가
도입 18년 만에 대폭 손질됩니다.

법무부는 출소자 후원 등의 활동을 하는
범죄예방위원회 제도를 크게 고치기로 했습니다.

• 주어를 가볍게 하세요

나흘 전 경기도 가평군 번지점프장에서 번지점프를 하려다
55미터 아래로 추락한 30대 여성이 어제 오후 숨졌습니다.

경기도 가평경찰서는 번지점프대에서 추락해
병원치료를 받던 37살 최 모씨가 의식을 회복하지 못한 채
어제 사망했다고 밝혔습니다.

첫 문장의 주어는 '30대 여성'이죠? 그런데 주어를 설명하는 말이 너
무 많습니다. 이럴 때는 첫 문장에서 반드시 들어가야 할 말만 남기고
나머지는 아래 기사처럼 다음 문장으로 넘기는 게 좋습니다.

나흘 전 번지점프장에서 추락한 30대 여성이 어제 오후 숨졌습니다.

경기도 가평경찰서는 가평군에 있는 번지점프장에서
번지점프를 하려다 55미터 아래로 떨어져 병원치료를 받던
37살 최 모씨가 의식을 회복하지 못한 채 어제 사망했다고 밝혔습니다.

뉴스 관련 일본어

예전에 비해 지금은 거의 다 사라졌지만 방송기자들 사이에 몇몇 일본어는 아직도 쓰인다. 사건사고 담당기자들을 '사츠마와리'라고 한다는 말을 들어봤을 것이다. '사츠마와리'(察回り)는 경찰서를 돈다는 뜻이다. 특종은 '토쿠다네'(特種)라고 발음한다. 일본에서 특종기사를 냈을 때 요즘은 통상 '스쿠-프'(スクープ)라고 부른다. '토쿠다네'와 비슷한 발음으로 옛날 선배들은 특종을 '토코다이'라고 부르기도 했는데 '토코다이'는 혼자 나돌아 다니는 사람을 말하는데, 특공대(特攻隊, とっこうたい)에서 온 말이라고 한다. 기사의 핵심을 지칭하는 말로 '야마'라는 일본어는 아직도 꽤 쓰인다. 희한한 건 요즘 일본 기자들은 이 말을 거의 쓰지 않는다는 것이다. '야마'(山)는 원래 사건을 지칭하던 말로 경찰이 쓰는 은어라고 한다. 이 경찰 은어가 옛날 일본 기자사회로 흘러들면서 뜻이 '주제, 초점' 등으로 쓰였던 때도 있었다고 전해질 뿐이다. '하리꼬미'라는 말도 꽤 쓰였다. '하리꼬미'(張り込み)는 경찰이 잠복수사를 하는 것을 의미하는 말인데, 어떤 사건이 발생할지 모르니까 '죽치고' 취재 현장에 있는 것을 의미한다.

기자들이 일본어를 쓰는 것은 물론 좋지 않다. 쓰지는 말되 그 말의 어원이 뭔지는 알아두자는 의미에서 정리했다.

비슷한 사례 하나만 더 듭니다.

금연구역에서 담배를 피우는 데도
단속 인원이 부족해 방치할 수밖에 없었던
지방자치단체의 흡연단속이 활성화될 전망입니다.

단속 인원의 부족으로 부진했던
지방자치단체의 흡연단속이 활발히 이뤄질 것으로 보입니다.

• 숫자가 너무 많으면 좋지 않습니다

부동산 114에 따르면 분당의 아파트 전세 가격은
3.3m^{2}당 995만 원으로 서울의 990만 원대를 웃돌고,
판교 아파트 3.3m^{2}당 가격은 천455만 원으로
고가 전세가 많은 서울 서초구 평균 천440만 원대를 넘었습니다.

기사 구조가 간단해서 숫자가 많은 게 덜 거슬리지만 이처럼 숫자가
많은 기사들은 숫자를 좀 생략하세요.

부동산 114의 조사 결과,
분당의 아파트 전세 가격은
3.3m^{2}당 995만 원으로 서울의 평균을 웃돌았고,
판교는 천455만 원으로
서초구 평균보다도 높은 것으로 나타났습니다.

만약 의미가 큰 숫자라면 문장을 나누는 것도 방법입니다.

부동산 114의 조사 결과 분당의 아파트 전셋값은
3.3m^{2}당 995만 원으로 서울의 평균 990만 원보다
높은 것으로 나타났습니다.

판교의 아파트 전셋값도 3.3m^{2}당 천455만 원으로
서초구 평균보다도 조금 비싼 것으로 조사됐습니다.

• 행정용어는 가급적 쓰지 마세요

정부부처나 사법기관 등은 보도자료나 언론 브리핑에서 그들만의 용어를 사용하는 경우가 많습니다. 그런 용어는 쉬운 말로 바꾸기 힘들거나 법률적인 말인 경우를 제외하고는 가급적 일반적인 단어로 바꿔주는 것이 좋습니다.

경찰은 피의자 김 모씨의 신병확보에 주력할 방침입니다.

경찰은 피의자 김 모씨를 붙잡는 데 주력하기로 했습니다.

• 시간과 숫자를 쓸 때는 이렇게 하십시오

먼저 시간에 대해서 말씀드리겠습니다. 오전과 오후면 모든 시간을 다 얘기할 수 있습니다만 새벽, 아침, 저녁, 밤으로 부르는 게 좋습니다. 해가 뜨고 지는 시각이 다른 탓에 이렇게 부르는 게 계절에 따라 조금씩 달라질 수는 있겠죠. 날이 훤히 밝은 여름 날 오전 6시를 새벽이라고 부르는 것은 자연스럽지 못합니다.

- 0시~오전 5, 6시 정도: 새벽
- 오전 7, 8시: 아침
- 정오~오후 2, 3시 정도: 낮
- 오후 6, 7시: 저녁
- 오후 8, 9시~자정: 밤

표현하기 애매모호한 시간대는 그냥 오전, 오후로 표기하는 것이 무난합니다.

오늘 새벽 0시입니까? 어젯밤 자정입니까? 새벽 이후에 나가는 뉴스에서는 가까운 시간대로 씁니다. 당연히 새벽 0시가 맞습니다. 자정 이전에 나가는 뉴스에서는 '내일 새벽'이 아니라 '오늘 밤 자정'이라고 씁니다.

다음은 숫자 표기에 대해서 얘기해볼까요? 기사에 숫자가 너무 많으면 좋지 않습니다. 의미가 있고 중요한 숫자가 아니면 생략하는 게 좋고, 쓸 때도 가능하다면 어림수로 쓰는 게 바람직합니다. 취재는 소수점 아래까지 세밀하게 하더라도 기사로 쓸 때는 알아듣기 쉽게 쓰라는 것이죠. 어느 초등학교 전교생이 1,327명이라면 천3백여 명이라고 쓰면 됩니다. 아주 정확하게 단 단위 숫자까지 밝힐 필요가 있을 때는 당연히 단 단위까지 써야 하겠죠.

기사에 나오는 숫자는 읽기 편하게 쓴다는 원칙에 따라 씁니다.

- 764,340원 → 76만 4천340원
- 64,000명 → 6만 4천 명
- 1,200원 → 천2백 원

숙자 '1'은 대부분 쓰지 않습니다. '만5천 원'이라고 읽지 '일만 오천
원'이라고 하지 않잖아요? 그러나 '억'이 넘어가면 어떻습니까? '일억 오
천만 원'이라고 하지 '억 오천만 원'이라고 하지 않죠. 이럴 때는 '1억 5
천만 원'이라고 써야 합니다. 읽는 대로 쓴다는 원칙에 따르면 됩니다.
단, 숙자를 자막이나 컴퓨터그래픽에 쓸 때는 읽는 대로 쓰지 않고 '1'
자도 적습니다. 자막은 '읽으라'고 넣는 것이 아니라 '보라'고 넣는 것이
니까요.

● 띄어쓰기와 줄 바꾸기

방송기사는 누군가 읽는 것입니다. 스트레이트의 경우 앵커나 아나운
서가, 리포트의 경우 자신이 읽을 것입니다. 당연한 말이지만 읽기 좋
게 써야 합니다. 그런데도 잘 지켜지지 않는 경우를 많이 봐왔습니다.
대부분 잘못된 습관이나 무관심에서 비롯된 것입니다.

띄어쓰기를 잘해서 쓰십시오. 얼마 전 전방 GOP에서 총기 난사 사
건이 발생했을 때 많이 나온 말이 있죠. '보호관심 사병'인데 이를 한 단
어로 묶어서 '보호관심사병'이라고 써도 띄어쓰기는 틀리지 않습니다.
그러나 읽는 이를 위해 '보호관심 사병'이라고 쓰는 게 좋습니다. '보호
관 심사병'으로 잘못 읽을 가능성을 없애자는 것이죠.

기사 원고의 줄을 잘 바꾸는 문제는 기사를 쓸 때마다 신경을 써야 하
는 일입니다. 한번 예를 들어보죠.

공정거래위원회가 회장 일가에게 부당하게
이익을 몰아준 삼양식품에 대해 시정명령과
함께 과징금 26억 2천4백만 원을 부과하기로
했습니다.

공정거래위원회에 따르면, 삼양식품은
2008년 1월부터 작년 2월까지 이마트에
라면을 납품하며 중간에 '내추럴 삼양'을
끼워 넣어 수수료 이익 70억 원을 챙기도록
했는데 이 회사는 삼양식품 ○○○ 회장의
친인척들이 지분 90%를 소유하고 있습니다.

다 읽으셨나요? 그럼 아래 기사를 다시 읽어보세요.

공정거래위원회가
회장 일가에게 부당하게 이익을 몰아 준
삼양식품에 대해 시정명령과 함께
과징금 26억 2천4백만 원을 부과하기로 했습니다.

공정거래위원회에 따르면 삼양식품은
지난 2008년 1월부터 작년 2월까지
이마트에 라면을 납품하며
중간에 '내추럴 삼양'을 끼워 넣어
수수료 이익 70억 원을 챙기도록 했는데
이 회사는 삼양식품 ○○○ 회장의 친인척들이
지분 90%를 소유하고 있습니다.

어떻습니까? 차이가 느껴집니까? 위의 기사와 아래 기사는 글자 하나 다르지 않습니다. 만약 차이를 느꼈다면 기사의 줄 바꾸기를 어떻게 했느냐에 따라 생긴 차이입니다. 읽기 좋게 글의 줄을 바꿔주는 것을 습관으로 만드십시오.

•쓴 기사는 반드시 소리 내어 읽어본 뒤 송고하라

요즘도 기자들이 보내온 기사를 보다 보면 오타가 발견될 때도 있고 말이 되지 않는 문장도 눈에 띄곤 합니다. 기자가 자신이 쓴 스트레이트 기사를 한 번만 제대로 읽어봤어도 생기지 않을 일입니다. 여러분이 기자가 되면 자신이 쓴 기사를 대충 눈으로만 훑어보고 보내지 말고 반드시 리포트를 하듯 입으로 소리 내서 읽어본 뒤 송고하십시오. 기사는 사람마다 능력이 다르듯 잘 쓸 수도 못 쓸 수도 있습니다. 그러나 오타를 내거나 기본적인 문장을 잘못 쓰는 것은 자세의 문제입니다. 기사를 잘 못 쓴 것은 이해될 수 있으나, 기사 쓰는 기본자세가 잘못된 것은 '용서'받기 힘든 문제입니다.

•탄탄한 취재가 바탕이 돼야 함은 기본이다

방송이든 신문이든 스트레이트든 리포트든 모든 기사의 기본은 탄탄한 취재입니다. 아무리 글이 유려(流麗)해도 중요한 알맹이가 빠지면 그건 기사로서 낙제입니다. 너무나 상식적이어서 더 이상 길게 얘기하지는 않겠습니다.

기사 데스크를 보면 크게 두 부류의 후배기자들을 봅니다. 하나는 자신이 쓸 기사의 대강과 분량을 생각하고 그 분량만큼만 취재를 하는 거죠. 몇 가지 외운 기사의 틀에 맞출 사실들만 알아보고 취재수첩을 덮는 스타일입니다. 또 다른 유형의 기자들은 인터뷰도 여러 명을 하고 미주알고주알 취재도 해서 '다큐멘터리를 만들어도 되겠다'는 소리를 듣는 이들입니다. 바쁜 상황에서 쓸데없는 것까지 챙기는 것도 바람직하다고 할 수는 없으나 급할 것도 없는데 딱 기사 쓸 만큼만 취재하는 것보다는 훨씬 낫습니다. 취재를 세밀하게 하다 보면 다른 이야기들을 건질 수 있기 때문입니다. 그래서 같은 현장에 갔지만 어떤 기자는 세 문장짜리 스트레이트에서 멈추고 어떤 기자는 2분짜리 리포트를 끌어내기도 하는 것입니다.

마지막으로 다시 한 번 강조합니다만, 스트레이트 기사쓰기는 모든 방송기사쓰기의 기본 중 기본입니다. 간단한 스트레이트 기사라고 대충 쓰는 기자들이 2, 3분짜리 리포트 기사를 잘 쓰는 경우는 극히 드뭅니다. 아무리 짧은 스트레이트 기사라도 최선을 다해서 쓰려고 노력해야, 모든 기사를 잘 쓸 수 있는 '내공'이 높아집니다.

●●● 과제

1. 〈연합뉴스〉나 〈뉴시스〉같은 통신사 홈페이지에서 쓴 사건사고기사 5개를 찾아서, 방송 스트레이트 기사로 옮겨보시기 바랍니다.
2. 방송사 홈페이지로 가서 이 기사를 찾아서 자신이 쓴 기사와 비교해보십시오.

04

—

스트레이트 기사쓰기 실습 (1)

기사는 정확해야 합니다.

'이렇게 말해도 알아들을 테고,
대세에 지장 없는 거니까' 하고
대충 써 버릇하면 절대 안 됩니다.

많이 달라지긴 했지만
방송의 속성 중 하나가
'공중에 흩어지는 것'이어서
'대충'이 주는 안일함에 빠지기 쉽습니다.

제 4강
스트레이트 기사쓰기 실습 (1)

> 오늘 오전 9시쯤
> 전남 진도군 관매도 인근 해상에서
> 인천에서 출발해 제주로 향하던
> 여객선이 침몰 중이라는 신고가 접수됐습니다.
>
> 이 여객선에는 수학여행에 나선 학생 등
> 5백여 명이 탑승하고 있는 것으로 알려졌습니다.

　2014년 4월 16일 아침 9시 반이 조금 넘은 시각에 한 지상파 방송의 뉴스에 '방금 들어온 뉴스입니다'라는 앵커의 말 뒤에 나간 기사입니다. 단 두 문장의 이 스트레이트 기사가 그 후 우리가 경험해보지 못했던 대참사를 예고하는 것이었는지, 아마 뉴스가 나갈 때만 해도 아무도 몰랐을 겁니다.

　세상에서 벌어지고 있는 큰일들을 전하는 첫 번째 기사는 이렇게 스트레이트 기사입니다. 성수대교가 무너졌을 때도, 대구 지하철 화재 사고가 났을 때도, 노무현 대통령이 자살했을 때도 첫 뉴스는 몇 문장의 스트레이트 기사였습니다. 새로운 것을 알린다는 차원에서만 얘기한다면 가장 기사다운 기사는 바로 스트레이트 기사일 겁니다.

　기사작성의 기초는 이 스트레이트 기사에서부터 다져야 합니다. 이번 강의에서는 스트레이트 기사를 직접 써보도록 하겠습니다.

사건사고 스트레이트 기사쓰기

●화재기사

화재기사를 한번 예로 들어보죠. 2013년 2월 17일에 실제로 인사동에서 불이 나 기사가 된 적이 있었습니다. 불은 밤 8시 반쯤 났는데 인명 피해가 심하진 않았습니다. 단, 상가가 밀집한 지역이어서 화재가 커질까 하는 걱정 때문에 불이 났을 땐 텔레비전에 뉴스속보 자막이 뜰 정도였습니다. 기억하는 분들도 있을 것 같네요.

화재 현장에 나간 기자가 급히 취재한 뒤 기사를 보내고 있는 상황을 가정해봅시다. 자신이 그 기자라고 생각해보세요. 급히 취재하느라 숨은 헉헉거리고, 바깥에선 여전히 소방차의 사이렌 소리가 들리고, 몇 분 안에 기사는 보내야 하고, 기사를 쓰고 있는 동안 별다른 상황 변화는 없을는지 … 마음이 매우 급해질 수밖에 없는 상황에서 기사를 써야 합니다. 지금이 밤 9시 30분이고, 밤 10시 뉴스에 보도할 스트레이트 기사를 보내라는 지시를 받았다고 칩시다. 9시 반에 10시에 나갈 뉴스를 보내라고 했으니까, 데스크가 일단 보고 아나운서가 방송 전에 한번 읽어보는 데 드는 시간 등을 생각하면 기사를 쓸 시간은 20분 남짓될 겁니다. 여러분도 20분 안에 기사를 써보라는 얘깁니다. 이런 기사는 시간이 지나면서 계속 바꿔줘야 합니다. 자, 그럼 지금까지 취재된 내용이 아래와 같다고 하고 기사를 써봅시다.

- 발 생 : 밤 8시 30분
- 장 소 : 서울 종로구 인사동 255번지 식당 밀집지역, '먹자골목'으로 불림. 종로타워 뒤편 3층짜리 건물 3층
- 진 화 : 소방차 62대와 소방대원 1백여 명 긴급 출동, 9시 30분 현재 대부분 진화
- 피해상황 : 6개 동 23개 점포 전소, 시민 7명 근처병원에 후송 치료 중, 생명에 지장은 없는 듯, 인근 빌딩 주민과 시민들 대피, 한때 주변 교통 매우 혼잡
- 목격자 : 45살 김청수, "미사일이 날아왔나? 천둥치는 것 같은, 벼락치는 것 같은 소리가 났다."
- 화재원인 : 경찰과 소방서는 음식점에서 난 원인 모를 불이 번졌고, 주변 LP가스통이 폭발하면서 급속히 번진 것으로 추정, 정확한 화재 발생장소와 원인은 조사 중

한번 써 보셨나요? 기사를 써본 경험이 별로 없었던 분들은 좀 답답했을 것입니다. 그럼 지금부터 기자를 지망하는 학생들이 쓴 기사를 보면서 얘기해보도록 합시다. 이 학생들에게도 똑같은 취재내용을 제시했고 20분 정도 시간을 줬습니다. 여러분이 쓴 기사와 비교해가며 들으시길 바랍니다.

기자 지망생이 쓴 기사를 보면 흰 번호와 까만 번호가 있습니다. 앞으로 자주 등장하게 될 번호들인데요, 흰 번호는 문장에, 까만 번호는 밑줄 친 표현에 붙인 것입니다.

① 오늘 오후 8시 30분경, ❶
서울시 인사동의 3층 건물에서
화재가 발생했습니다. ❷

② 인명피해는 발생하지 않았으나 ❸
이번 화재로 건물 6개 동의 23개 점포가
모두 전소되었습니다. ❹

③ 화재는 현재 대부분 진화된 것으로 알려졌으며, ❺
경찰과 소방당국은 화재원인을
식당의 LP가스가 폭발한 것으로 추정하고
정확한 화재원인을 조사 중입니다.

이 기사는 한눈에도 많은 문제들이 보입니다. 심각한 잘못부터 바로 잡아보죠.

❸ 사실과 다릅니다. 7명이 다쳐서 병원으로 옮겨졌다고 했는데, 인명피해가 발생하지 않았다고 하고 있군요. 이 기사를 쓴 학생은 인명피해라 함은 사람이 죽었을 때 쓰는 말로 잘못 알고 있는 것 같습니다. 사람이 다친 것도 인명피해입니다.

❺ '화재는 대부분 진화된 것으로 알려졌다'고 했는데 '불이 꺼졌다, 아니다'는 기자가 확인해야 할 가장 기본적인 상황입니다. 직접 현장에서 확인을 하든지 아니면 믿을 만한 취재원으로부터 확실하게 확인해야 할 가장 기본적인 사실이죠. 이런 경우, '알려졌다'는 식의 무책임한 표

현은 절대 써서는 안 됩니다.

❸과 ❺, 이 두 가지 잘못은 기사에서는 나와서는 안 될 치명적인 것입니다.

문어체로 된 글도 많습니다. 방송기사는 말하듯 쓰라고 했는데 말이죠.

❶ 오늘 오후 8시 30분경 → 오늘 밤 8시 반쯤

❷ 화재가 발생했습니다. → 불이 났습니다.

❹ 모두 전소되었습니다. → 모두 탔습니다.

전소(全燒)의 뜻이 '모두 탔다'인데, 모두 전소됐다고 하면 틀린 말입니다. 또 방송에서는 '되었습니다'라고 쓰지 않고 줄여서 '됐습니다'로 씁니다.

다음은 문장별로 뜯어보겠습니다. ③번 문장이 문제입니다. 길이는 그런대로 봐줄 만한데 문장의 구조가 눈에 거슬립니다. 불은 지금 어떤 상태인지와 왜 났는지 하는 두 가지 사안을 한 문장에 넣고 있습니다. 이 ③번 문장은 당연히 두 문장으로 나눴어야 합니다.

③번 문장은 문제가 또 하나 있는데요, 한 문장에 '화재원인'이라는 말이 두 번이나 들어갔군요. '경찰과 소방당국은 식당에서 난 불에 LP 가스통이 폭발하면서 크게 번진 것으로 보고 정확한 화재원인을 조사하고 있습니다' 정도로 쓰면 되지 않았을까요? 한 문장 안에서 같은 말이 반복되는 것은 최대한 피해야 합니다.

이제 기사 전체를 놓고 얘기해 봅시다. 가장 큰 문제는 리드입니다. 이 기사의 핵심은 무엇입니까? '인사동에서 불이 나 6개 동 23개 점포가 다 탔다'는 것 아닙니까? 그런데 이 기사의 리드는 '3층 건물에서 불이 났다'는 것만 얘기하고 있습니다. 리드에 핵심이 들어가지 않은 것입니다. 화재발생, 피해규모, 진화상황, 화재원인 등은 언급했습니다만 전체적으로 볼 때 부족한 점이 많은 기사입니다.

기사의 길이는 너무 짧습니다. 밤 8시 반에 불이 났고, 10시 뉴스라면 한창 '따끈따끈'할 때인데 세 문장으로 끝내는 것은 아쉽죠. 한두 문장만 더 써도 조금 달라 보일 것입니다. 무엇보다도 소방차와 소방대원이 어느 정동 출동했다는 것 정도는 써줬으면 좋을 뻔했네요. 서울 도심에 60여 대의 소방차가 출동하는 건 흔치 않은 일이니까요. 또 일대 교통은 얼마나 혼잡했겠습니까.

뉴스쓰기 기사 A의 가르침

첫째, 정확해야 한다.
- '인명피해가 나지 않았다', '진화된 것으로 알려졌다', 이런 기사는 절대 용납되지 않습니다.

둘째, 리드에는 핵심이 들어가야 한다.
- 이 기사의 핵심은 '인사동에서 불이나 23개 점포가 다 탔다'입니다.

셋째, 말하듯 써야 한다.
- 언제나 구어체를 생각하십시오. '모두 전소되었습니다' 이런 말이 나와선 절대 안 됩니다.

같은 취재내용을 보고 쓴 다른 기자 지망생의 기사를 하나 더 보겠습니다.

① 오늘 <u>오후 8시 30분경</u> ❶
서울 종로구 인사동 '먹자골목'에서 <u>화재가 발생해</u> ❷
점포 20여 곳이 불타는 등 큰 재산 피해가 났습니다.

② 종로타워 뒤편 3층짜리 건물 3층에서 시작된 불은
순식간에 주변으로 번져 6개 동 23개 점포를 <u>불태웠습니다.</u> ❸

③ 소방차 62대와 소방대원 100여 명이 긴급 출동해
화재 발생 후 1시간 30분이 지난 <u>10시경</u> ❹
불길은 대부분 잡혔습니다.

④ 시민 7명이 근처 병원으로 옮겨져 치료를 받고 있지만
생명에는 지장이 없는 상태입니다.

⑤ 사고 당시 주변 빌딩 주민들과 시민들이
대피하는 소동이 일어났고,
일대 교통이 매우 혼잡했습니다.

⑥ 목격자들은 '천둥치는 소리가 난 것 같았다',
'미사일이 날아온 줄 알았다'는 등
사고 당시의 충격을 전했습니다.

⑦ <u>경찰과 소방당국에 따르면</u> ❺
건물 3층 음식점에서 발생한 화재로
LP가스통이 폭발하면서
불길이 급속히 번진 것으로 추정됩니다.

먼저, 기사 내용 중 문제가 있는 것부터 보도록 하겠습니다.

❹ 밤 10시 뉴스에 나갈 기사를 쓰라고 했는데, 기사에 '10시경'이라는 말이 들어가면 되겠습니까? 게다가 '9시 반쯤 대부분 불길이 잡혔다'고 했는데 말이죠. 사실과 다르게 기사를 쓴 것입니다. '대충 쓰면 되지…' 하는 안일한 생각에서 비롯됐다면 용서받기 힘든 실수입니다.

구어체로 쓰라는 원칙에 충실하지 않은 부분이 많습니다.

❶ 오늘 오후 8시 30분경 → 오늘 밤 8시 반쯤

❷ 화재가 발생해 → 불이 나

❺ 경찰과 소방당국에 따르면 ~ 추정됩니다. → 경찰과 소방당국은 ~ 추정하고 있습니다.

❸ 불태웠습니다. → 태웠습니다.

이제 들어갈 내용은 다 들어갔는지 알아보죠. 취재된 내용은 빠짐없이 다 썼군요. 그런데 기사가 다소 깁니다. 지금 이 정도 크기의 기사에서는 목격자들의 얘기는 리포트를 만들 때 넣어줘도 될 것 같습니다. 현장에서 취재를 하다 보면 자신이 취재한 것은 모두 다 기사에 쏟아 붓고 싶은 게 기자들의 일반적인 속성입니다. 그러나 기사에 반드시 들어가지 않아도 될 사안들은 과감히 버릴 줄도 알아야 합니다.

다음으로 기사를 중요한 사실부터 썼는지에 대해서 봅시다. 화재 소식을 들을 때 사람들이 가장 궁금한 것이 무엇일까요. 대부분 불이 어디서 났고, 죽거나 다친 사람은 없었는지, 다른 피해는 뭔지, 지금은 어떻게 됐는지, 왜 났는지 하는 식으로 궁금해 할 것입니다. 기사가 전달하는 내용의 순서가 사람들이 알고 싶어 하는 순서와 일치할수록 '잘 쓴 기사'라고 할 수 있습니다. 이런 기준을 갖고 기사를 한번 보겠습니다.

①번과 ②번 문장은 합치는 게 좋습니다. '재산피해가 났다'는 말을

리드에 쓰는 것은 맞지 않습니다. 불이 나면 재산피해 나는 건 당연하죠. 불이 난 장소를 두 번 말한 것도 좋지 않습니다. '인사동 먹자골목', '종로타워 뒤편 건물 3층'하는 식으로 말이죠. ⑤번과 ⑥번은 일단 제일 뒤로 돌려놓죠.

순서를 재배치하면 ①번과 ②번은 합쳐서 '어디서 불이 나 점포를 다 태웠다'는 사실을 먼저 쓰고, ④번의 인명피해 사실을 전해주며, ③번에 진화(鎭火)에 관련된 내용을 쓴 뒤 ⑦번에 나 온 화재원인에 관한 얘기를 붙이는 순서대로 쓰면, 글의 순서엔 별 문제가 없을 것입니다.

뉴스 쓰기 기사 B의 가르침

첫째, 실수는 용서받지 못한다.
- '9시 반에 대부분 진화됐다'는 불을 '10시경 불길은 대부분 잡혔다'며 사실과 다르게 썼고, 게다가 10시 뉴스에 '10시경'이라는 말을 넣는 실수를 기억합시다.

둘째, 기사는 간결해야 한다.
- 첫 번째, 두 번째 문장을 합쳐 좀더 간결하게 쓸 수 있었습니다. 취재한 것을 모두 기사화할 수는 없습니다.

셋째, 중요한 순서대로 쓴다. 역피라미드형 기사!
- 인명피해에 앞서 너무 많은 사실들을 썼군요. '7명이 병원으로 옮겨져 치료를 받고 있다'는 사실이 '소방차 몇 대가 출동했다'는 사실보다는 먼저 나가야 합니다.

다음 기사는 제가 쓴 것입니다. 기사에 정답은 없습니다. 문제는 없
는지 한번 꼼꼼히 살펴보시기 바랍니다.

뉴스 쓰기 서울 인사동에서 큰불[1]

오늘 밤 8시 반쯤 서울 종로구 인사동의 먹자골목에서
큰불이 나 6개 동의 23개 점포가 모두 불에 탔습니다.

7명이 다쳐 근처 병원으로 옮겨졌으나
생명에는 지장이 없는 것으로 전해졌습니다.

소방차 60여 대와 소방대원 백여 명이 출동해
불이 난 지 한 시간 만인 9시 반쯤 불을 껐습니다.

경찰과 소방당국은
먹자골목 안의 한 건물 3층 음식점에서 시작된 불에
LP가스통이 폭발하면서,
불길이 급속히 번진 것으로 보고
정확한 화재원인을 조사하고 있습니다.

---

1 취재된 내용이 충분하지 않아 백 점짜리 기사를 쓰는 게 어려웠다. 예를 들어 '시
민 7명이 다쳤다'고만 돼 있는데 연기를 들이마신 건지 대피하다 넘어진 건지 주
민인지 음식점 손님인지 등이 없어 기사가 구체적이지 못하다. 취재가 탄탄하지
못해 기사가 부실해진 예라 할 수 있다.

●교통사고기사

이번에 함께 실습할 기사는 2012년 3월 3일 아침에 실제 발생한 교통사고기사입니다. 전주-광양 간 고속도로 구간 중 완주군에 있는 상관 나들목에서 일어난 건데요, 영상을 보니까 고가도로 형태의 나들목이더군요. LP가스를 가득 싣고 가던 탱크로리가 뒤집히면서 가스탱크가 나들목 고가도로에서 아래로 떨어진 사고였습니다. 차가 나들목에서 급커브를 돌면서 뒤집힌 것 같다는 추정만 있을 뿐 정확한 사고 이유는 기사에는 나오지 않았습니다. 그 가스탱크가 떨어진 곳은 그런데 전라선 하행선 철길 바로 옆이었습니다. 만약에 가스탱크가 기차가 지나갈 때 떨어져 폭발했다면? 아찔한 얘기죠. 탱크로리 운전자는 안타깝게도 사망했습니다. 자신이 사고현장에 나가 취재한다고 가정하고 무엇을 취재할지 마음속으로 한번 그려보세요.

그 다음 스트레이트 기사로 한번 써보십시오. 아침 11시가 조금 넘은 시간이고 취재된 내용은 아래와 같습니다.

뉴스쓰기 가스탱크 추락사고 개요
___

- 사건 발생 : 8시 20분경
- 사건 장소 : 전주, 광양 간 고속도로 상관 나들목
- 사고 차량 : 탱크로리 전북32가3211, LP가스 2만 리터
- 사고 경위 : 상관 나들목에서 급커브를 돌던 탱크로리가 전복되면서 가스탱크가 15미터 아래 철길(전라선)로 떨어졌음.
- 피해 상황 : 탱크로리 운전기사 홍길동(49살) 사망, 탱크로리 차량 크게 훼손, 폭발은 없어서 2차 사고는 없었음. 전라선 운행이 2시간

가량 중단됐다 10시 20분경 운행재개.
- 사고 수습 및 현재 상황 : 가스안전공사 가스탱크 안전점검, 전북 소
  방청 소속 소방차 20여 대 출동 구조 작업 및 탱크로리 폭발 방지 위
  해 살수 작업 중.

다 쓰셨습니까? 그럼 이제 같은 취재내용을 놓고 기자 지망생들이 쓴
기사를 보면서 무엇이 문제인지 함께 살펴보기로 합시다.

뉴스 쓰기 기사 A

① 오늘 오전 8시 20분쯤 전라북도 전주와 광양을 잇는 ❶
  고속도로 나들목에서
  가스탱크를 실은 탱크로리가
  뒤집히는 사고가 있었습니다. ❷

② 이 사고로 탱크로리 운전기사 홍 모씨가 사망하고
  가스탱크가 15미터 아래 철길로 떨어져 크게 훼손됐습니다. ❸

③ 폭발 등 2차 사고는 없었으나 전라선 운행은
  2시간가량 중단되었습니다. ❹

④ 소방당국은 소방차 스무 대를 사고 현장에 급파했고,
  가스안전공사는 떨어진 가스탱크를 점검했습니다. ❺

일단 눈에 띄는 문제들부터 볼까요?

❶ 전라북도 전주와 광양을 잇는 → 전주와 광양을 잇는

전주는 전북에 있고, 광양은 전남에 있습니다.

❷ 뒤집히는 사고가 있었습니다. → 뒤집혔습니다.

뒤집힌 것 자체가 사고입니다.

❸ '크게 훼손됐습니다'는 필요 없는 말입니다. 떨어졌으면 당연히 훼손됐겠죠.

❹ '되었습니다' → 됐습니다.

방송에서는 '되었습니다', '하였습니다' 같은 말은 쓰지 않습니다. '됐습니다', '했습니다'로 씁니다.

❺ 문장에 긴박감이 전혀 느껴지지 않습니다. '폭발 방지', '살수 작업' 등의 말은 들어갔어야 합니다.

다음에는 핵심은 잘 잡았는지, 중요한 것부터 쓰는 역피라미드 방식에 맞게 썼는지를 보겠습니다. 기사는 ① 사고 발생, ② 인명 등 피해, ③ 폭발 여부와 열차 운행 지연, ④ 사고 수습의 순서로 썼군요. 순서는 그런대로 괜찮다고 봅니다. 문제는 사고 원인에 대한 언급이 전혀 없다는 것입니다. 물론 사고 원인이 밝혀지지는 않았습니다만, '급커브를 돌다 뒤집혔다'는 말이 여러 가지를 추정하게 한다고 생각합니다.

기사의 전체적인 길이는 적당해 보이고요. '짧게 써라, 말하듯 써라, 쉽게 써라'는 원칙도 나름대로 지킨 것 같습니다.

기사에 적절한 표현을 해야 한다.

- '뒤집히는 사고가 있었습니다', '떨어져 훼손됐습니다' 같은 표현은 틀리지는 않으나 기사체로서는 적합지 않아 보입니다.

같은 취재내용을 갖고 쓴 기사를 하나만 더 보겠습니다. 역시 기자 지망생이 쓴 기사입니다.

뉴스쓰기 기사 B

① 오늘 오전 8시 20분경 ❶
전주 광양 간 고속도로 상관 나들목 근처 ❷에서
LP가스 2만 리터를 싣고 달리던 탱크로리가 전복돼
가스탱크가 철길로 떨어졌습니다.

② 다행히 ❸ 폭발사고는 없었습니다.

③ 이 사고로 탱크로리 운전자 49살 홍 모씨가 사망하고
전라선이 2시간가량 통제됐다
10시 20분경 운행이 재개됐습니다. ❹

④ 경찰은 탱크로리가 상관 나들목에서
급커브를 돌다 뒤집어지면서
가스탱크가 15미터 아래
철길로 떨어진 것으로 보고 있습니다.

⑤ 사고 후 ❺ 가스안전공사 가스탱크 안전점검반이 <u>파견됐고</u>, ❻
전북 소방청 소속 소방차 20대가 출동해
구조작업과 폭발 방지를 위한
살수 작업을 벌였습니다.

일단 눈에 띄는 문제들부터 볼까요?

❶ 경 (頃) → '쯤', '께'

경이라는 말이 틀린 것은 아니지만, 가급적 한자는 피하는 게 좋습니다.

❷ 상관 나들목 근처에서 → 상관 나들목에서

나들목은 인터체인지의 우리말로, 고속도로를 드나드는 길목 전체를 말합니다. 나들목 '근처'라고 하면 나들목이 아닌 다른 곳을 말하는 것이죠. 뒤 문장에선 나들목을 '나와'라고 했는데 나들목을 나오는 시점은 고속도로와 연결된 다른 도로를 탔을 때를 말하는 것입니다. 결론적으로 말하자면 사고는 '상관 나들목'에서 난 것입니다. '나들목'을 '나들목 근처'로 쓴다고 뭐가 그리 문제가 될 것이 있느냐고 반문하시는 분들이 있을 것입니다. 사실 이 경우는 어떻게 쓰던 크게 문제되지 않을 것 같습니다. 그럼에도 불구하고 이런 내용까지 세밀하게 지적하는 이유는 기사를 쓰는 기본자세가 잘못 될까 하는 걱정 때문입니다. 기사는 정확해야 합니다. '이렇게 말해도 알아들을 테고, 대세에 지장 없는 거니까' 하고 대충 써 버릇하면 절대 안 됩니다. 많이 달라지긴 했지만 방송의 속성 중 하나가 '공중에 흩어지는 것'이어서 '대충'이 주는 안일함에 빠지기 쉽습니다.

❸ 스트레이트 기사에서 '다행히' 같은 부사는 쓰지 않습니다. 게다가 사람까지 죽었는데 가스탱크가 터지지 않았다고 '다행히'라는 표현

을 쓰는 것은 적절하지도 않습니다.

❹ 그냥 '전라선 운행이 2시간가량 중단되기도 했습니다'라고만 쓰면 됩니다.

❺ 필요 없는 말입니다. 굳이 쓰고 싶다면 '사고가 나자' 정도로 쓰는 게 낫고요.

❻ '파견됐고' 같은 피동형으로 쓰는 건 좋지 않습니다. '가스안전공사 안전점검반과 소방차 스무 대가 출동해 …'라고 쓰는 게 간단해보이네요.

다음으로 문장을 하나씩 살펴보기로 합시다.

① 리드에는 기사의 핵심이 들어가야 합니다. 이 기사의 핵심은 가스탱크가 15미터 아래 기찻길 바로 옆에 떨어졌다는 것입니다. 정말 대형 사고가 날 뻔한 '아찔했던 순간'이었습니다. 그런데 단지 '철길로 떨어졌습니다'라고 하니까 긴박감이 덜한 것 같습니다. '15미터 아래'라는 말이 들어가야 합니다. 그리고 리드로서는 문장이 좀 깁니다.

②는 앞서 말씀드렸듯이 '다행히'라는 말이 걸려서 빼면 '폭발 사고는 없었습니다'만 남는데, 너무 짧죠. 다른 사실과 묶었으면 좋겠는데 딱 좋은 것은 없네요. '사람은 죽었는데 폭발은 되지 않았다'든가 '폭발은 되지 않았는데 사람은 죽었다' 하는 식으로 직접적인 관련이 없는 사실들을 묶는 것보다는 어느 정도 관련이 있는 사실들을 묶는 게 좋습니다. 고민스러운 부분입니다.

③ '사람이 죽고 기차 운행이 중단됐다'는 내용을 묶었습니다. 한 문장에서는 하나의 사안만을 전해주는 게 바람직할뿐더러 두 사실이 하나로 묶일 만큼 연관성도 없습니다. 문장을 나누는 게 맞습니다.

기사의 순서는 큰 무리가 없어 보입니다. 리드에는 가스탱크가 15미터 아래 철길로 떨어졌다는 사실을 넣어주고, 두 번째 문장엔 폭발사고가 없었던 만큼 인명피해를 먼저 쓰고, 다음에는 가스탱크는 폭발하지 않았지만 전라선 운행은 2시간 중단됐다, 이런 순으로 다듬으면 훨씬 좋을 것입니다. 방송기사쓰기의 원칙이라 할 수 있는 짧게 말하듯 쉽게 쓰라는 원칙도 잘 지킨 것 같습니다.

뉴스쓰기 기사 B의 가르침

첫째, 리드에는 핵심이 들어가야 한다.
- 핵심은 가스탱크가 15미터 아래 철길 옆으로 떨어졌다는 것입니다. 핵심이 가장 잘 살아나도록 리드를 써야 합니다.

둘째, 표현은 적절해야 한다.
- '다행히'라는 부사는 적절치 못합니다.

제가 한번 써봤는데 참고하시기 바랍니다.

뉴스쓰기 가스탱크, 15미터 아래로 떨어져

오늘 아침 8시 20분쯤
전주 광양 간 고속도로 상관 나들목에서
탱크로리가 뒤집히면서 가스탱크가
15미터 아래 전라선 철길 옆으로 떨어졌습니다.

이 사고로 탱크로리 운전자 49살 홍 모씨가 숨졌습니다.

LP가스 2만 리터가 들어 있던
가스탱크는 폭발하지 않았으나,
사고 수습 작업으로 전라선 운행이
2시간가량 중단됐습니다.

경찰은 탱크로리가 나들목에서
급커브를 돌다 뒤집히면서
가스탱크가 차에서 떨어져 나간 것으로
보고 있습니다.

사고가 나자 소방차 20여 대와
가스안전공사 안전점검반이 출동해
가스탱크 폭발을 막기 위한 작업을 벌였습니다.

이 기사는 2012년 3월 3일 각 방송사가 주요뉴스로 다뤘습니다. KBS, MBC, SBS 같은 지상파 방송들과 YTN을 비롯한 케이블 채널들이 어떤 식으로 기사를 썼는지 한번 꼭 찾아보시기 바랍니다. 스트레이트 기사를 보려면 그날 낮뉴스나 저녁뉴스를 찾아보는 게 좋습니다.

어떻게 부르나 (1)

기사를 쓰면서 기사 속 인물을 지칭할 때 기자는 자신의 나이를 기준으로 생각할 때가 많다. 20대 기자라면 40대의 택시 기사를 부를 때 자연스럽게 '아저씨'라는 말이 튀어나오듯, 기사에서도 가끔 그럴 경우가 있다는 것이다. 그러나 기자가 '아저씨'라고 부르는 사람을 '조카뻘'로 두고 있는 시청자들도 많다는 것을 항상 염두에 둬야 한다. 스트레이트 기사에서는 이런 일이 생기기 힘들지만, 스케치 기사에서 간혹 눈에 띌 때도 있다.

'노인'이라는 호칭도 마찬가지다. 3, 40대 기자 대부분은 60세를 넘긴 이들을 '노인'이라고 부르는 데 별 부담을 느끼지 않을지 몰라도 고령화 시대에 60세를 갓 넘었다고 '노인'이라고 부르는 것은 적절치 않다. 최소한 지하철을 무료로 탈 수 있는 나이인 65세는 넘어야 '노인'이라는 호칭을 붙일 수 있지 않나 생각한다.

'양'(孃)과 '군'(君)도 좀 애매할 경우가 있다. 기본적으로 미성년자에게 쓰는 호칭으로 쓰면 무난하다. 학교 나이로 따지면, 고등학생까지는 '양', '군'으로 부르고 대학생 이상은 '씨'라는 호칭을 붙이면 무리가 없을 것이다.

• 검거기사

지금부터는 사건사고 취재기자들이 경찰서를 출입하면서 많이 쓰게 되는 검거기사를 예로 들어 스트레이트 기사작성 훈련을 해 보겠습니다. 취재된 내용이 아래와 같다고 하고, 이번엔 처음부터 저와 함께 기사를 써나간다고 생각해봅시다.

뉴스 쓰기 짝퉁 명품 밀수업자 검거 - 취재내용

- 서울지방경찰청 국제범죄수사대 수사
- 피의자 : 43세 최 모씨(밀수입, 유통책) / 42세 오 모씨 등 2명(위조, 판매책)
- 경찰조사결과
- 최 모씨는 작년에 '캐나다구스'와 '몽클레르'(일명 '캐몽'), 신발 '골든구스'와 '발망', '디스퀘어드' 등 고가의 해외 유명상표를 부착한 패딩, 청바지, 신발, 벨트 등 위조상품 15억 원(정품시가 기준)어치를 보따리상이나 국제화물을 통해 중국으로부터 밀수입한 뒤 동대문 쇼핑몰이나 전국 도소매상에 정가의 5분의 1 수준에 판매했음.
- 오 모씨 등 2명은 중국산 저가의류를 구입한 뒤 국내외 아웃도어 브랜드인 '블랙야크', '네파', '데상트' 등의 상표를 붙여 도소매상에 유통시켰음.
- 상표법 위반 혐의로 불구속 입건.
- 피의자들이 위조 상품을 보관하고 있던 비밀창고에서 신발, 벨트 등 '짝퉁' 상품 40종 총 3,330점(정품시가 18억 원 상당)을 압수했음.
- 단속경위 : 설 명절 대목을 노리고, 해외 유명상표를 부착한 '짝퉁'의류가 유통되고 있다는 첩보를 입수해 점조직형태로 구성된 유통업자들을 추적해 검거함.

어떻게 부르나(2)

같은 직업을 말하는 호칭이라도 그 직업이 어떤 내용의 기사에 나오느냐에 따라서 달라지기도 한다. 대표적인 예가 '승려'다. '스님', '중'이라고도 부르는데, 일단 '중'이라는 말은 쓰지 않는다. '승려'를 낮춰 부르는 인상을 주기 때문이다. 가장 가치중립적인 말은 '승려'다. 그런데 '주지'(住持)처럼 직함이나 '법정', '성철', '법륜'하는 법명(法名) 뒤에는 '스님'이란 높임말이 어울린다. 문제는 스님들이 좋지 않은 일에 연루돼 기사가 나갈 때다. 이를테면 '술판을 벌이고 도박을 했다'든지 '사찰의 주지 자리를 놓고 패싸움을 벌였다'든지 하는 경우인데, 그럴 땐 '승려'라고 한다.

'교사'는 기사에서 그냥 '교사'라고 쓰면 되는데, 스승의 날, '고사리 손이 선생님의 가슴에 카네이션을 달아 줍니다'라는 기사에서는 '선생님'이 어울린다. 60대 고교동창생들이 옛 은사를 찾았을 때는 '스승'이라는 호칭도 괜찮다.

• 무엇을 핵심으로 할 것인가

두 건의 검거 사실이네요. 취재된 내용만 보면 아무래도 앞의 사건이 핵심이 돼야 할 것 같습니다. 한때 언론에 학생들이 좋아하는 명품으로 자주 오르내리던 캐나다구스와 몽클레르, 즉 '캐몽'과 '짝퉁', '설 대목' 이런 말들이 핵심 단어가 될 것입니다.

• 제목과 리드를 머릿속에 정리하고

제목은 "가짜 '캐몽' 팔려다 붙잡혀" 정도면 어떨까 싶고, 리드는 '설 명절을 노리고 중국에서 가짜 명품들을 몰래 들여와 전국 도소매상에 유통한 일당이 경찰에 붙잡혔다'는 내용으로 쓰기로 합시다.

• 역피라미드형으로 중요한 사실들부터

들어가야 할 사실이 어떤 것인지 순서와 상관없이 일단 정리부터 해봅시다.

ⓐ '캐나다구스'와 '몽클레르' 등 해외 유명상표의 의류와 신발 등의 상표를 위조해 붙인 상품들을 밀수입해 설 대목을 노려 유통시킨 43살 최 모씨가 불구속 입건됐다.

ⓑ 최 모씨가 유통시킨 해외 유명상표가 붙은 가짜 제품은 정가 기준 15억 원어치가 된다.

ⓒ 전국의 도소매상에 정가의 5분의 1 수준으로 판매했다.

ⓓ 피의자 오 모씨 등 2명은 중국산 저가의류를 구입해 국내외 유명 아웃도어 상표인 '블랙야크', '네파' 등의 상표를 부착해 팔아오다 역시 불구속 입건됐다.

ⓔ 경찰은 최 모씨나 오 모씨 등이 위조 상품을 보관하고 있던 비밀창

고 3곳에서 의류와 신발, 벨트 등 40여 종의 짝퉁 상품 총 3,330점, 정품 시가로 따지면 18억 원 상당의 물건들을 압수했다.

스트레이트 기사에는 이 정도 내용이 들어가면 될 것 같습니다. 다음 문제, 어떤 순서로 쓰는 게 좋겠습니까? 현장에서 취재를 직접 하면 달라질 수 있겠지만 일단 경찰이 밝힌 내용만 갖고 보니 앞서 말한 ⓐ ⓑ ⓒ 번호순이면 무난할 것으로 보입니다.

• 짧은 문장으로 말하듯 알아듣기 쉽게 쓴다

언제나 지켜야 할 원칙입니다. 한번 써봅시다. 읽는 것을 감안해서 줄도 적절하게 바꿔가면서 말입니다.

자, 다 쓰셨나요? 그럼 아래의 기사와 한번 비교해보시죠.

뉴스쓰기 설 대목 노린 가짜 '캐몽'

설 대목을 노리고
'캐나다 구스'나 '몽클레르' 등
해외 유명상표를 위조해 붙인
중국산 제품을 몰래 들여 와 팔아 온
일당이 경찰에 붙잡혔습니다.

서울지방경찰청은 오늘
작년 1월부터 해외 유명제품들의
상표를 위조해 붙인
패딩 점퍼와 청바지, 신발 등을
시장에 유통한 혐의로

43살 최 모씨를 불구속 입건했습니다.

최 모씨가 시중에 유통한
이들 가짜 명품은 정품 가격을 기준으로 할 때
15억 원어치나 됩니다.

경찰은 또 값싼 중국산 의류를 수입해
'블랙야크'나 '네파' 같은
국내 유명상품의 상표를 붙여 판 혐의로
42살 오 모씨 등도 불구속 입건했습니다.

어떻습니까, 여러분이 쓴 기사와 비교해보십시오. 사실 98쪽에 실은 '취재 내용'은 경찰의 보도자료를 보고 제가 정리한 것인데, 보도자료만 보고 기사를 쓰는 데는 한계가 있군요. 방송에 나간 기사를 찾아보니까 경찰의 보도자료에는 없는 내용들이 들어가 있더군요. 아마 기자들이 보도자료를 낸 경찰에게 질문을 해서 나온 내용들일 것입니다. 2014년 1월 28일 정오 이후에 나간 뉴스들을 각 방송사 홈페이지에서 찾아보고 비교해보시기 바랍니다. 화재사고나 교통사고, 검거, 판결 기사 등의 표준적인 기사는 하나씩 외워두는 게 편합니다.

●●● 과제

한 방송사의 홈페이지에서 화재, 교통사고, 검거와 관련한 스트레이트 기사를 각각 하나씩 고른 뒤 타 방송사의 기사들과 비교해보시기 바랍니다. 스트레이트 기사는 라디오나 낮뉴스에 많습니다.

05

—

스트레이트 기사쓰기
실습 (2)

여러 가지 사실들을
어떤 순서로 전했는가에 따라 기사가 평가되고,
그 평가는 기사를 쓴 기자는 물론
언론사에 대한 평가로까지
이어지게 되는 것입니다.

스트레이트 기사쓰기 실습 (2)

아시다시피 '기삿거리'들은 기자가 발굴해내기도 하지만 여러 가지 경로를 통해 기자들에게 다가오기도 합니다. 사건사고기사는 제보 전화의 모습으로 오기도 하고, 홍수나 태풍과 같은 자연 재해는 그 자체가 기사를 몰고 옵니다. 정치기사는 취재원과의 대화에서부터 비롯될 때도 많고, 정당의 회의나 국회의 모든 회의들이 다 기삿거리입니다. 정부 부처나 여러 단체들, 기업들이 하는 기자회견이나 발표도 기자들이 기삿거리를 접하게 되는 중요한 경로죠. 이렇게 따지다 보면 한이 없습니다. 그 가운데 중요한 경로 두 가지만 골라서 스트레이트 기사를 쓰는 실습을 이어가도록 하겠습니다. '보도자료를 보고 기사를 쓰는 것'과 '발표를 듣고 쓰는 것', 두 가지입니다.

보도자료 보고 스트레이트 기사쓰기

정부 부처나 기업, 각종 단체 등은 자신들이 알릴 사안들을 보도자료 형태로 만들어 배포합니다. 출입처에 따라서는 매일 몇 건씩의 보도자료가 쏟아져 나오기도 하죠. 이들 중 기사로 쓸 만한 것을 고르는 것 자체가 일입니다. 그러나 진짜 고민은 기사로 쓸 만한 것을 골랐을 경우 시작됩니다. 어느 정도 크기로 쓸 것인가, 어디에 초점을 맞춰서 쓸 것인가 하는 것들입니다. 경우에 따라선, 정부가 알리려는 내용보다도 그 자료 안에 있는 다른 내용에 초점을 맞춰서 쓸 수도 있죠. 한 걸음 더 나아가 자료를 낸 측에선 별로 알리고 싶지 않은 것들을 골라서 크게 쓸 때도 있습니다. 보도자료 중 어떤 내용에 초점을 맞추는가를 놓고 어떤 게 맞다, 그르다 얘기하기는 힘듭니다. 기자가 서로 다르게 판단할 수 있기 때문입니다. 그러나 분명한 건 같은 보도자료를 보고 썼지만 더 좋은 기사가 있고 그보다 못한 기사가 있다는 점이지요. 보도자료를 보고 쓰는 기사는 '그게 그거다'라고 생각해서는 안 된다는 점을 강조하기 위해서 드리는 말씀입니다.

보도자료를 보고 스트레이트 기사를 쓰는 방법도 앞서 강의한 스트레이트 기사를 쓰는 것과 같다고 보면 됩니다. 긴말할 것 없이 본론으로 들어가겠습니다. 먼저 보도자료부터 보겠습니다. 이 보도자료는 한국소비자원이 낸 것인데 많은 방송사에서 리포트까지 했으니까, 나름 홍보에 성공한 자료입니다. 우선, 한국소비자원 홈페이지에 가서 보도자료를 찾아 전체를 자세히 읽어보시기 바랍니다. 여기엔 소비자원의 보도자료 중 요약한 것만 실었습니다. 기사를 쓸 때는 요약한 것 말고 설명 자료도 모두 꼼꼼하게 읽어봐야 합니다. 자료에 나온 내용 말고도 궁금한 것은 반드시 관계자에게 취재를 해야 하죠. 자신이 잘 이해하지 못하는 내용을 어떻게 잘 전달하고 설명할 수 있겠습니까? 많이 알수록 기사는 쉽게 쓰기 마련입니다.

보도자료를 보고 스트레이트 기사 쓰는 일의 첫 번째 원칙, 보도자료와 관련된 내용을 완벽하게 이해하는 것입니다. 소비자원의 해당 보도자료를 찾아 읽고 기사를 직접 작성해보시기 바랍니다.

발표: 2014년 3월 5일

비싼 수입제품을 국내보다 저렴한 가격에 구입할 수 있고 국내에서 구입하기 어려운 제품을 해외에서 직접 구매할 수 있다는 장점 때문에 해외직접구매(이하 '해외직구') 시장이 급증하면서 관련 소비자 불만·피해도 지속해서 증가하고 있다.

한국소비자원(www.kca.go.kr)에 따르면 1372소비자상담센터에 접수된 해외직구 관련 소비자 불만이 2012년 1,181건에서 2013년 1,551건으로 31.3% 증가하였고, 금년 1월에만 211건이 접수돼 소비자들의 주의가 요망된다.

2013년 7월부터 금년 1월까지 최근 7개월간 접수된 해외직구 관련 소비자 불만 1,066건의 불만 이유를 분석한 결과, "반품 시 과도한 배송료나 수수료 요구"가 315건(29.5%)으로 가장 많았으며, "해외거래를 이유로 구매취소·환불을 지연·거부"한 경우도 281건(26.4%)으로 나타났다. 또한 "배송지연·오배송·배송 중 분실" 등 배송 관련 불만도 202건(19.0%)에 이른다. 해외직구의 수요가 많은 점을 이용하여 돈만 받고 제품 인도를 미루다 사이트를 폐쇄하고 사라지는 등 구매대행 사이트와 '연락두절'로 인한 소비자피해도 68건(6.4%)이나 됐다.

〈해외직구 관련 불만상담 이유별 현황〉

불만사유	건수	비중
반품수수료 부당청구	315건	29.5%
취소·환불 지연 및 거부	281건	26.4%
배송지연·오배송·분실	202건	19.0%
제품불량·파손 및 A/S 불가	126건	11.8%

〈해외직구 관련 불만상담 이유별 현황〉

불만사유	건수	비중
사업자 연락두절	68건	6.4%
기타	74건	6.9%
합계	1,066건	100.0%

※자료원: 1372소비자상담센터

해외직구 이용품목은 의류와 신발·가방·패션잡화 등 부담 없이 구매할 수 있는 일상 신변용품이 72.6%로 가장 많았다. 반면 대형가전제품과 같은 고가품의 구입 빈도는 높지 않은 것으로 나타났다. 이는 관세의 부담이 크고 하자 발생시 A/S가 쉽지 않다는 우려 때문으로 추정된다.

(※현행 관세부과기준에 따라 목록통관제품의 경우 미화 200달러, 일반통관제품의 경우 한화 15만 원 이하 구매 시 관세가 부과되지 않음.)

한국 소비자원은 해외직구가 해외직접배송, 해외배송대행, 해외구매대행 등 다양한 형태로 이루어지고 있는 만큼 각 유형별로 장단점을 숙지하고 구매해야 소비자 피해를 예방할 수 있다고 덧붙였다.

향후 한국소비자원은 해외직구에 익숙하지 않은 소비자들의 결제와 주문오류, 구매대행사이트로 인한 피해를 예방하고 해외직구 시장의 활성화를 위하여 ▲해외직구 서비스 비교 등 시장에 대한 다각적인 모니터링을 실시하고 가이드라인을 마련하며 ▲해외직구가 집중되고 있는 미국과 중국 등 주요국에 관련된 구매피해에 대한 효율적인 피해구제 방안을 마련할 예정이다.

한국소비자원의 보도자료 내용을 한번 정리해볼까요? 내용은 굉장히 간단하네요. 보도자료에 나온 얘기는 네 가지로 요약할 수 있을 것 같습니다.

ⓐ 해외직구 관련 소비자 불만이 급증

ⓑ 해외직구 소비자 불만 분석 결과

ⓒ 해외직구 이용 품목

ⓓ 한국소비자원의 권고 및 방침

이 네 가지 사안 중 '핵심'이 뭐겠습니까? ⓐ와 ⓑ일 것입니다. 둘 중에는 ⓐ가 앞서는 것이 상식적이겠죠. ⓒ는 본질과는 조금 떨어져 있는 사실 같군요. ⓓ의 경우, 소비자들이 주의해야 할 점과 소비자원이 소비자들을 위해 이런 일을 하겠다는 얘긴데 … 간략히 다뤄도 될 것 같네요.

이 자료를 보면서 궁금한 것은 뭐 없습니까? 이런 것은 궁금하지 않나요? 최근 7개월간의 조사라고 했는데 월별 추이를 알 수 있는지, 해외직접구매의 '역사'가 그리 길지 않으니까 매달 급격히 변화가 있을 것 같은데 말이죠. 반품 수수료 부당청구의 대표적인 사례는 무엇인지, 가장 불만이 많은 제품들은 어떤 것들인지 등 말입니다. 보도자료만 보신 분들은 이런 점들이 궁금해야 하고, 궁금한 점은 반드시 관계자를 취재해 알아내야 합니다. 한국소비자원은 친절하게도 설명자료에 이런 내용들을 꽤 상세히 실어놨더군요. 보도자료에 나온 내용에만 '빠지지' 말라는 뜻에서 드린 말씀입니다.

자 그럼 지금부터, 기자 지망생들이 쓴 기사들을 놓고 무엇이 문제인지 함께 살펴보도록 합시다.

뉴스쓰기 기사 A

① 최근 해외직접구매가 <u>급증하면서</u> ❶
   이와 관련한 소비자의 피해와 불만이 늘어나고 있습니다.

② 지난해에는 해외직접구매와 관련된
　　불만 상담 건수가 1,551건에 <u>달하였습니다.</u> ❷

③ 이는 <u>2012년</u> ❸의 1,181건에 비해
　　<u>31.3%포인트</u> ❹ 증가한 수치입니다.

④ 불만 이유를 분석한 결과
　　반품 시 <u>과도한 배송료나 수수료를 요구한다는</u> ❺ 내용이
　　315건으로 <u>가장 많았으며</u> ❻
　　구매취소와 환불을 거부하거나 늦게 해주는 경우도
　　281건으로 나타났습니다.

⑤ <u>해외직접구매의 수요가 증가함에 따라</u> ❼
　　피해도 더 나타날 것으로 보여
　　소비자들의 각별한 주의가 요구됩니다.

　이 기사에는 손볼 곳이 꽤 많네요. 하나씩 따져봅시다. 먼저 간단히
고칠 수 있는 것부터 순서대로 보겠습니다.

　❶ 급증하면서 → 크게 늘면서
　❷ 달하였습니다. → 이르고 있습니다.
　❸ 2012년 → '전년도'로 쓰는 게 낫죠.
　❹ 31.3%포인트 → 31.3%

　'%포인트'와 '%'의 차이가 뭡니까? 건수가 1,181건에서 1,551건으
로 증가했을 때는 31.1%가 증가한 것입니다. '%포인트'는 %끼리 비
교를 했을 때 쓰는 말이죠. 작년엔 20%이던 것이 올해는 25%가 됐다
면 올해 '5%포인트'가 증가한 게 되는 것입니다.

❺ 과도한 배송료나 수수료를 요구한다는 → 배송료나 수수료를 지나치게 많이 요구한다는

❻ '가장 많았으며'라고만 했는데 전체에서 어느 정도 비중을 차지하는지를 말해줬어야 했습니다.

❼ '해외직접구매의 수요가 증가함에 따라' → '해외직접구매가 늘어남에 따라', 뜻이 조금 다를 수는 있겠지만 가능한 한 쉽게 쓰세요.

다음에는 문장을 보면요, ③번 문장은 기사체로서는 어색합니다. '이는' 같은 말은 기사에서 거의 쓰지 않습니다. 굳이 이런 식으로 쓰려면 '이 같은 불만 건수는'으로 쓰는 게 좋습니다. 결론적으로 말해 ②, ③번 문장은 합치는 게 좋습니다. 여러 가지 문제가 한꺼번에 해결되니까요. 이런 식으로 말입니다.

한국소비자원은
지난해 해외직접구매와 관련해 접수된
소비자들의 불만은 모두 천551건으로
전년도에 비해 31%가량 늘었다고 밝혔습니다.

이 기사의 가장 큰 문제는 무엇일까요? 이미 지적한 분들도 있을 것 같은데요, 바로 기사의 출처가 한 번도 나오지 않았다는 것입니다. 즉, 한국소비자원이 기사에 등장하지 않았는데 이는 결정적인 잘못입니다. ②번 문장에 넣어줘야 합니다. 바로 위 기사처럼 말이죠.

첫째, 반드시 기사의 출처를 밝혀야 한다.

- 기사의 출처인 한국소비자원이 한 번도 나오지 않습니다. 큰 실수입
니다.

둘째, 용어는 맞게 사용해야 한다.

- '%'와 '%포인트'는 엄연히 구분해 써야 하는 용어입니다.

기사를 하나 더 보겠습니다.

뉴 스
쓰 기 기사 B

① 인터넷으로 해외에서 물건을 직접구매하는
  이른바 <u>해외직구족이</u> ❶ 늘면서
  소비자들의 불만과 피해도 증가하고 있습니다.

② 한국소비자원은 소비자상담센터에 접수된
  소비자 불만이 <u>2012년 1,181건에서 2013년 1,551건으로</u>
  <u>31.3%</u> ❷ 증가했다고 발표했습니다.

③ 가장 큰 불만은 과도한 반품 배송료와 수수료였습니다.

④ 판매자가 구매취소, ❸ 환불을 늦게 해주거나 거부한 경우,
  배송이 잘못된 경우, 배송 중 물건을 잃어버린 경우가
  그 뒤를 이었습니다.

⑤ 한국소비자원은 소비자들이 주로 물건을 구매하는
  미국과 중국 s등 주요국을 대상으로 모니터링을 하고
  피해구제 방안을 마련할 예정이라고 밝혔습니다.

얼핏 보기에 큰 문제는 없어 보입니다. 간단하게 고칠 수 있는 것들부터 볼까요?

❶ 해외직구족이 → 해외직접구매가

보도자료에는 사람이 늘었다는 얘기는 나오지 않았습니다.

❷ → 작년엔 천551건으로 그전 해에 비해 31. 3%가 증가했다고 밝혔습니다.

숫자가 너무 많습니다. 이렇게 숫자가 많으면 봐도 헷갈리는데 들으면 얼마나 더 그렇겠습니까.

❸ 쉼표(,)가 눈에 걸립니다. 구어체가 아닙니다. 그냥 '구매취소나 환불을 늦게 ~'라고 쓰면 될 것입니다. 기사를 쓸 때는 토씨 하나, 이렇게 문장부호 하나라도 왜 들어갔는지를 설명할 수 있어야 합니다.

다음은 문장을 보겠습니다.

③번과 ④번 문장에선 비율이 들어가지 않은 게 잘못입니다. 최소한 가장 많은 불만인 반품 배송료와 수수료에 관한 것은 전체의 몇 %였다는 것 정도는 써야 합니다. ②번 문장은 지나치게 숫자가 많아서 문제였는데 ③번과 ④번 문장은 너무 뭉뚱그려 쓴 게 문제입니다.

④번 문장에 '배송이 잘못된 경우, 배송 중 물건을 잃어버린 경우'라고 했죠? 두 경우를 따로따로 조사한 것처럼 썼는데 보도자료엔 엄연히

한 가지 사례로 묶었습니다. 즉, '배송이 늦게 되거나, 잘못되거나 혹은 배송 중 물건을 잃어버린 경우'가 가장 정확하게 쓴 것입니다. 배송 관련 불만인 거죠. 한 문장에 '경우'가 세 차례나 나옵니다. 한 문장에 이렇게 같은 단어가 연달아 나오는 것은 피하는 것이 좋습니다. 결론적으로 ③번과 ④번 문장을 손질을 한다면 이 정도면 될 것 같네요.

　　반품할 때 판매업체가 배송료나 수수료를
　　지나치게 많이 요구한다는 불만이
　　전체의 30% 가까이를 차지해 가장 많았습니다.

　　이어서, 구매취소나 환불을
　　늦게 해주거나 거부하는 경우와
　　배송과 관련된 불만이 그 뒤를 이었습니다.

　⑤번 문장의 내용은 보도자료와 다릅니다. 보도자료 끝부분을 함께 봐주시기 바랍니다. 모니터링의 대상이 어딥니까? 보도자료에는 '해외 직구 서비스 비교 등 시장에 대한 다각적인 모니터링을 실시한다'고 돼 있습니다. 해외직접구매 시장 전체를 들여다보겠다는 겁니다. 그런데 기사에선 뭐라고 썼습니까? '미국과 중국 등 주요국을 대상으로 모니터링을 하고'로 돼 있죠? 이 기사가 틀렸다고 '단정'할 수는 없습니다. '피해구제 방안'을 마련하기 위해선 모니터를 해야겠죠. 그러나 소비자원의 방침 두 가지, 즉 '해외직구 시장에 대한 모니터링'과 '미국과 중국 등 주요국에 관련된 구매 피해에 대한 구제방안 마련'을 이렇게 합쳐서 썼다면 그건 문제입니다. 중요하다고 생각되지 않는 부분을 생략할 수는 있으나 보도자료를 자의적으로 짜깁기를 해서는 절대 안 된다

는 것입니다.

다음 중요한 사실부터 썼는지 볼까요? ① 해외직구 불만 증가 ② 얼마나 증가했나? ③ 가장 큰 불만 ④ 나머지 불만들 ⑤ 한국소비자원 대책 … 이런 순서대로 썼는데요, 순서는 괜찮습니다.

기사의 길이를 보죠. 리포트로 하지 않을 것이라면 이 정도 길이가 적당합니다. 단, 조금 전에도 지적했습니다만 ③번 문장을 조금 더 충실히 썼으면 좋았을 것입니다.

각 문장도 그리 길지 않고, 최대한 구어체로 쓰려고 노력한 것 같으며 이해하기도 쉽게 썼습니다.

뉴스쓰기 기사 B의 가르침

첫째, 정확하게 써야 한다.
- 보도자료 전체를 봐도 해외직접구매 건수의 증가만 나오지 직접구매를 하는 사람이 늘었다는 통계 수치는 없습니다.
- 보도자료를 보면, 모니터링 대상과 피해구제 방안 마련 대상은 다릅니다.

둘째, 지나치게 뭉뚱그려 써서는 안 된다.
- 가장 많은 불만이 전체의 어느 정도를 차지하는 지에 대해서는 언급이 있어야 합니다.

두 가지 기사를 봤습니다. 마지막으로 하나 더 보기 전에 한번 스트레이트 기사쓰기의 원칙을 되새겨봅시다.

• 무엇을 핵심으로 할 것인가

'해외직접구매와 관련된 소비자 불만이 급증했다. 불만의 사유는 어떤
것들이 많았다' 이 두 가지가 핵심이죠. 무엇을 먼저 써야 할까요? 아무
래도 '불만이 크게 늘었다'는 것 아니겠습니까?

• 제목과 리드를 머릿속에 정리하고

이 보도자료의 내용은 비교적 간단한 편입니다. 제목은 '해외직접구매
불만 크게 늘어' 정도면 어떨까요. 리드도 비슷하겠죠.

• 역피라미드형으로 중요한 사실부터

전달해야 하는 내용이 일목요연해서 이 부분도 큰 어려움이 없어 보입
니다.

• 짧은 문장으로 말하듯 알아듣기 쉽게 쓴다

어떤 기사에나 기본이 되는 원칙입니다. 그런데 이 '단순한' 원칙에서
벗어나는 기사도 많더군요. 기사를 쓸 때마다 곰곰이 따져가며 쓰길 바
랍니다.

자, 이 원칙들을 다시 한 번 새기며 마지막으로 기사 하나만 더 보겠
습니다.

뉴스 쓰기 기사 C

① 해외상품을 인터넷으로 직접 구입하는 일이 많아지면서
관련 소비자 불만도 늘어나고 있는 것으로 조사됐습니다.

② 한국소비자원에 따르면 ❶
　지난해 접수된 해외상품 구매 관련 소비자 불만은
　1,500여 건으로 ❷ 1년 새 ❸ 30% 가까이 ❹ 늘어났습니다.

③ 업체가 반품 수수료를
　부당하게 떠넘기는 경우가 가장 많았고
　주문 취소를 거부하거나
　상품을 제때 배송하지 않는 일도 있었습니다. ❺

④ 소비자원은 다각적인 모니터링을 실시하는 한편 ❻
　소비자 피해를 구제할 방안도
　마련하겠다고 밝혔습니다.

　기사 C는 당장 방송에 나가도 거의 문제가 없어 보입니다. 그래도 좀 부족해 보이는 부분을 순서대로 지적하자면 이렇습니다.

　❶ "한국소비자원에 따르면' → '한국소비자원의 조사 결과~나타났습니다'

　'말하듯 쓰라'고 한 원칙을 기억하십시오.

　❷ 1,500여건 → 천5백여 건

　방송에서 이렇게 어림수를 쓸 때가 많습니다. 그러나 표기는 '천5백여 건'으로 합니다.

　❸ '1년 새'라는 표현은 좋습니다. '전년도에 비해'라고 쓰기 쉬울 텐데 좋은 표현을 골랐습니다.

　❹ 30% 가까이 → 30% 남짓

　'가까이'와 '남짓'은 어떻게 다를까요? 29.8%라면 '가까이', 31.1%

라면 '남짓'이 적절합니다. 길게 설명하지 않아도 되겠죠?

❺ '일도 있었습니다' → ~ 배송하지 않는 경우가 그 뒤를 이었습니다.

표현이 부적절한 것 같습니다. 일도 있는 정도가 아니라 5백 건 가까운 사례가 있었군요. 그것을 '일도 있었'고만 말하면 곤란합니다.

❻ '한편'은 말은 구어체가 아닙니다. 가능한 한 쓰지 마세요.

다음은 내용에 대해서 한마디만 하겠습니다.

③번 문장, 보도자료에는 판매 업체가 반품할 때 수수료뿐 아니라 배송료까지 지나치게 많이 받는 게 가장 큰 불만이라고 나타났는데, 기사에 '배송료'는 쓰지 않았습니다. 도표에 나오지 않았지만 보도자료에는 배송료와 수수료가 따로따로 나옵니다. 물론 수수료에 배송료가 포함돼 있는지는 모르겠으나 만약 수수료와 배송료가 별개인데도 배송료를 언급하지 않은 것은 잘못입니다. 또 '가장 많았다'라고만 했는데 '전체의 30% 가까이 됐다'는 점을 밝히는 게 바람직합니다.

대체로 구어체로 잘 쓴 기삽니다. 단, 조심해야 할 것은 구어체로 쓴다고 '적당히' 생략하고 줄여서 쓰는 것은 아닙니다. 기사는 정확해야 합니다. 어림수를 쓰는 것도 구체적인 숫자까지 알 필요가 없다는 기자의 판단에 따르는 것이지 그냥 편하니까 줄이는 것은 절대 아닙니다.

뉴스 쓰기 기사 C의 가르침

첫째, 간결하게 쓰는 것도 중요하나, 핵심은 정확하게 써야 한다.
- 배송료라는 얘기가 전혀 나오지 않았습니다. 이와 관련한 지적을 한 번 더 읽어 보시길 바랍니다.

둘째, 적확하게 표현하고 구어체로 써야 한다.

- '남짓'과 '가까이'는 다르게 쓰입니다.
- '1,500'과 '실시하는 한편~'은 구어체로 쓰는 방송기사에는 적절치
  않습니다.

이 기사는 2014년 3월 6일 지상파 방송 3사가 다 메인뉴스에서 다뤘
더군요. 낮뉴스에 분명히 스트레이트 기사도 있을 겁니다. 찾아서 여
러분이 쓴 기사, 기자 지망생들이 쓴 A, B, C 세 기사, 그리고 아래의
기사와 비교해보시길 권합니다.

뉴|스 쓰|기 해외직접구매, 소비자 불만 증가

인터넷을 통해 해외에서
물품을 직접 구매하는 일이 많아지면서
소비자들의 불만 건수도
늘어난 것으로 나타났습니다.

한국소비자원에 접수된
지난해 해외직접구매와 관련된 소비자 불만은
천551건으로 1년 새 30% 남짓 늘어난 것으로
나타났습니다.

소비자 불만의 이유 가운데
반품할 때 판매업자들이 지나치게 많은 배송료나
수수료를 요구하고 있다는 것이
전체의 30% 가까이를 차지해 가장 많았습니다.

또, 구매취소에 따른 환불을
거부하거나 미루는 경우,
배송이 늦거나 잘못돼 생기는 불만 등이
그 뒤를 이었습니다.

한국소비자원은 해외직접구매에 대한 가이드라인과
구매 피해를 구제하기 위한 효율적인 방안을
마련할 예정이라고 밝혔습니다.

같은 자료 다른 기사

앞서 본 소비자원의 보도자료 같은 간단한 조사 결과에 관한 스트레이트 기사를 쓰는 것은 그리 어렵거나 골치 아픈 일은 아닙니다. 보도자료를 보고 보충 취재를 한 결과 완전히 다른 기사처럼 쓸 수도 있습니다. 이를테면 경찰이 사설경마장을 몰래 열고 영업하던 일당을 붙잡았다는 보도자료를 냈다고 가정합시다. 경찰은 '잡았다'는 성과에 초점을 맞춰 보도자료를 냈지만, 기자가 사설경마장을 직접 찾아가보니 사설경마장은 바로 경찰서와 이웃한 건물이었습니다. 이 경우 다른 기자들은 그냥 '불법으로 사설경마장을 열고 영업하던 일당이 붙잡혔다'라고 쓰겠지만 이 기자는 '경찰서 옆집이 사설경마장이었다'는 데 초점을 맞춰서 쓸 수도 있을 것입니다. 이렇게 같은 자료라도 보충 취재를 어떻게 하느냐에 따라 전혀 '다른 것'을 보여줄 때도 있답니다.

　여러 가지 사실을 다뤄서 무엇을 핵심으로 할지 쉽게 결정하기 힘든 보도자료를 보고 기사를 쓰는 것도 어려운 일입니다. 이럴 때는 선택과 집중이 필요합니다. 2013년 12월에 보건복지부가 낸 〈2011년 국가 암 등록 통계 발표〉에 대한 보도자료로 예를 들어 보겠습니다. 모두 13쪽이나 되는 것이어서 여기서 다 소개할 수는 없고, 보건복지부가 요약한 한 쪽만 그대로 옮겨 싣겠습니다. 보건복지부 홈페이지에 들어가 보도자료를 찾아서 전체를 다 꼼꼼하게 읽어 보신 뒤 같이 생각해봅시다.

뉴스 쓰기 보도자료 - 주요 암 조기 발견 시 5년 생존율 90% 이상

• 2011년 국가암등록통계 발표 •

발표: 2013년 12월 26일

□ 보건복지부(장관 문형표)와 중앙암등록본부(국립암센터, 원장 이진수)는 국가암등록통계사업을 통해 우리나라 국민의 2011년 암 발생률, 암생존율, 암유병률 통계를 발표하였다.

○ 2011년 신규 암 환자 수는 218,017명(남 110,151명, 여 107,846명)으로 2010년 대비 6.0%, 2001년 대비 96.0% 증가하였다(남 1.8배, 여 2.2배).
 - 전체적으로 가장 많이 발생한 암종은 갑상선암, 위암, 대장암, 폐암, 간암의 순이었고, 남자에서는 위암, 대장암, 폐암, 간암, 전립선암, 여자에서는 갑상선암, 유방암, 대장암, 위암, 폐암 순으로 2010년과 동일한 순이었다.
○ 생존율은 지속적으로 향상되어, 최근 5년간(2007~2011) 발생한 암 환자의 5년 상대생존율(이하 생존율)은 66.3%로 2001~2005년 생존율 53.8% 대비 12.5%p 향상되었다.

- 올해 처음 발표되는 암 진행 정도에 따른 병기분류(요약병기, Summary Stage)별 5년 생존율은 암이 처음 발생한 장기에만 국한된 경우 갑상선암과 전립선암은 일반인의 생존율과 차이가 없었고, 위암, 대장암, 유방암, 자궁경부암에서는 90% 이상이었다.
- 또한 암이 주위장기와 인접한 조직을 침범한 국소 진행의 경우에도 전립선암과 갑상선암은 90%가 넘는 생존율을 보였다.

○ 전국단위 암통계가 집계된 1999년 이후 2011년까지 암으로 진단받고 2012년 1월 1일 생존하고 있는 것으로 확인된 암 경험자(치료 중 또는 치료 후 생존자) 수는 110만 명에 육박하는 것으로 나타났다.

□ 보건복지부는 국가암등록통계에 기초한 효율적인 암감시체계를 확대하고, 암 예방활동 및 국민의 정기적인 암 검진 활성화 유도 등을 통해 향후 보다 실효성 있는 암관리정책을 추진할 계획이라고 밝혔다.

　잘 읽어 보셨습니까? 내용이 아주 많죠? 우선 가장 핵심 되는 내용이 뭡니까? 무엇부터 써야 할까요? 어떤 내용들을 반드시 기사화해야 할까요? 어떤 순서로 쓰는 게 좋을까요? 최소한 이 정도는 마음속으로 결정하고 쓰기 시작해야 할 것입니다. 전체 내용을 다 쓰면 고민할 게 없겠습니다만, 방송뉴스는 시간적인 제약이 있는 만큼 그건 불가능합니다. 1분 남짓 쓴다고 합시다. 여러분, 지금 스스로 기사를 써보시기 바랍니다.

　자 그럼, 스트레이트 기사를 쓸 때 고려해야 하는 사안을 순서대로 한번 따져보죠.

첫째, 무엇을 핵심으로 내세워야 할까요?

중요한 게 무엇일까를 생각할 때는 보도자료에 나온 순서나 분량에 '현혹'되지 마시고, 듣고 보는 이들이 가장 관심 있어 할 것이 무엇인가, 가장 의미가 있는 내용은 무엇인가를 기준으로 해야 합니다. 그럼 이 보도자료 전체에서 기사로 다룰 가치가 있다고 보이는 사실들을 한번 꼽아보겠습니다.

어휘와 표현 ━━━

주장하고, 강조하고, 비판하고, 비난하고 …

기사를 쓸 때는 단어의 뉘앙스도 잘 살펴서 써야 한다. '주장했습니다'는 '맞는 말인지 모르겠지만 어쨌든 그렇게 얘기했다'는 인상을 주고, '강조했습니다'는 뭔가 긍정적인 의미에 권위가 있어 보인다. '지적했습니다'는 '잘못된 일을 콕 집어내서 얘기했다'는 느낌이 강하다. '비난'과 '비판'은 어떤가? 사전적인 의미는 비난은 '남의 잘못이나 결점을 책잡아서 나쁘게 말함'이고 비판은 '사물의 옳고 그름을 가리어 판단하거나 밝힘'이다. 뜻도 조금 다르지만 무엇보다도 비난은 감정적, 비판은 이성적인 것이라는 뉘앙스를 갖고 있다. '비난했다'고 하면 '싸움'이 생각나고 '비판했다'고 하면 '꾸짖음'이 느껴진다. 기사를 쓸 때 많은 기자들이 이런 단어들을 '누가 말한 것이냐'에 따라 관행적으로 쓸 때가 있는데 이는 반드시 고쳐야 할 일이다.

ⓐ 얼마나 걸리나? - 2011년 신규 암 환자 수

ⓑ 그동안 얼마나 늘었나? - 1999년 이후 2011년까지 암으로 진단받고 2012년 1월 1일 생존하고 있는 암 경험자는 110만 명에 육박

ⓒ 어떤 암에 잘 걸리나? - 갑상선암, 위암, 대장암, 폐암, 간암

ⓓ 한 개인이 암에 걸릴 확률은? - 36.9%(남 38.1%, 여 33.8%)

ⓔ 암에 걸렸다 살 확률은? - 66.3%

ⓕ 일찍 발견하면 다 고친다? - 갑상선암, 전립선암의 경우 일반인과 차이 없었고, 위암, 대장암, 유방암, 자궁경부암 등도 일반인의 90% 생존

ⓖ 어떤 암이 제일 무섭나? - 폐암, 췌장암

이런 것들이 아닐까 생각합니다. 자, 무엇을 가장 먼저 쓸까요? 어떤게 가장 중요한 기삿거리일까요? 정답은 없습니다. 암 경험자가 백만명이 넘었다는 것도 중요한 것 같고, 암을 일찍 발견하면 90%가량이 낫는다, 그리고 암에 걸릴 확률은 남자가 5명 중 2명꼴이라는 것 등도 중요한 정보 같아 보입니다.

아마 기자에 따라 선택한 핵심도 많이 다를 것 같습니다.

일단 핵심이 정해지면 제목과 리드는 따라 나오겠죠. 다음에는 비슷비슷한 사실들을 어떤 순서로 쓰는가 하는 문제에 부딪치게 됩니다. 이 보도자료의 경우는 더욱 고민스럽더군요. 스트레이트 기사를 쓸 때는 대체로 시간적인 여유가 없기 때문에 그 고민도 빨리 끝내야만 합니다. 개개의 사실들의 중요도에 대해 뚜렷한 판단이 잘 서지 않을 때는 섣불리 핵심을 잡으려 하지 말고, 일단 여러 사실들을 나열하는 것도 방법입니다.

그럼 이 보도자료가 나온 날 정오 한 방송사 라디오뉴스에 나간 기사

를 한번 봅시다. 여러분이 쓴 기사와 비교해보세요.

뉴스 쓰기 암 경험자 백만 명 시대

① 보건복지부와 중앙암등록본부는
지난 1999년부터 2011년까지
암에 걸려 치료를 받고 있거나 생존한 환자는
모두 109만 7천여 명으로 집계됐다고 밝혔습니다.

② 또, 지난 2011년 새로 암에 걸린 환자는
21만 8천여 명으로 10년 사이 두 배 가까이 증가했습니다.

③ 가장 많이 발생한 암은 갑상선암이었는데
남자의 경우 위암과 대장암 발생이 더 많았습니다.

④ 평균수명까지 생존할 경우, 암에 걸릴 확률은 37%로
3명 중 1명은 암에 걸릴 수 있다는 예상도 나왔습니다.

⑤ 이런 가운데 암의 완치 기준이 되는
5년 생존율은 계속 늘고 있습니다.

⑥ 2007년부터 2011년까지 발생한
암 환자의 5년 생존율은 66%로,
앞서 조사된 통계치보다 12% 이상 높아졌습니다.

⑦ 갑상선암은 생존율이 100%에 달했고,
전립선암과 유방암도 90%를 넘는 생존율을 보였습니다.

⑧ 반면, 간암과 폐암은 생존율이 20%대였고
    췌장암의 경우 10% 미만으로 상대적으로 낮았습니다.

⑨ 폐암과 췌장암 등은 조기발견이 어려워
    생존율이 떨어지는 것으로 분석됐습니다.

이 기사를 쓴 기자는 자신이 생각할 때 중요한 내용은 이런 것이고, 중요한 사실의 순서는 이렇다고 생각하고 기사를 쓴 것일 겁니다. 앞서 쓸 만한 내용이라고 먼저 뽑았던 것들 있었죠? 일단 그 내용은 다 다뤘네요. 이 기자는 '암 경험자 백만 명 시대'라는 사실에 가장 큰 의미를 부여했군요.

내친 김에 같은 시간대 다른 방송사 기사를 봤더니 앞서 뽑았던 주요 내용 중 '⑧ 어떤 암이 무섭나?'를 빼고는 다 들어갔더군요. 특히 암 발생 비율이 계속해 늘고 있다는 것은 앞 두 문장에 썼습니다. 주목할 만한 것은 9문장 중 가장 마지막 문장이었는데요, '2012년 1월 1일 현재 암 경험자는 전체 인구의 2.2% 수준인 110만 명으로 45명 중 1명꼴로 암 치료를 받고 있거나 치료를 받은 뒤 생존하고 있는 것으로 나타났습니다'라고 썼습니다. 앞서 본 방송사 기사의 첫 번째 문장과 거의 같습니다. 어느 기자는 가장 위로 올린 '사실'을 어느 기자는 이렇게 가장 뒤에 썼습니다. 여러분들 생각은 어떻습니까? 무엇이 더 중요한가를 보는 시각은 이렇게 기자에 따라 달라질 수 있습니다. 이렇게 기자의 관점에 따라 기사는 달라지지만 분명한 건 사안의 핵심을 짚고 있는 기자가, 통계 수치의 의미를 제대로 부여할 수 있는 '내공'이 있는 기자가 상대적으로 더 좋은 기사를 쓰기 마련이라는 점입니다.

여러 가지 사실들을 어떤 순서로 전했는가에 따라 기사가 평가되고, 그 평가는 기사를 쓴 기자는 물론 언론사에 대한 평가로까지 이어지게 되는 것입니다.

비교를 확대해서 같은 자료를 놓고 쓴 신문들의 기사 제목만 한 번 더 봅시다. 신문기사의 제목이야 편집부에서 다니까 기사 내용과 100% 같은 것은 아닐 수 있습니다만, 이렇게 기자의 관점은 서로 다를 수 있다는 것을 다시 확인할 수 있습니다.

신 문	제 목
〈경향신문〉	조기 발견 갑상선, 전립선암 5년 생존율 거의 100%
〈동아일보〉	81세까지 살면 3명 중 1명은 암
〈조선일보〉	남성 40%·여성 33%, 평생 한 번은 암 걸린다
〈중앙일보〉	초기 갑상선, 전립선암 생존율 100%
〈한겨레〉	위암, 대장암 조기 발견 땐 90% 이상 완치
〈한국일보〉	위암은 조기발견 때 생존율 최대 16배 높아

발표 듣고 기사쓰기

기사의 상당수는 사람의 말을 옮기는 것입니다. 그게 기자회견의 형태일 수도 있고, 담화문 발표의 모습일 수도 있으며, 사무실이나 공항 등지에서 취재원이 기자들과 나눈 짧은 문답일 수도 있습니다. 정치기사는 대부분이 사람들의 말로 시작해 말로 끝나는 경우가 많습니다. 정당이나 국회의 갖가지 회의들이 다 말의 연속입니다. 따라서 취재원의 말을 정확하게 옮겨 기사화하는 것은 매우 중요합니다. 그럼에도 불구하고 어떤 발언이 문제가 됐을 때 발언의 당사자는 '기자가 거두절미하고 어떻게 써서', '자기가 말한 뜻이 잘못 전달돼서' 하며 기자를 탓하는 경우를 많이 보셨을 것입니다. 때론 취재원의 말이 맞고, 또 때론 취재원이 거짓을 말하는 경우도 있습니다.

사람들의 말을 듣고 기사를 쓰는 것도 쉽지 않습니다. 발언이 나오게 된 상황이 천차만별이고, 누구와 얘기한 것인지도 가지가지이며, 같은 말이라도 뉘앙스가 다르고, 말하는 이의 말주변도 제각각이기 때문이죠. 사람의 말을 옮길 때는 기자 스스로가 말한 사람이 되어서 생각해보는 것이 중요합니다. 자신에게, 좀더 구체적으로 자신의 기사에 도움이 되는 쪽으로만 생각하지 말고 발언한 사람의 입장에서 자꾸 생각해보라는 것입니다. 그래야 정확한 보도가 가능할뿐더러 취재원이 기자에 대한 신뢰감을 갖게 됩니다.

오늘 강의에서는 발표문을 갖고 기사를 쓰는 실습을 해보도록 하겠습니다. 난이도로 보자면 쉬운 편이죠. 2013년 3월 대한의사협회의 집단휴진 문제가 논란이 되던 때에 정홍원 국무총리가 한 대국민담화를 예로 들었습니다. 먼저, 전문을 한번 읽어 보시기 바랍니다.

국무총리 대국민담화문(전문)

존경하는 국민 여러분!
① 먼저 그동안 정부의 대화 노력에도 불구하고 의사협회가 불법적인 집단휴진을 강행하여 국민들께 걱정을 끼쳐 드리고 불편을 초래한 것을 매우 유감스럽게 생각합니다. 의사협회가 또 다시 집단휴진을 강행하여 질병으로 고통을 겪고 있는 국민들의 의료이용에 불편을 주고 수술에 차질을 초래한다면, 국민들이 더 이상 용납하지 않을 것입니다.

② 의사 여러분은 처음 의사의 길을 걷기 시작할 때 '이제 의업에 종사할 허락을 받으매, 나의 생애를 인류봉사에 바칠 것을 엄숙히 서약한다', '나는 환자의 건강과 생명을 첫째로 생각하겠다'고 새겼던 히포크라테스 선서의 숭고한 뜻을 다시 한 번 생각해주시기 바랍니다. 지금도 어려운 여건 속에서 환자들을 돌보기 위해 자기를 희생하시는 의료인들, 아프리카 오지 등에서 희생과 봉사를 실천하는 의료인들이 많습니다. 의사들이 환자를 뒤로한 채 집단휴진에 나선다면, 그런 숭고한 뜻을 저버리게 되는 것입니다.

국민 여러분!
③ 정부가 추진하는 원격의료는 매번 의료기관을 방문하기 어려울 만큼 거동이 불편한 노인, 장애인, 벽오지 주민 등이 동네의원에서 대면진료를 받는 것을 원칙으로 하면서도 부득이한 경우에 집에서도 원격으로 의사의 진료를 받을 수 있도록 하기 위한 것입니다. 아울러, 취약계층 국민들의 의료이용 편의성을 높이고, 고혈압이나 당뇨병 같은 만성질환을 더욱 효과적으로 관리하는 데 목적이 있습니다.

④ 어떠한 경우에도 원격의료 도입으로 의사협회에서 우려하는 것처럼 동네의원들이 고사하거나, 대면진료가 위축되지 않도록 하겠다는 점을 여러 차례 밝혀 왔습니다. 원격의료를 통해 국민 건강증진과 동네의원 활성화에 기여할 수 있는 방향으로 추진하겠다는 점도 분명히 밝힌 바 있습니다. 지난번 정부와 의사협회가 함께 논의한 의료발전협의회에서도 이러한 내용들을 협의하고, 공동발표까지 했음에도 불구하고 의사협회에서 그것을 번복하고 집단휴진을 한 것은 이해할 수 없는 일입니다.

⑤ 정부는 원격의료와 관련하여 의사협회에서 걱정하는 사안들에 대해 국회 입법과정에서 시범사업을 통해 검증하는 것을 전향적으로 검토하고 있고, 의료계 발전을 위한 건강보험 제도개선 등에 대해서도 논의하려고 합니다. 그러나 국민들의 생명을 위협하는 의사협회의 집단휴진 강행은 더 이상 방치할 수 없고 국민들께서도 어떠한 이유로도 이해하지 않으실 것입니다.

⑥ 정부는 진정성 있는 대화의지를 보이기 위해 의료법 개정안의 국무회의 상정을 유보하였습니다. 의사협회도 하루 빨리 집단휴진을 철회하고 대화에 나서 국민의 불안을 해소하기 바랍니다. 정부는 3월 20일까지 대화를 통해 국민들의 건강을 위해 어떤 것이 최선인지, 의사협회가 무엇을 원하는지 논의하고 그 결과를 국민들께 소상히 밝힐 것입니다.

⑦ 정부는 어떠한 경우에도 국민의 건강을 최우선으로 생각하면서 의료발전을 위한 노력을 함께 해 나가겠다는 말씀을 드립니다.

이렇게 장문의 대국민담화문에서 과연 무엇을 기사로 써야 될까요? 총리가 담화문을 발표한 것 자체도 기삿거리가 될 수 있습니다만 대국민

담화가 나오게 된 상황의 심각성, 그리고 담화 내용이 무엇이냐가 기사의 크기를 좌우할 것입니다. 이 담화는 정홍원 국무총리가 취임 후 세 번째로 하는 대국민담화였습니다. 또, 이 담화가 나왔던 시점은 의사들이 이미 1차 집단휴진을 실시됐고, 6일간의 2차 집단휴진이 예고된 상황에서 나온 것입니다. 각 문단의 내용을 한번 정리해 보겠습니다.

① 불법적인 집단휴진 강행에 대한 유감 표명 및 경고

② 의사들에 대한 설득

③ 원격의료에 대한 대국민 설명

④ 원격의료 도입이 동네의원들이나 대면진료에 해가 되지 않는다는 점 강조

⑤ 입법과정에서 의사협회 우려사항 전향적으로 검토, 건강보험제도개선도 논의할 의향. 그러니 집단휴진 강행은 방치하지 않겠다. 설득과 경고

⑥ 대화 제의

⑦ 맺음말

이 같은 담화문에서 무엇을 쓰고 무엇을 쓰지 말 것인가를 결정해야 합니다. 기사에서 제일 중요한 '가치'는 무엇입니까? 새로운 것입니다. 무엇이 새롭습니까? 이것을 알려면 원격의료를 둘러싼 의사협회와 정부 간의 논의 과정에 대한 사전 지식이 있어야 합니다. 일단 기사화할 필요가 없어 보이는 것부터 제쳐봅시다.

②는 담화문의 모양새 때문에 들어간 것 같습니다.

③은 원격진료에 대한 설명을 하는 것인데 총리 말고도 여러 사람이 여러 차례 강조했었으리라고 짐작됩니다.

④는 어떻습니까? 이건 또 의사협회에 수없이 얘기하지 않았을까요?

제가 볼 때 그나마 새로운 얘기는 ① '집단휴진은 더 이상 있어선 안 된다'는 경고와 ⑥에 나오는 대화 제의, ⑤의 내용 일부가 아닐까 싶습니다.

발표를 듣고 기사를 쓴다는 것도 많은 경우 그리 녹록한 일은 아닙니다. 왜 이 시점에 발표를 했는지, 무슨 의도로 이런 발표를 한 건지, 무엇을 말하고 싶고, 무엇을 감추고 싶은지 등을 따져봐야 하는 경우도 많습니다. 때로는 발표한 내용보다도 '누가 발표를 했다', '발표를 했다, 안 했다'가 더 큰 기사가 되는 일도 있습니다.

자, 그럼 한 방송사의 총리 대국민담화 발표 관련 기사를 보고 얘기를 이어가겠습니다.

어휘와 표현

말하고, 밝히고, 덧붙이고

어떤 사람의 발언을 기사로 쓸 때 많이 쓰이는 말들이다. '말하고'와 '밝히고'는 거의 비슷한 의미로 쓰이는데 인물이 공식적인 발언이나 어떤 기관이 입장을 내놨을 때는 주로 '밝히고'를 쓰고 일반적인 발언의 경우는 '말하고'를 쓴다.

같은 술어가 중복되는 것을 피하기 위해 '덧붙이다'라는 말도 쓰이고 있으나 옮기는 말이 군더더기 같은 말이 아니라 중요한 말이라면 가능한 한 사용하지 않는 것이 바람직하다.

① 정홍원 국무총리는
  대한의사협회의 집단휴진 강행 계획과 관련해
  "집단휴진 계획을 철회하고 대화에 나서
  국민 불안을 해소하기 바란다"고 말했습니다.

② 정 총리는 오늘 대국민담화를 통해
  "국민의 생명을 위협하는 집단휴진 강행은
  더 이상 방치할 수 없고 국민도 이해하지 않을 것"이라며
  이같이 촉구했습니다.

③ 정부가 추진하는 원격의료에 대해서는
  "노인·장애인 등 취약계층을 위한 것이고
  고혈압 같은 만성질환을 더욱 효과적으로 관리하는 데
  목적이 있다"고 강조했습니다.

④ 또 "원격의료 도입으로 동네의원이 고사하거나
  대면진료가 위축되지 않도록 하겠다"며
  "국회 입법과정에서 시범사업을 통해 검증하는 것을
  전향적으로 검토하고 있다"고 밝혔습니다.

⑤ 이어 "정부는 오는 20일까지 대화를 통해
  국민의 건강을 위해 어떤 것이 최선인지,
  의사협회가 무엇을 원하는지 논의해 결과를 밝힐 것"이라고
  말했습니다.

⑥ 정 총리의 담화 발표는 이번이 세 번째로,
  의사협회는 원격의료 도입과 건강보험체계 등

정부 의료정책에 반발해 오는 24일부터
2차 집단휴진을 예고하고 있습니다.

6개의 문장으로 돼 있습니다. ①, ②는 집단휴진 계획을 철회하라고 압박하는 내용을 위주로 하고 있습니다. ③은 원격진료에 관한 설명입니다. ④는 입법과정에서 의사협회가 우려하는 내용을 반영토록 하겠다는 약속, ⑤는 의사협회와 대화 의지, ⑥은 세 번째 담화라는 사실과 현재 상황 정리로 돼 있습니다.

담화의 핵심을 '의사협회에 대한 경고'로 볼 것인가, '의사협회의 우려사항에 대한 전향적인 검토 방침'으로 볼 것인가 아니면 '의사협회에게 대화를 제의'로 볼 것인가 이 세 가지 중 하나일 텐데 위에서 예를 든 기사는 '경고' 쪽에 무게를 조금 더 두고 쓴 것 같습니다. '대화 제의'가 더 새롭지 않을까 하는 의견도 있을 법한데, 여러분 생각은 어떻습니까? '무엇을 핵심으로 기사를 작성하느냐'가 거듭 말하지만, 그 기자의 능력으로 평가되기 마련입니다.

●●● 과제

정부 부처 홈페이지에서 보도자료를 세 가지를 찾으십시오.

1. 그 보도자료를 보고 방송 스트레이트 기사를 작성하기 바랍니다.
2. 그 다음 방송뉴스에서 이 기사를 어떻게 다뤘는지 자신이 쓴 기사와 비교해보기 바랍니다.

06

—

리포트 기사쓰기

매끄럽게 쓰고 잘 만들었지만
그 내용이 사실을 왜곡하거나
진실에 부합하지 않는 리포트보다는
조금은 투박하고 구성이 서툴더라도
사실을 바탕으로 진실을 전하는 리포트가
몇십 배 몇백 배 낫다는 점만은
미리 마음에 새겨두시기 바랍니다.

제 6강
리포트 기사쓰기

전두환 前대통령이 오늘 아침
안양 교도소에 수감됐습니다.
고향인 경상남도 합천을 떠난 지
꼭 4시간 만이었습니다.[1]

오늘 아침 이곳 천안문 광장에 걸린 조기는
중국의 최고 지도자, 중국 개혁개방의 총설계사
덩샤오핑의 사망을 거듭 확인해주고 있습니다.
베이징에서 MBC뉴스 임흥식입니다.[2]

자카르타는 지금 완전히 통제불능 상태입니다.
곳곳에서 방화로 인한 검은 연기가 치솟고
뭔가 폭발하는 소리가 끊이지 않고 있습니다.
차이나타운에 있는 상점에 불이 나
안에 있던 11명이 불에 타 죽었습니다.
폭동은 도심 곳곳에서 계속됐습니다.[3]

---

1 1995. 12. 3. MBC 〈뉴스데스크〉, 전두환 전 대통령 수감 관련기사.
2 1997. 2. 20. MBC 〈뉴스데스크〉, 중국 지도자 덩샤오핑 사망 관련기사.
3 1998. 5. 14. MBC 〈뉴스데스크〉, 인도네시아 소요 사태 관련기사.

제가 한창 현장에서 뛸 때 했던 리포트의 한 부분들입니다. 30년 넘게 방송을 해왔으니 꽤 많은 리포트를 했습니다. 제가 했던 리포트를 다시 보니까, 그 리포트를 할 때의 상황이 정말 생생하게 떠오르더군요. 검은 코트에 흰 목도리를 둘렀던 전두환 전 대통령, 덩샤오핑이 죽던 날 새벽 베이징의 세찬 바람, 그리고 불길과 연기와 폭발음이 묘한 조화를 이루던 자카르타 … . 이 밖에도 광주민주화운동 청문회, 노태우 대통령과 YS와 JP가 만들어 낸 3당 합당, '홍콩 반환' 등. 제가 쓰고 읽었던 리포트를 옛날 사진 앨범 넘기듯 다시 보다 보니, '방송기자는 리포트로 남는구나' 하고 생각했습니다.

방송기사는 앞에서도 말씀드렸지만 스트레이트와 리포트로 나눕니다. 스트레이트는 신문기사와 크게 다르지 않아, 사실 방송기사라고 하면 리포트를 말한다고 해도 과언이 아닙니다. '리포트'는 기자가 기사를 읽은 뒤, 그 오디오에 적절한 영상을 입힌 제작물을 말합니다. 리포트에는 인터뷰나 현장음, 기자의 스탠드업, 컴퓨터그래픽 등이 포함됩니다. 미국에서는 리포트를 뉴스 패키지(news package)[4]라고 합니다. 기자의 음성, 영상, 현장음, 인터뷰, 컴퓨터그래픽 등이 한데 '묶여' 만들어지는 만큼 '패키지'라는 말이 어울리는군요. 리포트 기사를 쓸 때는 스트레이트 기사를 쓸 때보다는 훨씬 많은 것들을 고려해야 합니다. 뉴스에 나가는 스트레이트 기사는 작성자가 누군지 시청자, 청취자들은 모릅니다. 그러나 리포트는 기자가 자신의 목소리로 기사를 읽을 뿐만 아니라 앵커가 기자의 이름을 소개하고 리포트 말미에 본인이 자신

___
4 방송에서 많이 쓰이는 영어에 대해선 157~158쪽을 참고.

의 이름을 말함으로써 기자와 떼어서 생각할 수 없습니다. 기자에 대한 평가는 주로 리포트에서 이뤄지고 그래서 대부분의 기자들은 스트레이트 기사를 쓸 때보다 훨씬 더 공을 들이고 집중하게 마련입니다. 스트레이트 기사를 쓸 때도 그만큼 신경 써야 되는데 말이죠.

강의에선 리포트를 기술적으로 잘 쓰고, 잘 만드는 방법에 대해서 주로 얘기할 것입니다. 리포트의 모양에 관한 강의만 듣다, 자칫 내용의 중요성을 간과하지는 않을지 하는 노파심에서 한마디만 하겠습니다. 매끄럽게 쓰고 잘 만들었지만 그 내용이 사실을 왜곡하거나 진실에 부합하지 않는 리포트보다는 조금은 투박하고 구성이 서툴더라도 사실을 바탕으로 진실을 전하는 리포트가 몇십 배, 몇백 배 낫다는 점만은 미리 마음에 새겨두시기 바랍니다.

'리포트 기사를 쓰는 법'과 '리포트를 제작하는 기술'에 대한 언급이 뒤섞일 수 있습니다. 때론 방송기자를 희망하는 이들에겐 너무 '멀어 보이는' 현장의 실무적인 얘기로 들릴 때도 있을 것입니다. 그러나 입사시험 과정 어디선가 부딪칠지 모르는 일인 데다, 기자가 된 후 반드시 알아둬야 할 것들인 만큼 잘 들어두시기 바랍니다. 이 강의에서 들은 몇 마디가 앞으로 기자가 돼서 리포트를 만드는 데 결정적인 도움이 될 수 있을 것입니다.

리포트 기사쓰기 - 서론

본격적인 리포트 기사쓰기 훈련에 앞서 리포트는 어떤 것인지에 대해서 한번 '맛보기식'으로 알아보도록 하겠습니다. 세 번째 강의 때 예로 들었던 기사가 있었죠? 덤프트럭이 상대편에서 신호대기 중이던 고속버스 3대를 들이받고 넘어진 사건 말입니다. 그때 자신이 현장 취재기자였다고 가정해봅시다. 사건사고를 취재하는 기자는 데스크의 지시가 없더라도 일단 현장에서 스스로 기사 가치를 판단해 리포트 준비를 합니다. 그 과정에서 경찰이 확보한 CCTV 영상을 봤더니 덤프트럭이 빠른 속도로 오다가 커브 길에서 미처 제대로 꺾지 못하고 신호대기하고 있던 관광버스 3대의 옆을 죽~ 훑고 지나가다가 전복되는 영상이 생생하게 포착돼 있었습니다. 이 경우 데스크와 상의를 하게 되겠죠. 'CCTV를 봤는데 그림이 되더라…' 하는 식으로 말이죠. 결국 편집회의에서 '인명피해도 있었고 생생한 영상도 있으니까 리포트를 한 번 하자'고 결론이 났고 데스크가 기자에게 제작을 지시했다고 합시다.

자, 이제 함께 리포트를 만든다는 마음으로 생각해봅시다. 이 기사의 핵심이 무엇인가, 어느 순서로 써야 하는가, 스탠드업은 어디서 어떻게 하는 게 좋은가 등 생각해야 할 것들이 많습니다. 이 뉴스를 리포트로 만들게 된 동기 중 하나가 꽤 큰 사고라는 점도 작용했겠지만, 트럭이 고속버스를 들이받는 장면이 생생하게 담긴 영상이 있다는 것이었습니다. 그 영상을 최대한 살리는 방향으로 기사를 써야겠지요. 연성뉴스[5]

---

5 슈람(Schramm, 1946)은 수용자들이 뉴스를 접할 때 얻는 심리적인 보상에 따라 뉴스를 연성뉴스(*soft news*)와 경성뉴스(*hard news*)로 분류했다. 연성뉴스는

의 대표적인 사례입니다. 이 정도의 뉴스가 전국 방송으로 나갈 만한 가치가 있느냐에 대해선 논란이 있을 수 있겠지만 로컬 뉴스에는 충분히 리포트로 방송될 만합니다. 이 사고가 난 날 MBC 〈뉴스데스크〉에 보도된 리포트를 찾아봤습니다.

뉴스쓰기 트럭 돌진 날벼락[6]

> 앵커멘트
>
> 오늘 경남 창원에서 25톤 덤프트럭이
> 신호대기 중이던 고속버스 석 대를 잇달아 들이받았습니다.
> 버스 승객 12명이 다치고
> 두 시간 동안 일대 교통이 마비됐습니다.
> 보도에 ○○○기자입니다.

> 리포트
>
> 25톤 덤프트럭 한 대가 교차로를 쏜살같이 지나가더니
> 맞은편에서 신호대기 중이던 고속버스 석 대를 잇달아 들이받습니다.
>
> 마치 폭탄이라도 맞은 듯

'즉각적인 보상'(immediate reward)을 주고 경성뉴스는 '지연된 보상'(delayed reward)를 준다고 설명하고 있다. 섹스・범죄・사건・오락에 관한 뉴스처럼 보는 즉시 '보상'을 받는 뉴스가 연성뉴스이고, 정치・경제・교육 등에 관한 뉴스처럼 당장에는 복잡해 보기에 불편하지만, 멀리 보면 '보상'을 얻게 해준다는 점에서 경성뉴스라 할 것이다〔강내원 외(2010), 《저널리즘의 이해》, 한울, 34~35쪽〕.

6 2013. 2. 18. MBC 〈뉴스데스크〉.

고속버스 유리창은 순식간에 산산조각 나고
질주하던 트럭은 도로 옆으로 넘어지고서야 멈춥니다.

오늘 오후 1시 반쯤
창원시 어린교 오거리에서 발생한 이 사고로
고속버스 승객 12명이 다쳐
병원에서 치료를 받고 있습니다.

<u>사운드바이트: 목격자</u> [7]
"나는 죽는 줄 알았다니깐, 앞에서 차 넘어진다고 …
그래서 내가 막 몸을 피하고 그랬는데 … "

<u>스탠드업</u>
교차로에서 속도를 줄이지 못한 덤프트럭은
건너편에서 신호대기 중인 고속버스 3대를 들이받은 뒤
50미터를 지나 곧바로 뒤집어졌습니다.

<u>사운드바이트: 고속버스 운전기사</u>
"(덤프트럭이) 그대로 치고 들어왔는데,
내 차 쪽으로 오길래 저는 일단 살아야 하니까
피하려고 하니 이미 … "

또 덤프트럭에 실려 있던 모래가 도로에 쏟아져
두 시간 가량 일대 교통이 마비됐습니다.

───────

7 사운드바이트에 나오는 인터뷰이를 '목격자', '고속버스 운전기사', '사고조사 경
  찰' 등으로만 적었지만, 실제 기사에서는 무엇을 말하기 위해 인터뷰를 했느냐
  에 따라 이름과 나이, 사는 곳, 소속회사, 소속단체, 직급 등을 적절하게 적어
  줘야 한다.

"덤프트럭이 이쪽(사고지점)이 약간 커브지점이 되다 보니,
그래서 아마 제대로 제동이 안 돼서 (사고가 난 것으로 본다)"

경찰은 트럭 운전기사 48살 박 모씨를 상대로
정확한 사고경위를 조사하고 있습니다.

MBC 뉴스 ○○○입니다.

이 리포트를 살펴보도록 하겠습니다. 우선 들어갈 내용은 다 들어갔는지 6하 원칙에 따라 한번 봅시다. '오늘 오후 1시 반쯤(언제), 경남 창원시 어린교 오거리(어디서), 덤프트럭이(누가) 과속으로 달리다가 (어떻게, 왜) 고속버스 3대를 들이받아 12명이 다쳤다(무엇을).' 꼭 들어가야 될 내용은 다 들어간 것 같군요.

인터뷰도 필요한 사람은 다 했습니다. 방송 화면을 찾아본 사람들은 느꼈겠지만 목격자 인터뷰는 특히 생생해서 좋았습니다. 스탠드업도 괜찮았는데요, 특히 현장감 있는 움직임이 인상적이었습니다.

다음에 외형을 한번 보겠습니다. 리포트 기사에서는 영상을 감안한 글쓰기는 매우 중요합니다. 이 리포트의 경우 사고 당시의 CCTV 화면이 없었더라면 아마도 전국에 나가는 메인뉴스에는 나가지 못했을 것입니다.[8] 그런 만큼 매우 '충분히' 영상을 묘사했더군요. 이런 류(類)의 리포트에서 흔히 볼 수 있는 매우 표준적인 구성의 리포트입니다.

---

8 CCTV 영상을 뉴스에 과도하게 사용하고 있다는 비판도 많다. 사건사고가 보도할 가치가 있을 때 CCTV 영상은 그 가치를 더해주는 것이지, CCTV 영상 자체가 기사 가치를 좌우하는 요소가 되는 것은 바람직하지 않다는 지적이다.

시청률

드라마나 예능 프로그램 제작자들보다는 조금 덜할지는 모르지만 기자들에게도 뉴스의 시청률은 매우 민감한 수치이다. 기자나 프로듀서 개개인뿐 아니라 방송사의 자존심에 결정적인 영향을 미치며 광고 수입에도 직결되어 있기 때문에 방송사는 시청률을 올리기 위해 안간힘을 쓴다.

지상파 방송사들의 시청률은 'TNmS'와 'AGB닐슨' 두 회사가 조사한다. 방송사에 따라 기준으로 삼는 자료는 조금씩 다르다. 'TNmS'는 수도권 1,500가구를 포함해 전국의 3,200가구, 'AGB 닐슨'은 수도권 1,350가구를 포함해 3,100가구에 피플미터기를 설치해 분당 시청률을 조사한다(2014년 7월 현재). 시청률은 개인과 가구로 나뉘어 조사되는데 통상적으로 가구시청률을 기준으로 삼는다. 즉, '시청률이 몇 퍼센트다' 하는 말은 한 프로그램의 평균 가구시청률을 뜻하는 것이다.

시청률을 얘기할 때 알아야 하는 용어가 HUT이다. House Using Television의 약자로 특정시간대에 텔레비전을 켜놓은 가구가 어느 정도 되는지를 나타내는 수치다. HUT는 매일 다르지만 밤 시간대의 경우, 십여 년 전보다 10%가량 떨어져 40%대에 머물고 있다. 텔레비전을 보는 사람들 자체가 줄어든 탓도 있지만 PC나 스마트폰, DMB 등의 다양한 디바이스를 이용해 방송사의 콘텐츠를 소비하는 사람이 늘어났기 때문으로도 추정할 수 있다.

방송사에서는 따라서, 텔레비전 수상기뿐 아니라 이 같은 다양한 통로로 방송사의 콘텐츠를 접하는 사람들까지 포함할 수 있는 이른바 '통합시청률'을 내보려는 시도를 하고 있다. 즉, 본 방송 시청률에 방송사 계열 PP(Program Provider의 약자로 KBS N, MBC 플러스, SBS 플러스 등을 말한다)로 재방송되거나, 홈페이지에 접속해 '다시보기'로 보는 경우, 또 IPTV나 케이블TV의 VOD 서비스 등으로 보는 경우를 모두 합쳐서 실제 그 프로그램을 보는 사람들을 계산해 보자는 시도다. 머지않은 미래에 새로운 시청률 수치를 접하게 될 것 같다.

리포트를 이루는 것들

지금부터는 리포트를 구성하는 여러 가지 요소들에 대해서 얘기해보고자 합니다. 이를테면 리포트의 '부품'들에 관한 것인데, 어떻게 하면 이 부품들을 제대로 잘 만들 수 있는지를 따로따로 얘기해보겠습니다. 좋은 리포트라는 제품은 제대로 된 부품들을 잘 '조립'한 것입니다.

● 앵커멘트

앵커멘트라는 말은 우리나라에서만 쓰는 영어입니다. 리포트의 내용과 보도하는 기자를 소개하는 앵커의 말을 말하죠. 앵커가 최종적으로 손을 봐 자기 입맛에 맞게 고쳐 읽는 경우가 많지만 기자도 리포트 기사를 작성할 때 앵커멘트를 씁니다. 앵커가 이렇게 읽어줬으면 한다는 기자의 의사 표시죠.

앵커멘트의 길이는 15초 안쪽이 좋습니다. 길어야 두 문장 정도죠. 거기에 리포트를 하는 기자의 이름을 소개하면 세 문장이 되겠죠. 앵커가 마치 영화 스포일러처럼 앵커멘트에서 리포트 내용을 다 알려주면 리포트를 들을 맛을 잃게 되기에, 리포트 내용의 핵심만을 짧게 말하는 것이 좋습니다. 이런 면에서 볼 때 앞에서 사례로 든 리포트의 앵커멘트는 너무 구체적이어서 리포트에 대한 '궁금증'을 없애버린 것은 아닌지 하는 생각이 드는군요.

간혹 앵커멘트를 마치 예고편처럼 리포트에 대한 궁금증을 유발시키는 도구로 사용하는 경우도 있습니다. 이를테면 이런 식의 앵커멘트가 있죠? "도대체 어찌된 영문인지 ○○○기자가 현장을 다녀왔습니다" 이런 것도 적절하게 사용하면 좋은 앵커멘트입니다. 앵커멘트는 어쨌든 앵커가 자신의 취향에 맞춰 쓰는 것인 만큼, 앵커의 스타일까지 뭐가 좋다, 나쁘다하기는 어렵습니다. 그렇다 해도 여러분이 기자가 돼서 앵커멘트를 쓸 때는 처음부터 아주 공들여 써 버릇하십시오. 앵커가 고치려 해도 더 이상 좋게 만들 수 없는 앵커멘트를 쓸 수 있도록 노력하시기 바랍니다. '어차피 앵커가 고칠지도 모르는 거, 잘 써서 뭐하나' 하는 마음으로 쓰면 리포트 기사의 첫 줄이 좋지 못한 영향을 받게 됩니다.

최소한 이것만은 지켜주기 바랍니다. 앵커멘트와 리포트의 첫 문장은 다르게 쓰라는 것입니다. 스트레이트성 리포트의 경우 앵커멘트와 리포트의 첫 문장이 같거나 비슷할 때가 많습니다. 물론, 중요성을 감안해 두 번쯤 연달아 듣는 게 나쁠 것 있냐고 반문할 수도 있겠습니다만, 그래도 가능한 한 겹치지 않게 쓰는 것이 좋습니다.

앵커멘트와 리포트의 첫 줄이 중복되지 않도록 하기 위해선 리포트를 쓸 때에 앵커멘트를 먼저 써 버릇하시기 바랍니다. 최소한 앵커멘트를 어떻게 쓰겠다는 것을 마음으로나마 정하고 리포트 기사작성에 들어가야 합니다. 뉴스를 보다 보면 앵커멘트와 리포트 시작이 톱니바퀴 물리듯 딱 맞아 돌아가는 듯한 인상을 받을 때가 있습니다. 기자가 되면 반드시 그런 앵커멘트를 쓰도록 노력하시길 바랍니다.

• 인터뷰와 사운드바이트

인터뷰는 말의 내용뿐만 아니라 말하는 사람의 표정, 말투까지 듣는 이들에게 전해준다는 점에서 방송이란 매체가 갖는 커다란 '무기'입니다. 인터뷰는 익숙한 말이겠지만, 사운드바이트는 다소 생소한 분들이 많을 것 같은데요. 사운드바이트(sound bite)는 인터뷰 내용이나 회의의 녹취록, 기자회견 내용 등에서 방송에 내보내려고 발췌한 부분을 말합니다. 한 시간 인터뷰를 하고 그중 13초만 뽑아내서 방송에 내보낸다면 그 13초를 사운드바이트라고 하는 겁니다. 리포트에 사운드바이트는 어느 정도 들어가는 게 적절한지, 또 사운드바이트 한 개의 길이는 어느 정도가 적당할지도 고민할 거리입니다.[9] 그냥 구색을 맞추기 위해

---

9 1987년부터 2012년까지 MBC 〈뉴스데스크〉를 대상으로 조사한 결과, 리포트 한 개에 들어가는 사운드바이트의 개수는 1987년에는 0.87개였으나 2012년에는 2.2개 정도로 조사됐다. 사운드바이트 한 개의 길이는 1987년에는 19.71초였으나 2012년에는 7.88초로 짧아졌다. 즉 2012년을 기준으로 할 때 리포트 한 개 당 평균 2개 남짓 사운드바이트가 들어가고 그 사운드바이트의 길이는 약 8초 가까이 되는 것으로 나타났다는 것이다〔임흥식(2013), 〈텔레비전 뉴스 '사

사운드바이트를 넣거나, 지나치게 짧거나 길게 넣지 않도록 신경 써야 합니다.

잠깐 쉬어가는 차원에서 인터뷰에 대한 옛날 얘기 좀 해볼까요? 기자 초년병 시절 선배에게 들은 얘기입니다. 30여 년 전 일본 NHK가 몽골 울란바토르의 지하 하수도에서 사는 부랑아들에 관해 다큐멘터리를 만들어 방영했다고 합니다. 아주 더러운 환경에서 제대로 먹지도 못하고 사는 아이들에 관한 얘기였다고 하죠? 프로그램의 끝 부분에 아이들의 인터뷰 내용이 나갔다고 합니다. 제작진이 한 아이에게 "넌 무엇이 되고 싶은가?"라고 묻자 그 아이는 부끄러운 표정으로 주저주저하다가 "시인"(詩人)이라고 짧게 대답했는데, 그게 마지막 장면이었다고 합니다. 선배는 그 다큐멘터리에서 그보다 더 인상에 남는 장면은 없었다고 말하더군요. 인터뷰란 게 그런 겁니다. 짧은 말 한마디와 인터뷰이의 인상적인 표정. 그런 게 바로 리포트를 살리는 힘입니다.

〈시사매거진 2580〉 취재기자로 있던 시절에 ― 20년은 지난 얘긴데 ― 소년소녀가장들을 취재한 적이 있습니다. 충청북도 한 시골에 사는 5남매를 취재했습니다. 맏이가 초등학교 5학년이었던가, 6학년이었던가, 기억이 가물가물한데 그 여자아이가 네 명의 동생들을 돌보는 얘기였습니다. 늦겨울 그 여자아이는 아궁이에 불을 때서 동생들 밥을 해 먹이는 힘든 일을 정말 묵묵히 해내고 있었습니다. 저녁 무렵, 고무장갑도 끼지 않은 채 김치를 자르던 그 아이의 발갛게 튼 작은 맨손이 지금도 생생합니다. 그 아이에게 물을 수 있는 기본적인 질문은 웬만큼 했던 때였습니다. 아궁이에 불을 지피는 모습이 너무

운드바이트'의 변화에 대한 연구〉, 건국대학교 언론홍보대학원 석사논문, 70~71쪽).

인상적이어서 마이크를 갖고 곁에 갔죠. 그리곤 "○○는 제일 걱정스러운 게 뭐예요?" 하고 물었습니다. 그러자 아이는 "누가 동생들 키우겠다고 데리고 가는 거"였습니다. 순간 가슴이 먹먹했습니다. 이 인터뷰가 방송에 나가자 많은 이들이 그 대목에서 가슴이 많이 아팠다고 했습니다. 그때 배운 게 있습니다. '기자가 감동하지 않으면 아무도 감동하지 않는다는 것'이었습니다.

얘기가 너무 곁가지로 흘렀던 것 같습니다. 인터뷰는 이렇게 그 자체로서 중요한 기사입니다. 인터뷰이가 누구냐에 따라서 인터뷰를 했다는 것 자체로 기사가 되는 경우도 많습니다. 화제의 인물이라면 단 한 마디라도 훌륭한 기삿거리가 될 수 있죠. 그래서 인터뷰를 할 것인가 말 것인가, 한다면 누구와 할 것인가, 어떤 질문을 할 것이며 어떤 대답이 기대되는가 등은 리포트에서 매우 중요한 부분입니다.

좋은 인터뷰를 위해 몇 가지 조언을 한다면, 첫째 그 사안에 가장 적절한 인물을 섭외해야 합니다. 특히 전문가들은 그렇습니다. 보도되는 사안을 전공한 것도 아니고 그런 말을 할 위치에 있지도 않은 사람이 인터뷰이로 나서게 되면 일반 시청자는 '그런가 보다'하고 넘어갈 수 있겠지만 정말 그 분야의 전문가들로부터는 신뢰받지 못하는 리포트가 됩니다. 요청에 쉽게 응해준다는 이유로 다루고자 하는 사안에 정통하지 못한 인물을 인터뷰해서는 안 됩니다.

둘째, 인터뷰할 때 뭐든 물어보십시오. '어리석은 질문은 없다, 어리석은 답변만 있을 뿐이다'라는 말이 있습니다. '이런 걸 물어봐도 되나?'하는 쭈뼛거림은 프로에겐 어울리지 않습니다. 그리고 '질문은 짧게 하고 답변은 길게 듣는' 게 좋습니다.

셋째, 자신이 생각했던 대답이 나왔다고 끝이 아닙니다. 많은 기자들이 인터뷰를 할 때 인터뷰이로부터 듣고 싶은 얘기가 나왔다 싶으면 무슨 '정답'이나 찾은 것처럼 인터뷰를 끝낼 때가 많습니다. 좋지 않은 자세입니다. 비록 비슷한 내용의 말이더라도 어떻게 하면 좀더 인상적인 얘기를 끌어낼 수 있을지 고민해야 합니다.

이제 인터뷰를 한 뒤에 새겨둬야 할 말입니다. 인터뷰에서 리포트에 나갈 내용을 골라낼 때 인터뷰의 전체적인 맥락을 왜곡시키지 않아야 합니다. 예를 들자면, 교수의 정치참여와 관련해 인터뷰를 했는데 인터뷰이가 '이런 면에서는 이해될 수 있으나 전체적으로 볼 때 이런 면에서 바람직하지 않다'는 말을 했다고 합시다. 그런데 기자가 자신의 리포트에 '이런 면에서는 이해가 될 수 있다'는 말만 뽑아 쓰는 일은 없어야 합니다. 이건 저널리즘의 기본적인 윤리에 관한 얘기입니다.

마지막으로 한마디만 더 말씀드리겠습니다. 취재가 끝나고 기사를 구상할 때 인터뷰한 내용 중 어느 부분을 쓰겠다고 마음을 먹었으면 실제로 영상에서 그 부분을 확인해서 정확한 길이와 발언의 토씨 하나까지 기사에 표시해야 합니다. 그 이유는 앞서 말씀드렸습니다만 인터뷰의 내용 자체가 매우 중요한 기사이기 때문입니다. 데스크에게 기사를 송고할 때 '대충 이런 내용을 쓰겠습니다' 하는 게 아니듯 인터뷰의 내용 역시 인터뷰이가 말한 그대로 기사 원고에 적어야 합니다.

리포트의 제작 기술이라는 측면에서 기사를 쓰기 전에 인터뷰 내용과 길이를 확인해야만 하는 이유를 말씀드립니다. 우선, 자신이 기억하는 인터뷰이의 말과, 영상으로 본 인터뷰이의 말은 같은 말이더라도 느낌이 다를 수 있습니다. 인터뷰이의 분노를 전해주고자 한 인터뷰의 내용 중 적당한 말은 골랐지만 표정이 너무 온화해서 전체적인 느낌이 살지 않을 때가 있습니다. 반면, 말하는 내용이 조금은 부족한 듯해도 표정이나 몸짓에서 인터뷰이의 분노가 느껴질 때도 있습니다. 어떤 것을 고르시겠습니까? 뒤의 것이 낫습니다.

그 다음, 리포트에 넣을 인터뷰 내용을 정확하게 정한 뒤 거기에 기사를 맞춰 쓰면 리포트가 훨씬 매끄럽습니다. 범죄를 저지른 김 모씨의 이웃사람에게 '그 사람 평소에 어떠했는지'를 물었는데 주민이 "그 사람 얘기 다시는 꺼내지도 마십시오, 얼마나 골칫거리였는데 … 말도 못합니다"라고 얘기하면서 손사래를 쳤다고 가정합시다. 그 앞 기사를 어떻게 쓰는 게 인터뷰 내용과 잘 어울릴까요? "김 모씨의 이웃사람들은 그에 대해 별로 좋지 않은 인상을 가지고 있었습니다"라고 한 뒤 인터뷰를 넣는 것과 "한 이웃주민은 김 모에 대해 묻자 손사래부터 칩니다"라고 쓰고 인터뷰를 내보낸다고 생각해봅시다. 후자의 경우, 기사와 방송되는 인터뷰 내용, 즉 사운드바이트의 연결이 훨씬 매끄럽습니다.

리포트를 편집하다 보면 자신에게 할당된 시간을 초과할 때가 많습니다. 그럴 때 기사는 데스크를 거친 것이어서 손대기가 껄끄러운 탓에 사운드바이트의 길이를 줄이려 하는 경우를 자주 봤습니다. 그래서 웬만한 기사 한 줄보다 중요한 인터뷰이의 말이 나가지 못하는 경우도 생기고 인터뷰이의 말이 '툭' 끊기는 일도 나오게 됩니다. 인터뷰이의 말은 가능한 한 중간에서 끊어지지 않도록 정확하게 골라내고 그 길이를 우선적으로 감안해서 기사를 써야 합니다.

마지막으로 인터뷰의 내용이 자신이 들었던 것과는 다르거나, 내용은 예상한 대로인데 잠시 카메라가 흔들렸다든가, 음성이 제대로 녹음되지 않았다든가 등의 물리적인 이유로 방송에 부적절한 경우를 만나면 큰 낭패가 아닐 수 없습니다. 결론적으로 말하자면 리포트 기사를 작성할 때, 기사 구상이 끝나면 리포트에 삽입할 인터뷰의 내용과 길이를 정확하게 확인한 뒤 기사를 쓰는 습관을 들여야 한다는 겁니다.

● 스탠드업

스탠드업은 기자가 카메라 앞에서 기사의 일부를 읽는 것을 말합니다. 리포트를 하는 기자가 누구라는 것, 현장에 갔다는 점 등을 시청자들에게 알려줌으로써 리포트의 신뢰도를 높여줍니다. 따라서 리포트를 할 때는 스탠드업은 원칙적으로 하는 게 좋습니다. 적절한 현장이 없는 리포트의 경우는 꼭 하지 않을 수도 있겠으나 제 경험에 비춰볼 때, 스탠드업을 할 수도 있고 하지 않을 수도 있는 경우라면 하는 게 좋더군요.

간혹 스탠드업을 하지 않는 게 더 나은 경우도 있습니다. 이를테면 어떤 인물에 대한 리포트나 영상을 위주로 하는 리포트 같은 경우는 스탠드업을 하지 않는 게 좋습니다. 예를 들어 김밥을 팔아 큰돈을 기부한 어떤 할머니에 대한 리포트를 하면서 할머니가 방에서 김밥을 싸는 모습을 배경으로 해서 스탠드업을 한다면 어떤 인상을 줄까요? 소녀가장에 관한 리포트를 하면서 아이들이 밥 먹는 장면을 뒤로 하고 스탠드업을 한다면 또 어떨까요? 그 부자연스러움이 여러 사람을 불편하게 만들 수 있습니다. 요즘 말로 '오글거리게' 만드는 거죠.

스탠드업을 할 경우 빨리 전체 기사의 흐름을 생각해보고, 어느 부분을 스탠드업으로 처리할 것인가를 정해야 합니다. 정치나 경제기사 같은 경우 리포트의 끝부분에 하는 게 좋습니다만, 현장이 있는 경우는 무조건 현장에서 해야 합니다. 어떤 때는 영상편집이 애매한 부분을 스탠드업으로 '메꾸는' 것이 좋을 경우도 있습니다. 반대로 기사 내용을 뒷받침해줄 좋은 영상이 있는데 그 부분을 기자의 모습으로 처리하면 그 아까운 영상을 버릴 수가 있습니다.

스탠드업을 어떤 모습으로 하는 게 좋을까도 고민거리입니다. 사건 사고 현장처럼 긴박감을 전하는 게 좋을 경우, 스탠드업도 그 분위기에 맞춰서 해야겠죠. 스탠드업을 움직이면서 할 경우 최대한 자연스럽게 해야 합니다. 머릿속에는 베테랑 기자의 몸동작을 상상하면서 움직였는데 화면을 보면 자연스럽지 못할 때가 많습니다. 대부분이 그렇습니다. 그래서 전 후배기자들에게 꼭 움직여야 할 '당위성'이 없다면 스탠드업은 한자리에 서서 하는 게 좋다고 말합니다.

스탠드업은 기자 개인의 지명도를 높일 수 있는 최고의 기회입니다. 몇 년 전 폭설이 내리던 날, 생중계 방송에서 한 기자가 머리와 어깨에 눈이 소복이 쌓인 채로 스탠드업을 했습니다. 기억하시는 분들 있을 겁니다. 그 장면이 기자의 이름과 연결되면서 많은 이들에게 강한 인상을 남겼었죠. 그 기자는 성실하게 리포트를 준비하는 좋은 인상을 아주 자연스럽게 줬던 것으로 기억합니다. 스탠드업은 방송기자에겐 그만큼 중요한 것입니다. 인상적인 스탠드업을 하겠다며 억지로 '튀는' 모습을 보여주는 것은 하지 않은 것만 못하지만, '어떻게 하면 시청자들에게 좋은 인상을 줄 수 있는지'는 방송기자라면 언제나 진지하게 고민해야 할 대목입니다.

• 컴퓨터그래픽과 자막

컴퓨터그래픽(CG)에 대해서도 고민해야 합니다. 컴퓨터그래픽은 단순하게 강조하고 싶은 것만 보이도록 해야 합니다. 숫자가 들어가는 그래픽은 꼭 필요한 숫자만 들어가도록 할 것이며, 특정 인사의 발언 등을 옮길 때는 기사와 일치시켜야 합니다. 리포트의 말과 컴퓨터그래픽의 내용이 다를 경우, 컴퓨터그래픽은 이해를 돕는 게 아니라 이해를 그르치는 도구가 됩니다. 현장 화면이 없는 사건사고를 '3D 애니메이션'으로 만드는 경우도 있습니다. 이때는 실제 상황과 최대한 같도록 만들어야 합니다. 애니메이션이 주는 메시지는 기사보다 더 클 수 있습니다. 잘못하면 사안의 본질에 대해서 그릇된 정보와 인식을 줄 수도 있다는 얘기입니다. 애니메이션도 기사와 마찬가지로 정확하게 상황을 묘사해야만 합니다.

좋은 CG를 만들기 위해서는 기자와 그래픽 디자이너가 최대한 논의를 많이 해야 합니다. 많은 기자들이 그래픽은 자신의 업무가 아닌 것으로 여겨 대략 숫자만 말해주고 어떻게 제작하는 게 좋은지에 대해서는 컴퓨터그래픽 디자이너에게 그냥 맡기다시피 하는데, 그분들과 10분이라도 좋으니 어떻게 제작하는 게 좋은지 반드시 상의하는 것을 지켜야 할 원칙으로 만드시길 바랍니다.

마지막으로 컴퓨터그래픽 화면은 자신이 생각할 때 '너무 길다'고 느껴지는 길이만큼 편집해 방송에 내보내는 게 좋습니다. 기자는 취재할 때나 기사를 쓸 때 여러 번 생각하고 본 숫자들이지만 시청자들은 처음 보는 숫자나 글자들입니다. 시청자가 보고 이해할 수 있도록 충분히 길게 편집하는 게 좋습니다.

자막에 대해서는 각 방송사가 나름대로의 규칙을 갖고 있습니다. 최소한 프로그램별로 통일된 형식을 갖고 있습니다. 이런 부분은 기자가 된 후에 배워도 됩니다만, 뉴스를 주의 깊게 모니터 하다 보면 자막에 대해서도 여러 가지 생각이 들게 되리라고 봅니다.

자막에 대해서는 여러 가지 견해들이 있겠습니다만, 전 기본적으로 자막이 화면에 나가는 일은 최소화해야 한다고 생각합니다. 요즘은 무슨 말인지 또렷하게 들리는 인터뷰까지 다 자막을 넣어주는 경우가 꽤 있더군요. 청각장애인에 대한 배려라면 모르겠으나 그런 자막은 인터뷰이의 말 자체에 대한 집중도를 떨어뜨린다고 생각합니다. 또 자막이 기자나 인터뷰이의 음성보다 먼저 나가는 것도 바람직하지 않습니다. 리포트의 김이 빠지는 느낌이 듭니다. 자막의 위치에 대해서도 연구할 필요가 있습니다. 얼마 전까지만 해도 자막의 위치는 화면 하단, 소제목은 좌측 상단, 이런 식으로 어느 정도 고정된 틀이 있었는데 최근엔 자막이 들어가는 위치도 상당히 다양해지고 있는 것 같더군요. 물론 생방송에서 자막의 위치를 다양하게 하는 것은 어느 정도 한계가 있습니다만, 자막의 형태, 위치 등을 통해 어떻게 하면 변화를 줄 수 있을지 뉴스를 보시면서 생각해보기 바랍니다.

● 음향과 현장음

음악에 관한 뉴스이거나 음악이 취재 현장에서 나는 '현장음'일 경우를 제외하고는 기본적으로 뉴스에 배경음악을 넣는 것은 좋지 않습니다. 인위적인 음향 효과, 이를테면 사진기의 셔터 소리라든지 1, 2초의 효과음도 가능한 한 쓰지 않는 게 좋습니다. 사실을 냉정하게 전달해야 하는 뉴스를 극화(劇化) 해 사실을 감정적으로 받아들이도록 하기 때문입니다.

현장음은 살려야 합니다. 시위를 하는 장면에 현장에서 나는 소리가 하나도 나지 않는다면 어떻겠습니까? 경우에 따라서는 현장음을 녹음해 뉴스에 3, 4초 넣을 수도 있습니다. 시위 현장에서 구호를 외치는 소리가 방송되는 것 많이 보셨죠? 이런 겁니다. 현장음을 쓰겠다고 마음먹었으면 녹음 단계에서부터 신경 써야 합니다. 제 경험에 비춰볼 때, 취재 단계에서 부족한 것 중 하나는 현장음을 제대로 녹음하는 기능인 것 같습니다. 복잡한 현장의 소리를 잘 '따기' 위해선 붐마이크와 같은 장비나 영상취재팀의 강한 '전투력'이 요구됩니다. 앞으로 기자가 돼서 현장에 나가보면 느끼겠지만, 방송기자가 신경 쓸 일은 정말 한두 가지가 아닙니다.

━━━ 알아둡시다

뉴스와 관련된 영어, 미국에선 어떻게 쓰나?

- 리포트(Report) : 미국에서는 news package, 또는 package라고 한다. 표시할 때는 PKG로 한다. 우리가 말하는 리포트에는 인터뷰니 스탠드업이니 그래픽이니 하는 것들이 '묶여' 있으므로 package라는 말이 적절해 보인다.

- 앵커멘트: 앵커멘트는 국적이 분명치 않은 영어다. 미국에서는 우리가 쓰는 앵커멘트를 주로 lead-in이라고 한다. anchor lead라는 말도 쓰인다. 때로 앵커가 리포트가 나간 뒤 보충될 만한 정보를 알려주거나 뉴스에 대한 자신의 느낌을 한마디 덧붙일 때도 있는데 미국에서는 이를 anchor tag라고 한다.

- 스탠드업(Stand-up) : 미국에서도 그렇게 쓴다.

- 인터뷰(Interview) : 한국에서는 뉴스에 나오는 인물의 말을 얘기할 때 그냥 인터뷰라고 하나, 미국에서는 전체 인터뷰에서 뉴스에 필요한 말을 잘라서 쓰는 것은 soundbite라고 한다. SOT (sound on tape)로 표시한다.

우리나라 일부 방송사에서는 취재원의 발표나 회의 중 발언 등을 Sync라고 말하기도 하는데 이 말은 미국에서는 위성이 발달하지 않았을 때 멀리 떨어진 앵커와 기자가 질문과 대답을 따로 따로 녹화했다가 마치 대화를 주고받는 것처럼 편집해 내보낼 때 쓰인 말이라고 한다. '동시에 발생하다'라는 뜻이다. 지금은 거의 쓰이지 않는다.

- 크로스 토킹(Cross-talking) : 우리나라 생방송은 앵커와 기자가 질문과 대답을 주고받는 보도 형식을 말하는 방송사도 있는데 미국에서는 그런 뜻으로는 쓰이지 않는다. 이 같은 방식의 보도를 미국에서는 two-way, phono, double-ender 등으로 말한다. 미국에서 cross talking은 라디오에 들어가는 잡음이라든지 대화나 회의 중 불필요한 말을 의미하는 부정적인 표현으로 더 많이 사용된다.
- 수퍼(Super) : 뉴스에 들어가는 자막을 말한다. 미국에서는 super-impose라고 말한다. 기사에 표시할 때는 SUPER라고 쓴다. 인터뷰 아래에 나가는 번역된 내용은 subtitle이라고 한다.
- CG(Computer Graphics) : 리포트 화면에 들어가는 컴퓨터 그래픽을 말한다. 미국에서도 같은 의미로 사용된다.
- Kill : 우리도 어떤 사안을 기사로 다루지 않기로 했을 때 킬(kill)이라는 표현을 쓰는데 미국도 같은 표현을 한다.

※ 이 외의 뉴스 관련 영어들

Natural sound : 관중이 내는 소리나 바람소리 같은 현장음

Breaking news : 긴급보도, 뉴스속보

Blind interview : 인터뷰이가 누구인지 모르게 하는 인터뷰.

Raw footage : 편집하기 전의 원본 영상을 말한다.

Jingle : 방송프로그램을 알리는 음악을 말한다.

리포트에서의 영상

리포트 기사쓰기가 스트레이트와 가장 다른 점은 영상을 염두에 두고 써야 한다는 것입니다. 다시 말해 기사의 전달력과 파급력을 극대화하기 위해서 취재된 영상을 충분히 활용할 수 있어야 합니다. 영상과 기사는 한 몸처럼 움직여야 보는 이들에게 강한 인상을 심어주기 마련입니다. 취재기자와 영상취재기자는 뉴스를 취재하는 동안 계속 소통하면서 그 뉴스에 적합한 영상을 취재하거나, 영상에 어울리는 내용을 취재하는 데 익숙해져야 합니다. 물론 기사에 따라서 영상의 중요성이 상대적으로 떨어지는 것들이 있습니다. 한국은행이 기준금리를 몇 달째 동결했다든가, 교육부가 새로운 대학입시 정책을 발표했다든가 하는 뉴스를 예로 들 수 있을 겁니다. 뉴스에 따라서 영상의 중요성은 다소 다를 수 있겠지만, 그래도 리포트를 하는 기자들은 기사를 쓸 때 영상을 반드시 고려해야 합니다.

지난 강의 때도 말씀드렸습니다만, 사건사고 리포트 중 영상이 생생한 것은 텔레비전 뉴스에서는 그 때문에 방송되기도 합니다. 또한 이른바 스케치 기사라고 하는 것들이죠. "봄나들이 절정", "휴일 표정" 등 소프트한 뉴스를 보도할 때 영상이 그 뉴스의 품질을 결정짓기도 합니다. 이런 경우는 영상이 기사를 리드할 수도 있는 거죠.

영상을 염두에 두고 써야 된다는 것은 구체적으로 무엇을 말할까요? 스트레이트 기사작성의 기본원칙 중 하나는 중요한 것부터 쓴다는 것이었는데, 리포트 기사의 경우 영상 때문에 때론 그 순서를 바꿀 수도 있고, 영상을 위한 기사를 쓸 수 있다는 것을 뜻합니다.

숭례문이 불에 타 주저앉던 때 기억하시죠? 그 기사를 쓴다고 합시다. 스트레이트 기사를 쓴다면, '오늘 새벽 국보 1호 숭례문이 불에 모두 타버렸다' 하는 식으로 사실을 먼저 쓰겠지만, 리포트 기사에선 '국보 1호 숭례문이 불길에 휩싸여 있습니다' 하는 식으로 불에 활활 타는 숭례문을 담은 영상을 살리는 기사가 먼저 나올 수 있다는 것입니다. 영상 관련 얘기는 다음 스케치 기사를 쓰는 법을 얘기할 때 더하기로 하죠.

영상이 좋다는 이유로 뉴스에 나가는 아이템들이 너무 많으면 물론 곤란합니다. 그러나 '영상이 뉴스 가치 판단의 중요한 요소'라는 것을 부인하는 건 텔레비전이라는 매체의 속성을 인정하지 않는 것이라고 할 수 있을 것입니다. 또한 '영상이 부실하거나 없다고 리포트 거리가 되지 않는다'는 생각도 곤란합니다. 기사의 내용만 좋으면 당연히 리포트가 돼야죠. 영상이 부실할 경우, 기자에게 '그림을 무엇으로 채우나' 하는 고민거리가 더 생기는 것은 사실입니다. 그 고민을 잘 풀어가는 게 바로 방송기자로서 갖춰야 할 능력입니다. 스틸 사진 한 장만으로도 1분 넘는 리포트를 거뜬하게 만들 수 있는 능력 — 사실 사진 한 장도 영상 편집만 잘하면 1분 20초 리포트의 영상을 충분히 커버할 수 있답니다 — 을 갖춰야 합니다. 또 기사 내용을 살릴 수 있는 영상을 '발굴' 하는 것도 방송기자의 실력입니다.

●●● 과제

텔레비전의 저녁종합뉴스를 보고, '잘 만들어졌다'고 생각하는 리포트 3개를 골라서 강의에서 말한 내용을 바탕으로 그 이유를 설명해보시기 바랍니다.

07

—

리포트 기사쓰기 실습 (1)

취재기자가 볼 때는
리포트를 해야 할 사안인데
데스크는 '필요 없다'고 할 때,
거꾸로 취재기자는
'리포트까지 할 필요가 없다'고 생각하는데
데스크는 '하라'고 할 때 … 어렵습니다.

공정성에 대한 논란은 이럴 때 불거지곤 합니다.

공정방송은
'해야 할 보도'를 하고
'하지 말아야 할 보도'를
하지 않는 것이니까요.

제 7강
리포트 기사쓰기 실습 (1)

제가 한창 취재 현장을 뛸 때 친한 신문기자들이 '저녁이나 같이 먹자' 고 제의해도 응하지 못할 때가 많았습니다. 회사로 돌아가 리포트 제작 을 해야 했기 때문이죠. 신문기자들은 기사를 송고하고 나면 굳이 회사 로 복귀할 필요가 없지만, 방송기자들은 그때부터 리포트 제작과 방송 때문에 취재할 때보다 더 바빠지는 경우가 많습니다. 기자도 늘어나고 취재환경도 그때보다는 조금 나아지기는 했지만, 리포트를 만들 때 거 쳐야만 하는 복잡한 단계들은 변함이 없습니다.

리포트 기사쓰기를 실습하기에 앞서 기자의 리포트가 방송될 때까지 의 단계를 한번 보겠습니다. 첫 번째 단계는 리포트할 거리가 되는지 여부를 판단하고 결정하는 것입니다. 두 번째는 취재, 제작 단계죠. 대 부분 취재는 어느 정도 돼 있을 테지만, 리포트를 위해 보충 취재를 하 고, 전문가 인터뷰도 하고 스탠드업도 하는 단계입니다. 세 번째는 기 사작성 단계입니다. 기사의 얼개는 리포트 여부를 결정하는 단계에서 부터 짜여 있었겠지만, 취재가 끝난 상황에서는 그 얼개를 매우 구체적 으로 짜야 합니다. 그리고 그 구성에 따라 리포트 기사를 작성하게 되 는 거죠. 인터뷰의 어느 부분을 어디에 넣고, 스탠드업은 어느 것을 쓸 것인지, 컴퓨터그래픽이 필요할 때는 어떻게 할 것인지 … 모두가 이 단계에서 결정돼야 할 사항들이죠. 마지막은 영상편집 단계입니다. 기 자의 오디오에 영상을 덮는 단계입니다.

영상편집 전후에는 자막도 신경 써야 합니다. 사운드바이트가 무슨 말인지 잘 들리지 않는 것은 없는지, 인터뷰이의 소속은 어떻게 써주는 게 맞는지, 장소와 시간을 말해줄 필요는 없는지 등 체크해야 될 것이 한둘이 아닙니다.

어느 한 단계 쉬운 것은 없습니다. 첫 번째 단계는 정신적으로 힘들 때가 많습니다. 취재기자가 볼 때는 리포트를 해야 할 사안인데 데스크는 '필요 없다'고 할 때, 거꾸로 취재기자는 리포트까지 할 필요가 없다고 생각하는데 데스크는 '하라'고 할 때 … 어렵습니다. 언론사에서 일어나는 선후배 간의 가장 큰 갈등 요인이고 공정성에 대한 논란은 이럴 때 불거지곤 합니다. 공정방송은 '해야 할 보도를 하고, 하지 말아야 할 보도를 하지 않는 것'이니까요.

두 번째, 취재 단계는 몸도 고달픕니다. 일일이 말하지 않아도 될 것 같고요, 세 번째 단계는 취재기자가 고군분투해야 하는 시간입니다. 누가 도와주기도 힘든 단계이죠. 시간에도 쫓기고, 기사 한 줄 때문에 데스크로부터 '깨지는' 일도 피곤합니다. 마지막 영상편집 단계도 매우 중요합니다. 여러분들이 지나치듯 봤던 수많은 리포트들이 다 이런 단계를 거쳐서 완성된 것입니다. 제가 강의하는 내용의 대부분은 이 여러 단계 중 하나인 기사작성에 관한 것이죠. 서론이 너무 길었나요? 그럼 지금부터 본격적인 리포트 기사 실습에 들어가겠습니다.

사건사고 리포트 기사쓰기

● 교통사고 리포트

지난 스트레이트 기사쓰기 실습 때 써봤던 내용입니다. 앵커멘트를 포함한 리포트 기사로 써보십시오. 스탠드업과 인터뷰도 하시고요. 길이는 1분 30초 안팎으로 하십시오. 취재된 내용은 한 번 더 알려드리겠습니다.

뉴스쓰기 가스탱크 추락사고 개요

- 사건 발생 : 8시 20분경
- 사건 장소 : 전주, 광양 간 고속도로 상관 나들목
- 사고 차량 : 탱크로리 전북32가 3211, LP가스 2만 리터
- 사고 경위 : 상관 나들목에서 급커브를 돌던 탱크로리가 전복되면서 가스탱크가 15미터 아래 철길(전라선)로 떨어졌음.
- 피해 상황 : 탱크로리 운전기사 홍길동(49살) 사망, 탱크로리 차량 크게 훼손, 폭발은 없어서 2차 사고는 없었음. 전라선 운행이 2시간가량 중단됐다가 10시 20분경 운행재개.
- 사고 수습 및 현재 상황 : 가스안전공사 가스탱크 안전점검, 전북소방청 소속 소방차 200여 대 출동, 구조작업 및 탱크로리 폭발 방지 위해 살수작업 중.

다 쓰셨나요? 그럼 지금부터는 〈프런티어 저널리즘 스쿨〉의 기자 지망생들이 쓴 기사를 놓고 얘기해보도록 하겠습니다. 여러분이 쓴 것과 비교하면서 강의를 들어보시기 바랍니다.

뉴스 쓰기 기사 A

앵커멘트

고속도로에서 대형 탱크로리가 전복돼
가스탱크가 철길로 떨어졌습니다. ❶
이 사고로 운전자가 사망하고
전라선 운행이 두 시간가량 중단됐습니다. ❷
○○○ 기잡니다.

리포트

① 오늘 오전 8시 20분경 전주 광양 간 고속도로 상관 나들목에서
LP가스 2만 리터를 싣고 달리던 탱크로리가 전복돼 ❸
가스탱크가 15미터 아래 철길로 떨어졌습니다.

사운드바이트: 목격자

"탱크가 30미터 앞에서 커브를 돌다 갑자기 브레이크를 밟아 끽
소리를 내더니 바로 벽을 들이받더라고요."

② 이 사고로 탱크로리 운전자 49살 홍 모씨가 사망하고
전라선 운행이 2시간가량 지연됐습니다. ❹

사운드바이트: 코레일 담당자

"가스 누출로 혹시 모를 폭발 사고가 발생할 수 있기 때문에

승객들의 안전을 위해 10시 20분경까지 전라선 운행을 통제했습니다."

③ 다행히 LP가스통이 크게 손상되지 않아 ❺
더 이상의 피해는 없었습니다.

④ 사고 후 ❻ 가스 안전공사 ❼ 가스탱크 안전점검반과
전북 소방청 ❽ 소속 소방차 20대가 출동해
구조 작업과 폭발 방지를 위한 살수 작업을 벌였습니다.

사운드바이트: 소방 담당자

"사고 현장에 도착했을 때 가스가 유출이 돼서 소리가 굉장히
심하게 났었는데, 저희가 밸브를 잠그고 물을 뿌리고 있기 때문에
지금은 가스가 새지 않습니다."

⑤ 경찰은 탱크로리가 상관 나들목을 나와
급커브를 돌다 뒤집어지면서 사고가 난 것으로 보고
자세한 사고 원인을 조사하고 있습니다.

○○○ 뉴스, ○○○입니다.

 기사부터 보겠습니다. 우선 앵커멘트와 리포트의 문장 ①, ②가 거의 완전하게 겹치네요. 좋지 않습니다. 기사를 고치는 길과 앵커멘트를 고치는 길 두 가지가 있는데, 이 리포트에서는 앵커멘트를 손보는 게 낫습니다. 앵커멘트가 너무 '매력'이 없다고 할까요? 어떤 식으로든 바꿔야 할 것 같네요. 이어서 ❶번부터 보겠습니다.
 ❶ 그림이 잘 떠오르지 않습니다. '나들목'이라는 말과 '15미터 아래'

라는 말이 들어갔어야 합니다. 그리고 '대형 탱크로리'라고 했는데 '대형'의 기준은 뭡니까? 쓸 필요는 없었다고 봅니다.

❷, ❹ 한 문장에 두 가지 사실이 들어가는 것은 가능한 한 피해야 합니다. 짧게 나누면 됩니다.

❸ 전복돼 → 뒤집혀

가능하면 '뒤집혀' 같은 구어체를 씁시다.

❺ 표현이 어색합니다. 스트레이트에서는 '다행히' 같은 부사는 쓰지 않는 게 좋다고 했는데 리포트에서는 어느 정도 받아들일 수 있습니다. 'LP가스통'하니까 무슨 가정용 가스통의 느낌을 주고 있습니다. '크게 손상되지 않아'라고 했는데 '작게' 손상되는 것은 무엇인지 잘 모르겠고요 '손상됐다'는 표현이 지금 이 상황에서 적절해보이지 않습니다.

❻ 사고 후 → '사고가 나자'처럼 구어체로 바꾸든지 아예 빼버려도 아무 문제없습니다.

❼ 가스 안전공사 → '가스안전공사', '가스 안전 공사'[1]

❽ 시청자가 소방차가 어디 소속인지 알 필요가 있을까요? 소방차 출동에 문제가 있어 지휘체계를 묻고 싶다든지 하는 상황이 아니라면 소속을 쓸 필요가 없습니다.

다음은 리포트 내용입니다. 우선, 중요한데 빠트린 사실은 없는지부터 보죠. 이 사건에서 반드시 기사로 써야 할 것들을 나열해보겠습니다.

---

1 전문용어와 고유명사는 단어별로 띄어 쓰는 것이 원칙이지만, 붙여 쓸 수 있도록 허용하고 있다[최병선 (2005), 《좋은 글의 시작 올바른 맞춤법》, 동광출판사, 35쪽]. 즉, '가스 안전 공사'나 '가스안전공사'는 맞으나 '가스 안전공사'는 틀리다는 것이다. '어떻게 띄어 쓰는가'는 '어떻게 띄어 읽느냐'와 직결되므로 주의를 기울여서 써야 한다. 참고로 '가스안전공사'의 공식적인 명칭은 '한국가스안전공사'다.

ⓐ 탱크로리가 넘어지면서 가스탱크가 15미터 아래 철길로 떨어졌다.

ⓑ 탱크로리 운전자는 사망했다.

ⓒ 전라선 운행이 2시간 중단됐다.

ⓓ 가스탱크는 터지지 않았다.

ⓔ 만일의 사태에 대비해 소방차와 가스안전공사 안전팀이 출동했다.

이런 정도가 아닐까 싶습니다. 문제는 이 사실들을 어떤 순서로 나열하는가인데, 이 학생은 ⓐ-ⓑ-ⓒ-ⓓ-ⓔ 순서로 썼습니다. 그럴 수도 있는데 여기선 ⓓ의 위치를 놓고 사람마다 생각이 다를 수 있을 것입니다. 가스탱크가 15미터 아래로 떨어졌는데 그 가스탱크가 어떻게 됐는지가 더 궁금하지 않느냐는 거죠. 그렇다면 ⓐ-ⓑ-ⓓ-ⓒ-ⓔ의 순서로 써야죠. 매번 리포트를 쓸 때마다 이런 것을 판단해야 합니다. 그 판단으로 기자나 데스크는 평가를 받는 것이고요.

마지막으로 리포트에 들어간 인터뷰와 스탠드업을 보겠습니다. 사운드바이트는 다양해서 좋긴 한데 리포트 전체 길이에 압박이 되지는 않았는지 모르겠군요. 만약에 하나 정도 뺀다면 두 번째 코레일 관계자의 사운드바이트부터 빼면 될 것 같네요. 기차도 다시 다니기 시작한 시점에 한때 중단했었다는 말이 무슨 의미가 있을까요. 스탠드업이 없는데 이런 리포트는 현장에서 기자가 반드시 나와야 합니다. 이 기사에선 ③번 문장을 다듬어 철길과 가스탱크가 배경으로 보이도록 해서 스탠드업을 하는 게 좋을 것입니다.

전체적으로 볼 때 이 리포트 기사는 너무 스트레이트 기사처럼 쓴 게 문제군요. 이 리포트의 핵심은 LP가스가 가득 든 가스탱크가 15미터 아래 철길 옆에 떨어졌다는 것입니다. 아찔한 거죠. 그 아찔함이 리포트에 배어 나왔어야 합니다.

첫째, 리포트의 핵심이 강조돼야 한다
- 스탠드업이나 기사, 기사의 배열 등을 통해 '큰일 날 뻔했다'는 메시지가 더욱 강조됐으면 좋았을 뻔했습니다.

둘째, 앵커멘트와 리포트의 첫 부분이 가능한 한 겹치지 않도록 해야 한다.
- 앵커멘트를 너무 구체적으로 썼습니다.

　다른 기자 지망생의 기사를 하나 더 보겠습니다. 물론 같은 취재자료를 놓고 쓴 겁니다.

뉴스
쓰기 기사 B

앵커멘트

전북 전주와 전남 광양 간 고속도로 상관 나들목에서
전라선 철길로 2만 리터짜리 LP가스탱크가 떨어지는
사고가 났습니다. ❶
순간 열차가 지나갔다면 대형 인명피해로 이어질 수 있었습니다. ❷
○○○기자입니다.

리포트

①가스탱크가 선로 옆에 나뒹굴어져 있습니다.

② 바로 15미터 위 고속도로에는 탱크로리가 180도 뒤집혀 있고
<u>운전자 석의 천장은 무너져 내렸습니다.</u> ❸

③ <u>사고는 오늘 아침 8시 20분쯤</u>
<u>전북 상관 나들목에서 발생했습니다.</u> ❹

④ 탱크로리가 급커브를 돌다 뒤집어져
가스탱크가 철로로 떨어진 것입니다.

⑤ 이 사고로 운전자 49살 홍 모씨는 숨졌습니다.

`사운드바이트: 주민`

"천둥소리처럼 '우당탕탕'하는 소리가 들려서 나가봤더니
가스탱크가 떨어져 있더라고요."

`스탠드업`

LP가스탱크는
열차와 부딪치는 등 2차 <u>사고</u>가 나지 않아
다행히 폭발 <u>사고</u> ❺는 없었습니다.

`사운드바이트: 가스안전공사 전북본부장`

"가스가 좀 새고 있었는데요 현장에 도착하자마자 밸브를 잠근
태고요.
큰 위험 없이 (사고 현장을) 마무리할 수 있을 것 같습니다."

⑥ 전라선은 이 사고로 2시간 이상 열차 통행이 중단됐으나
<u>현재는</u> ❻ 정상 운행 중입니다.

⑦ 현재 가스안전공사와 소방청은

만일의 사태에 대비해 살수 작업을 벌이고 있습니다. ❼
○○○ 뉴스 ○○○입니다.

앞 기사와 마찬가지로 간단한 지적부터 먼저 하겠습니다.

❶ 앵커멘트가 너무 구체적이군요. 리포트보다 더 자세하게 얘기하면 리포트를 볼 이유가 없어집니다.

❷ 기차가 지나가는 순간 가스탱크가 철길로 떨어지면 당연히 사람이 많이 죽거나 다칠 수도 있었겠죠. 크게 흠잡을 건 아니지만 너무 당연한 얘기를 쓴 것 같다는 생각입니다. 이런 뜻을 담은 글을 어떻게 써야 좋을지 고민스런 대목입니다.

❸ 운전자석 → 운전석

'운전자석의 천장은 무너져 내렸다'는 표현은 적절치 못합니다.

❹ 문장이 어색합니다. '사고가 상관 나들목에서 났다'는 것이 그렇게 중요한 일인지 묻고 싶네요.

❺ 한 문장에 '사고'라는 말이 두 번 들어갔습니다. 짧은 문장에 같은 단어가 반복해 들어가는 것은 좋지 않습니다.

❻ '현재'라는 말은 생방송이 아니라면 쓰지 않는 게 좋습니다. 상황이 막 벌어져 기차가 다니지 못할 때 리포트를 방송한다면 '현재' 다니지 못하고 있다고 할 수 있겠습니다만, 상황이 종료된 지 꽤 시간이 지난 시점에서는 '현재'라는 말은 필요 없습니다. 그보다는 운행이 언제부터 언제까지 중단됐었다는 말을 해주는 게 맞죠.

❼ '벌이고 있습니다'와 같은 진행형 표현을 쓸 때도 조심해야 합니다. 리포트가 방영되는 시점의 상황을 모르니까요. 기자가 이렇게 써

놓고 방송 나기기 직전에 작업의 종료 여부를 확인하려 했다면 나름 좋은 자세라고 할 수 있으나 기사를 쓰는 시점과 그 기사가 방송되는 시점에 대한 개념이 없어서 이렇게 썼다면 그것은 문제입니다. 방송이 나갈 시점엔 작업이 끝난 지 오래됐는데도 이렇게 방송이 나가면 '아니 아직도 물을 뿌리고 있단 말이야?' 하고 의아해 하며 무슨 다른 문제가 있는 것은 아닌지 걱정하는 시청자들도 계실 것입니다.

리포트의 내용이나 사실이 나열된 순서를 볼 때 앞서 본 기사 A보다 훨씬 텔레비전 뉴스에 가깝습니다. ①, ②번은 스케치 기사로 사고 현장을 생생하게 보여주고 있습니다. ③, ④번은 사고 발생과 원인을 합친 것 같은데 조금 다듬었으면 더욱 좋았을 뻔했습니다. 스탠드업도 적절한 장소에서 적절한 내용으로 한 것으로 보입니다. 전체적으로 볼 때 기사 B는 구성은 괜찮았으나 기사 자체에 문제가 있었습니다.

뉴스쓰기 기사 B의 가르침

첫째, 표현을 적절하게 해야 한다.
- '운전자석의 천장은 무너져 내렸습니다' 이런 표현은 곤란합니다.

둘째, 진행형의 글은 조심해서 써야 한다.
- '살수작업을 벌이고 있다'라고 했는데 뉴스가 나가는 시점에도 그럴까요?

스마트폰으로 찍고, 보내고, 방송하고

옛날 성수대교가 무너진 것 같은 사고가 눈앞에서 벌어졌다고 하자. 스마트폰이 없었던 시절엔 전화가 있는 곳을 향해 100미터 달리기를 했겠지만, 지금은 스마트폰으로 촬영해 화면을 보내는 것은 물론 사고 현장에서 생방송을 할 수 있는 시스템이 갖춰져 있다. 기자들은 — 누구나 스마트폰을 잘 다룰 줄만 안다면 — 언제나 생중계가 가능한 장비를 갖고 다니는 셈이다. 눈앞에서 대형사고가 터졌는데 스마트폰으로 촬영해 보낼 줄을 모른다면 생각만 해도 끔찍한 일이다. 기자나 기자 지망생이라면 스마트폰으로 동영상을 촬영해 방송사로 보내는 방법은 숙지하고 있어야 한다. 그리고 기본적인 촬영도 물론 할 줄 알아야 한다. 촬영의 기본에 대해서 베테랑 영상취재기자의 도움을 받아서 정리해봤다.

- 화면의 사이즈를 다양하게 하라. 풀 샷, 미디엄 샷, 클로즈 업 등 화면이 다양할수록 좋다.
- 카메라를 움직이면서 촬영하다가도 끝에 가선 5, 6초는 정지하라. 팬(pan, 앵글을 수평으로 움직이는 촬영)이나 틸트업, 틸트다운(tilt up, tilt down)을 할 때 마지막엔 카메라의 움직임을 몇 초 동안은 정지시키는 게 좋다. 그래야 영상 편집이 매끄럽게 된다.

- 가능한 한 '줌인'보다는 직접 피사체에 다가가라.
- 시간이 허락하면 뉴스의 핵심이 되는 것 말고 주변도 스케치하라.
- 현장음이 들어오고 있는지 반드시 확인하라.
- 한 번에 너무 길게 찍지 마라. 여러분들이 찍은 화면을 쓸 정도면 속보가 들어갈 수도 있는 상황이니 만큼 1, 2분이라도 먼저 내보내는 게 중요할뿐더러 촬영된 영상의 용량이 너무 크면 보낼 때 문제가 생길 수 있다.

　촬영을 잘하려면 뉴스를 영상 위주로 볼 필요가 있다. 몇 초마다 영상이 바뀌는지, 사이즈는 어떻게 변하는지, 어떤 뉴스에 어떤 촬영이 어울리는지. 이런 데 관심을 쓰면서 뉴스를 보다 보면 자신도 모르게 그런 촬영을 흉내 낼 수 있게 된다. 어떤 주제를 정해서 스마트폰으로 동영상을 촬영해, 학생들끼리 나눠 보는 것도 좋은 훈련 방법이 될 수 있을 것이다. 언론사에 따라 동영상 촬영까지 시험을 보는 상황인 만큼, 기자 지망생들에게 동영상 촬영은 더 이상 '남의 일'이 아닌 듯싶다.

　취재된 내용을 바탕으로 제가 기사를 써봤습니다. 제 기사도 지적할 만한 문제가 있을 수 있습니다. 무난하다고 할 수는 있겠지만 완벽하다고 말할 수 없다는 점을 거듭 말씀드립니다. 비판적인 시선으로 읽어보시기 바랍니다.

앵커멘트

고속도로에서 탱크로리가 뒤집히면서
LP가스가 가득 찬 가스탱크가
15미터 아래 철길로 떨어졌습니다.
큰 사고로 이어질 뻔했습니다.
○○○기잡니다.

리포트

탱크로리가 심하게 찌그러진 채 넘어져 있습니다.

고가도로 아래 철길 옆엔
가스탱크가 떨어져 있습니다.

오늘 아침 8시 20분쯤
전주 광양 간 고속도로 상관 나들목에서
탱크로리가 커브 길을 돌다가 뒤집혔습니다.

탱크로리 운전자 49살 홍 모씨는 숨졌습니다.

탱크로리에서 분리된 가스탱크는
15미터 아래 전라선 철길 옆으로 떨어졌습니다.

사운드바이트: 주민

"소리도 엄청 컸어요, 생각해보세요.
저 큰 게 굴러 떨어졌으니 … ."

탱크로리와 철로까지 거리가 3미터도 채 안 됩니다.
이 탱크로리에는 LP가스 2만 리터가 가득 들어 있었습니다.

사고가 나자 가스안전공사 안전팀과 소방차 20여 대가 출동해
구조와 만일의 사태에 대비한 작업을 벌였습니다.

"가스가 새서 냄새가 많이 났었습니다. 서둘러 밸브를 잠갔고요,
지금은 괜찮습니다."

이 사고로 전라선은 오전 10시 20분쯤까지
2시간가량 열차 운행이 중단됐습니다.
○○○ 뉴스 ○○○입니다.

이 기사는 가상으로 쓴 것이기에 '정답'이니 아니니 말하기 힘듭니다만 제 의도는 이랬습니다. 우선 리포트 첫 번째 문장은 분명히 고가도로 위에서 15미터 아래에 있는 가스탱크를 찍은 영상이 있다고 전제하고 쓴 것입니다. 아마 당연히 있었을 것입니다. 스탠드업에서 '3미터'라고 한 것은 가상입니다. 만약 그 정도 거리라면 기자가 철도에서 가스탱크 쪽으로 움직이면서 해도 괜찮았을 것 같습니다. 리포트의 길이가 길면 사고수습과 관련된 기사는 뺄 수도 있으리라고 봅니다.

기사를 어떻게 쓰느냐를 떠나서 이 정도의 사안이 리포트 '거리'가 되느냐는 반론이 있을 수도 있습니다. 이런 부분이 바로 제가 이번 강의를 시작하면서 말씀드린 리포트 제작의 첫 단계, 즉 리포트로 할지 여

부를 결정하는 단계에서 걸러져야 하는 것이죠. 글쎄요, 전국에 나가는 저녁종합뉴스, 즉 메인뉴스에 나갈 가치가 있는지는 생각해봐야겠지만 로컬 뉴스로는 충분히 나갈 수 있지 않겠습니까?

여러분들이 쓴 기사와 앞서 본 기자 지망생들이 쓴 기사, 제가 쓴 것, 그리고 실제 보도된 기사 내용을 방송사 홈페이지에 들어가 뽑아놓고 비교해보시기 바랍니다. 이렇게 한 사안에 대한 다양한 기사를 비교해보는 게 실력 향상에 크게 도움이 됩니다. 이 사고는 2012년 3월 3일 토요일 아침에 일어났습니다.

● 화재 리포트

리포트 기사 하나만 더 써봅시다. 이번엔 대형사고기사를 써보겠습니다. 전라남도 장성의 한 요양병원에서 난 화재사고, 기억하시죠? 그 사고 리포트를 한다고 치고 기사를 써보겠습니다. 워낙 대형사고라서 쓸 내용이 너무나 많습니다만, 취재된 내용을 골라서 제시하겠습니다. 리포트 하나로 다 다룬다고 생각하고 쓰십시오. 길이는 앵커멘트 포함 2분을 넘지 않도록 하고요.

'언제 나가는 리포트인가'는 기사를 쓸 때 중요한 고려사항입니다. 오늘 새벽 0시가 조금 넘어 발생한 사고에 대한 아침과 밤 리포트는 다를 수밖에 없습니다. 불이 난 지 6시간 뒤의 기사와 20시간 뒤의 기사가 같아도 안 되겠죠. 취재된 분량도 차이가 있을 테니까요. 여러분이 만들어야 하는 리포트는 아침 7시에 내보내기 위한 것이라고 합시다.

- 발 생 : 5월 28일 0시 27분
- 장 소 : 전남 장성군 삼계면 효사랑병원
- 출동 및 진화 : 신고 후 즉시 출동, 현장 도착 후 2분 만에 진화(0시 33분)
- 피 해 : 환자 20명과 간호조무사 1명 사망, 6명 중상, 1명 경상
- 사고내용 : 효사랑병원 별관 2층에서 발화. 병실이 아닌 기타용도로 쓰이던 방이었음. 불이 날 당시 별관에는 환자 34명이 있었고 당직 간호사 1명이 근무 중이었음. 환자들은 대부분 고령인 데다 치매와 중풍을 앓아 거동이 불편한 노인들이었음. 사망자는 대부분 유독가스 질식사로 추정되고 있음. 한 119관계자가 '어떤 사망자는 병상에 손이 묶여 있기도 했다'고 말한 것으로 전해짐. 화재가 난 별관 2층의 유리창은 닫혀 있었고 방범틀이 설치돼 있었음.
- 사고 원인 : 경찰이 다각도로 조사 중.
- 효사랑병원 : 2007년 11월 개원, 병실 23개 병상 397개를 갖춘 치매, 중풍, 재활, 노인성 질환 전문 요양원. 현재 환자는 324명.
- 인터뷰
  입원환자 1 : 밤엔 한 명이 근무해, 창문만 열려 있고, 빨리 손잡고 빠져 나왔어도 다 살았을 텐데 … .
  이○○ 행정원장 : 불이 난 방에 인화물질 없다, 링거액 거는 폴대 등을 보관하는 창고 … , 사람도 없는 곳인데 누전이 아닐까 … .
  소방대원 : 불은 금방 잡혔는데, 유독가스가 문제였고, 거동이 불편한 노인들이어서 피해가 컸던 것 같다.

---

2 사고 내용은 사고 당일 새벽 6시 42분에 송고된 〈연합뉴스〉 기사에서 발췌해 뽑았다. 발췌한 사실(*facts*)의 기준은 중요도보다도 기사쓰기 실습에 필요한지 여부를 우선으로 했으며, 이후에 밝혀진 내용들은 당연히 포함되지 않았다.

너무 큰 사고라 어디서부터 시작해야 될지 막막할 수 있습니다. 실제 이런 상황이라면 대체로 기자들이 서너 명은 출동해 취재하고 그것을 선배기자가 취합해 리포트 기사를 작성하게 됩니다. 그리고 아이템도 몇 가지로 나눠야 할 겁니다. 최소한 화재사고 발생 리포트 하나에 피해가 이렇게 컸던 이유 등 두 가지로는 나눴겠죠. 그러나 실습에서는 자신이 혼자 이 리포트 기사를 쓴다고 가정하고 써보도록 합시다.

들어가야 할 내용을 추려봅시다.

ⓐ 오늘 새벽 0시 27분께 전남 장성의 요양병원에서 불이 났다.

ⓑ 입원한 환자 20명과 간호조무사 1명이 연기에 질식해 사망했다. 6명은 중태여서 사망자 수는 더 늘 것 같다.

ⓒ 숨진 환자들은 대부분 치매, 중풍 등 노인성 질환을 앓고 있는 거동이 불편한 노인들이다.

ⓓ '어떤 환자는 침대에 손이 묶여 있었다'라고 한 소방대원이 말했다고 한다.

ⓔ 불은 소방대가 현장에 온 지 2분 만에 대체로 껐으나, 유독가스 때문에 피해가 컸다.

ⓕ 불이 난 곳은 별관 2층 3006호, 의료용품 쌓아두던 창고 같은 곳이었다.

ⓖ 화재 원인은 조사 중. 이 병원 행정원장은 '사람이 거주하지 않는 방인 만큼 누전이 아닐까' 추정함.

ⓗ 불이 난 곳은 효사랑병원 별관 2층이고, 효사랑병원에는 모두 324명의 환자가 입원해 있었으며 별관에는 34명의 환자가 있었다.

이 사실들을 어떤 순서로 써야 할까요? '언제 어디에서 불이 났고 사람이 많이 죽었다'는 당연히 제일 먼저 나와야겠죠. 즉, ⓐ와 ⓑ는 앞으로 가야 합니다. 그 다음은 뭐를 써야 할까요? '거동이 불편한 노인들이어서 피해가 컸다'는 것과 '불은 크지 않았으나 유독가스 때문에 피해가 컸다'는 것 중 어느 것을 먼저 써야 할까요? 아님 둘을 어떻게 연결시켜서 쓰는 게 좋을까요? 고민스런 대목입니다. 즉, ⓒ와 ⓔ를 어떻게 섞느냐는 문제입니다. 그리고 ⓓ도 폭발력이 있는 사실인데요. 소방대원이 그런 말을 했다는 전언(傳言)만 있을 뿐 공식적으로 확인된 것이 아니어서 위에 올리기도 또 그렇다고 무시하기도 애매하군요. 이런 내용은 사실 여부를 확실하게 확인해야 합니다. 그 다음 화재원인에 대한 얘기를 해야 합니다. ⓕ, ⓖ에 해당하는 내용이죠. 마지막으로 화재가난 병원에 관한 기본적인 정보도 전해줄 필요가 있을 것입니다. 2분 안에 이 내용들을 다 전하려면 빡빡하겠네요.

  기사쓰기에 착수합니다. 앵커멘트와 인터뷰, 스탠드업을 어떻게 할 것인가부터 결정하도록 하죠. 먼저, 앵커멘트엔 '짧은 시간에 많은 인명피해'라는 이 사고의 핵심을 넣는 게 바람직할 것입니다. 즉, "오늘 새벽 전남 장성의 한 요양병원에서 불이 나 20여 명이 숨졌습니다. 불은 금방 꺼졌지만, 피해는 너무나 컸습니다. ○○○기자가 이 소식 전해드립니다" 이런 식으로 말입니다.

  다음 인터뷰 내용을 골라보겠습니다. 현장에서는 여러 명을 인터뷰해서 이런저런 말이 있을 테지만, 여기서는 정해진 내용이 있으니까 고를 수는 없고 '쓰느냐 마느냐'만 결정하면 되겠죠. 인터뷰 모두 썼으면 좋겠습니다만, 시간 제약이 있으니까 행정원장의 인터뷰는 상황에 따라 넣든지, 빼든지 하는 게 좋겠네요.

스탠드업은 어떻게 할까요? 화재 현장이 있으니 반드시 현장에서 해야겠지요. 어떻게 해야 현장감을 살리면서도 필요한 내용을 전할 수 있을까요? 현장을 알고 영상을 알아야 스탠드업의 내용을 결정할 텐데 그런 상황이 아니니까 그냥 상상해서 하도록 합시다. 이제 부품을 조립하는 마음으로 기사를 쓰면 되는 겁니다. 아래 기사를 여러분이 쓴 기사와 비교해보시길 바랍니다.

뉴스쓰기 6분 만에 21명이 숨져

앵커멘트

오늘 새벽 전남 장성의 한 요양병원에서 불이 났습니다.
불은 금방 껐지만, 입원환자 등 21명이 숨졌습니다.
○○○기자가 보도합니다.

리포트

전남 장성에 있는 요양원에서
불이 난 시각은 오늘 새벽 0시 27분,
곧바로 소방대가 출동했고, 불은 0시 33분쯤 꺼졌습니다.

그 6분 동안 입원환자 등 21명이 숨졌습니다.
6명은 중태인 상황이어서 사망자는 더 늘 수도 있습니다.

사운드바이트: 소방대원

"불은 금방 잡혔는데, 유독가스가 문제였고,
거동이 불편한 노인들이어서 피해가 컸던 것 같다."

희생자들은 불이 난 병원 별관 2층에 입원해있던
7, 80대 노인들로 모두, 유독가스에 질식해 숨진 것으로
추정되고 있습니다.

별관에서 야근하던 간호조무사도 목숨을 잃었는데
혼자서 불을 끄려다가 변을 당한 것으로 전해졌습니다.

`스탠드업`

불이 난 요양원 별관 2층입니다.
불이 났을 당시, 병실의 창문은 닫혀 있었고,
창문에는 이렇게 방범틀이 설치돼 있었습니다.

`사운드바이트: 입원환자`

"밤엔 한 명이 근무해, 창문만 열려 있고,
빨리 손잡고 빠져 나왔어도 다 살았을 텐데 … ."

경찰과 소방당국은 의료 기구들을 넣어두는
창고로 쓰이던 방에서 불이 났다는 점에 주목하고
정확한 화재 원인을 조사하고 있습니다.

전남 장성 효사랑병원 화재 현장에서
○○○ 뉴스 ○○○입니다.

   리포트 기사는 영상이 어떤가에 의해서도 바뀔 수 있습니다. 만약 불
이 활활 타는 영상이 있었다면 어떻게 했을까요? 21명이나 목숨을 잃은
사고인 만큼 스케치를 '요란'하게 하기는 마음에 걸리지만, 스케치로
시작했을 수도 있겠죠.

무엇보다도 도입에 대해서 논란이 있을 수도 있겠는데요, 무난하게 스트레이트성(性)으로 할 수도 있었겠지만, 앵커멘트와 겹칠 수도 있고 해서 이 사고의 핵심을 '짧은 화재, 큰 인명 피해'로 잡고, 불이 나고 꺼진 시간을 희생자 숫자보다 먼저 썼습니다. 도입부가 항상 어렵습니다. 리포트 기사의 도입부에 대해선 앞으로 다시 설명할 기회가 있을 겁니다. '일부 희생자는 침대에 손이 묶여 있었다'는 내용은 쓰지 않았습니다. 이런 사실은 확인이 되지 않는 한 쓰지 않는 게 맞습니다.

리포트 기사쓰기 실습을 사건사고기사로 해봤습니다. 여러분이 기자가 되면 곧 부딪치게 될 상황이라는 점에서 그랬고요. 또, 정치나 경제기사들은 흐름을 알아야 하고, 기자에 따라 시각도 워낙 다른 만큼 실습의 대상으로 삼지 않았습니다.

●●● 과제

〈연합뉴스〉나 〈뉴시스〉 같은 통신사의 기사 중에서 사건사고기사 3건을 골라 리포트 기사로 고쳐보시기 바랍니다. 리포트의 길이는 앵커멘트 포함 2분입니다. (인터뷰 내용도 통신사 기사에 있는 것을 기준으로 합니다. 방송사의 리포트와 비표하기 위해선 규모가 제법 큰 기사를 골라야 할 것입니다.)

08

—

리포트 기사쓰기
실습 (2)

리포트의 내용이 부실한 것은
기사를 쓴 기자나 데스크가 무능하거나
최선을 다하지 않은 결과입니다.

불공정하거나 사실과 다른 기사는 대부분
기자나 데스크가
기사가 다루는 사안에 대해서
잘 모르는 데서 비롯됩니다.

만일 진실이 아닌 것을 알면서 보도한다든가,
자신이 맘먹고 왜곡·확대·축소한다면
기자이기를 포기한 것으로 봐야겠죠.

제 8강
리포트 기사쓰기 실습 (2)

보도자료 보고 리포트 기사쓰기

지난 강의에 이어 리포트 기사쓰기 실습을 이어가도록 하겠습니다. 오늘은 보도자료를 보고 리포트 기사를 쓰는 것에 대해서부터 알아보겠습니다. 자신이 취재한 내용을 놓고 기사를 쓰는 것이나 보도자료를 보고 쓰는 것이나 큰 차이는 없습니다만, 구성이나 주의를 기울여야 할 것들은 다소 다를 수 있습니다. 여러분이 직접 써보면 알게 될 것입니다.

　보도자료를 보고 기사를 쓰는 것은 사실 스트레이트 기사쓰기 강의 때 거의 말씀드렸습니다. 보도자료 보고 리포트 기사를 작성하는 방법은 곧 스트레이트 기사를 리포트 기사로 바꾸는 문제입니다. 스트레이트 기사는 사안의 핵심을 간결하고 정확하게 전하는 게 생명입니다. 리포트 기사는 거기까지는 기본이고, '어떻게 해야 전하고자 하는 사실을 보고 듣는 이들이 좀더 명쾌하게 받아들일 수 있는지'까지 고민해 써야 합니다. '백언불여일행'(百言 不如一行), 백 번 말하는 것이 한 번 해보느니만 못합니다. 자, 곧바로 실습으로 들어가겠습니다.

• 공공기관 고졸채용 관련 보도자료

2013년 2월 기획재정부는 "새롭게 개편되는 공공기관 고졸채용 제도 설명회 개최"라는 제목의 보도자료를 냈습니다. 보도자료를 설명하는 참고자료도 첨부했더군요. 가능한 한 기획재정부 홈페이지에 들어가 보도자료와 참고자료를 출력해서 보시길 바랍니다. 이 책에는 보도자료는 그대로 싣고, 참고자료는 제가 주요내용만 따로 뽑아 정리해 실었습니다.

뉴스 쓰기 보도자료 - 새롭게 개편되는 공공기관 고졸채용 제도설명회 개최

발표: 2013년 2월 20일

□ 정부는 학력인플레로 고졸취업이 위축되는 부작용을 해소하기 위해 '11년부터 공공기관 고졸채용 목표제'(12년 약 20% 수준)를 시행해오고 있으며 동 제도를 보다 체계적이고 지속 가능한 제도로 정착시키기 위해 연구용역을 추진하였음

□ 용역수행 결과, 기관별 고졸채용 목표설정 시 공공기관별 업무특성과 차이를 고려할 필요가 있고 이를 위해 체계적인 직무분석의 틀과 고졸취업자에게 적합한 인사·보수체계를 구축할 필요가 있는 것으로 제시되었음

• 새롭게 개편되는 고졸채용 제도는 채용확대뿐만 아니라 고졸자의 안정적 직무기반, 대졸자와 동등한 경쟁여건 조성, 조직 내 성장경로 등 채용 후의 모든 과정을 포함하고 있음

□ 우선, 업무특성 등을 고려하여 선정된 6개 시범기관에 대한 직무분석을 토대로 고졸적합직무를 발굴하였음

- 고졸적합직무 분석 · 발굴은 제도정착 시까지 한시적으로 타 공공기관에도 확대시행함
- 고졸적합직무에 대한 충원은 공공기관의 고졸채용 여건 등 현실적 제약을 감안해 단계적으로 시행해나갈 계획임

□ 둘째, 승진 · 교육훈련 · 보상 등에 관한 안정적이고 예측 가능한 성장경로를 마련하되, 자기노력과 연계해 과도한 시혜적 제도가 되지 않도록 설계하였음

- (승진) 고졸자를 별도로 분리 · 운영하는 별도직군제도 신설
- (교육훈련) 대졸자와의 동등한 경쟁을 위해 기초직무교육, 조기사회화교육 등 기존보다 강화된 교육훈련과정을 도입
- (평가 및 보상) 근속승진을 원칙으로 하되 자기개발을 위한 동기부여 차원에서 최소한의 자격요건을 설정할 수 있도록 개편

	주요내용
채용	• 기초 직무능력과 면접 중심 선발 • 고졸자 제한경쟁시험 도입
승진	• 단일직군(대졸 · 고졸 통합운영)과 별도직군(고졸 분리)으로 구분
교육훈련	• 고졸자 Career Vision 제시 • 대졸자보다 강화된 교육훈련체계 도입
보상	• 근속승진 원칙 • 대졸초임의 70% 이상으로 보수하한 설정
후진학	• 직무유관분야, 근무 우수자 중심 운영 • 다양한 지원제도 확충

□ 정부는 개편된 고졸채용 제도를 전체 공공기관에 전파하고 지속 가능한 제도로 정착시켜 나갈 계획

- 고졸취업을 희망하는 청년들에게 미래 성장경로에 대한 신뢰를 심어주는 한편, 우리 사회의 과열된 학력중시 관행을 개선해나갈 것임

- 이를 위해, 전체 공공기관(295개)을 대상으로 농수산물유통공사에서 설명회를 개최함

  * 참고자료 내용 중 보도자료에 빠진 내용
  - 평가 및 보상
  - 4년 근무 후 대졸초임과 동등한 수준의 보수를 제공한다.

잘 읽어보셨습니까? "고등학교만 나와도 얼마든지 직장 생활 보람차게 할 수 있다" 이런 인식이 현실이 될 수 있도록 정부가 나서보겠다는 겁니다. 보도자료의 내용 가운데 기사로 쓸 만한 것들을 함께 꼽아 봅시다.

ⓐ 고졸적합직무를 발굴한다.

ⓑ 채용은 고졸자 제한 경쟁시험이나 기초 직무능력과 면접을 중심으로 선발한다.

ⓒ 초임을 대졸초임의 70% 이상 지급, 입사한 지 4년이 지나면 대졸초임과 동등하게 한다.

ⓓ 고졸자들을 대상으로 한 별도직군제도 신설해 승진이 보다 용이하도록 한다.

ⓔ 공공기관 6개 시범기관에서 실시한 뒤, 다른 공공기관에도 확대 시행할 방침이다.

이런 것들 꼽을 수 있을 것입니다. 리포트 기사에 이런 내용은 들어가야 합니다. 어떤 것을 우선으로 할지는 보는 이들마다 조금씩 다르리라 생각합니다.

보도자료에 대한 이해는 이뤄졌다고 보고 이 보도자료를 토대로 리

포트 기사를 작성한다고 합시다. 역시 〈프런티어 저널리즘 스쿨〉의 수
강생들이 쓴 기사를 보면서 얘기해 보겠습니다.

뉴스쓰기 기사 A

앵커멘트

<u>앞으로 공공기관 고졸사원은</u>
<u>대졸사원 초임의 70% 이상을 받게 됩니다.</u> ❶
<u>고졸출신이 보다 안정적으로 일할 수 있는 길이 열린 겁니다.</u> ❷
○○○기자가 보도합니다.

리포트

① 스무 살 이하나 씨는 지난해 수자원공사에 입사했습니다.

② 고등학교 졸업 후 대학진학 대신 바로 취업을 선택한 겁니다.

③ 월급은 대졸자 입사 초임의 75%를 받습니다.

④ 다른 회사보다 좋은 조건입니다.

사운드바이트: 이하나, 수자원공사 근무

"생각보다 보수가 높더라고요. 학력을 떠나서 열심히 일한 만큼 인
정받는 것 같아 좋아요."

⑤ 앞으로 공공기관의 고졸사원은
    이 씨처럼 대졸사원 초임의 70% 이상을 <u>받게 됩니다.</u> ❸

⑥ 또, 입사한 지 4년이 지나면,
대졸초임과 같은 수준의 보수를 받습니다. ❹

⑦ 개편된 공공기관 고졸채용 제도에 따라섭니다.

⑧ 임금제도뿐만 아닙니다.

⑨ 역량 있는 고졸사원은
대졸사원과 동등하게 경쟁할 수 있도록 직급체계도 다듬어졌습
니다.

⑩ 유리천장이 사라진 겁니다. ❺

사운드바이트: 김세민, 고졸 취업준비생

"취업준비하면서 대부분 회사들이 고졸자에겐 제대로 보상도 안 해
주는 것 같아 소외감을 느꼈거든요. 그런데 이렇게 바뀌니까 고졸
자가 열심히 일할 수 있는 기반이 잡힌 것 같아 희망이 생겨요."

⑪ 앞으로 이 매뉴얼을 따르지 않는 공공기관은
기관경영평가에서 불이익을 받게 됩니다. ❻

사운드바이트: 기획재정부 서기관

"개편된 고졸채용 제도를 정착시켜
학력중시의 관행을 개선해 나갈 계획입니다."

스탠드업

정부는 개편된 고졸채용 제도를
지속 가능한 제도로 정착시키겠다고 밝혔습니다.
○○○ 뉴스 ○○○입니다.

첫 번째로, 기사에서 고쳐야 부분에 대해서 말해 볼까요? 앵커멘트부터 보도록 하겠습니다.

❶ 이 리포트 전체에서 나타나는 문제점인데 정확하지 않고 너무 단정적입니다. 고졸채용 제도 개편은 기획재정부가 공공기관을 대상으로 추진하겠다는 정책입니다. '~ 70% 이상을 받게 됩니다' 하는 식으로 단정하기엔 이릅니다.

❷ 틀렸다고 말할 수는 없습니다만, 앵커멘트만 봤을 때 고졸 출신 취업자들을 불안하게 한 것은 임금문제뿐이었다는 인상을 주는군요.

❸, ❺ 역시 너무 단정적으로 썼습니다. 정부의 방침을 이렇게 자신이 보장하듯 쓰고 난 뒤 정부가 그대로 실행하지 못하게 된다면, 기자 자신도 결과적으로 거짓말을 한 셈이 되는 거죠.

❹ 입사한 지 4년이 지나 5년이 되든 6년이 되든 대졸초임과 같은 수준을 받는다는 건지 오해할 수도 있게 썼습니다.

두 번째 사운드바이트의 인터뷰 내용도 적절치 못합니다. 이 뉴스를 놓고 고졸 취업준비생의 반응을 듣는 건 무리입니다. 무슨 큰 사건이나 사고여서 사회적으로 화제가 되고 있는 일이라면 모를까, 내용도 너무 '계몽적'이네요. 마치 정부 홍보 영상을 보는 듯한 느낌을 줍니다.

❻ 보도자료에 없는 내용이죠? 내가 수업시간에 정부 관리를 대신해 학생들의 질문에 대답을 했는데 그것을 기억하고 쓴 것 같군요. 실제 기사를 쓸 때 추가적으로 취재해서 보충하는 것은 바람직합니다.

세 번째 사운드바이트와 스탠드업 내용이 너무 겹칩니다. 스탠드업 내용을 바꾸든지 사운드바이트 내용을 바꾸든지 했어야 합니다. ⑪번 문장이 사운드바이트로 들어갔으면, 훨씬 깔끔했으리라고 봅니다.

둘째, 들어갈 내용이 제대로 들어갔는가?

보도자료에서 기사에 포함시킬 내용에 대해서 조금 전에 정리를 해봤죠? 그것을 보면, ⓐ 고졸적합직무를 발굴, ⓑ 고졸채용 방식의 개선, ⓒ 초임 등 임금문제, ⓓ 별도직군제도 등 직급체계 개선, ⓔ 시범실시 뒤 확대할 방침 등이었습니다.

그런데 기사를 보면 ①번부터 ④번까지 문장과 인터뷰는 리포트 도입부의 사례에 해당되고요, ⑤, ⑥번은 임금에 관한 내용입니다. ⑨, ⑩번은 직급체계에 관한 내용입니다. 그나마 너무 포괄적이어서 알맹이는 빠졌더군요. ⑪번은 확대시행 방침을 언급하고 있군요. 나머지 문장들은 이 같은 사실을 연결해주거나, 언급한 사실들을 강조하는 정도에 머물고 있습니다.

ⓐ 고졸적합직무 발굴이나 ⓑ 채용 방식은 아예 언급하지 않았습니다.

셋째, 짧은 문장으로 말하듯 쉽게 풀어서 썼는지요?

리포트 기사의 경우 스트레이트 기사보다 이 원칙은 대체로 어느 정도는 지켜집니다. 이 기사 역시 짧게 말하듯 쉽게 썼습니다.

이 기사의 문제점은 전달해야 될 사실(facts)을 제대로 전하지 않고 있다는 것입니다. 그리고 정부의 방침을 기정사실로 단정한 것도 문제입니다. 이건 어디까지나 정부의 계획입니다. 법 사항도 아니니까 정권이 바뀌거나 장관이 바뀌면 그냥 용두사미처럼 사라질 수도 있습니다. 기자들이 출입처에서 나온 자료를 쓰다 보면 출입처가 결정하면 다 되는 것처럼 쓰는 경우가 있습니다. 이를테면 정부가 발의한 법률개정안의 입법 예고를 보고 '앞으로 그렇게 된다'고 쓰는 식입니다. 법을 만드는 곳은 국회입니다. 국회의 심의라는 커다란 절차가 남았는데 마치 모든 제도가 만들어진 것처럼 기사를 쓰는 것은 일종의 과장 보도로,

언론에 대한 신뢰를 떨어뜨리는 한 요인이 되곤 합니다.

기사 A의 가르침

첫째, 중요한 사실은 반드시 전해야 한다.
- 임금만 조금 구체적으로 썼지 나머지는 너무 뭉뚱그렸거나 생략했
  군요. 기사의 본질은 정보의 전달에 있습니다.

둘째, 정부의 방침이 100% 실현될 것으로 단정하지 말아야 한다.
- '~70% 이상을 받게 됩니다', '유리천장이 사라진 겁니다' 이런 식의
  표현은 곤란합니다. 기자들도 이 같은 잘못을 자주 범하곤 합니다.

기사 하나 더 보겠습니다. 같은 자료를 갖고 역시 기자 지망생이 쓴
것입니다.

뉴 스
쓰 기 기사 B

앵커멘트

<u>요즘 고졸 취업자를 찾아보기 힘듭니다.</u> ❶
이른바 학력 인플레로 인해 대졸자가
취업시장의 대부분을 차지하기 때문인데요,
대졸자에 비해 낮은 대우를 받던
고졸 취업자들을 위한 개선안이 발표됐습니다.
○○○ 기잡니다.

① 올해 고등학교를 졸업한 <u>김 모씨는</u> ❷
　　이번 달 한 공공기관에 취업했습니다.

② 하지만 대졸자들에 비해 낮은 보수와 늦은 승진이 걱정입니다.

"공공기관에 취업해서 정말 기뻤죠. 그런데 아무래도 대졸사원보다
월급도 낮고 고졸인데 빠르게 승진하는 사람을 본 적이 없어서 승
진도 걱정되고 … "

③ 앞으로 공공기관에서 대졸자와 고졸자의 임금 차이가
　　줄어들 것으로 보입니다.

④ 고졸 신입사원에게도 대졸초임의 70% 이상을 지급하고,
　　4년을 근무하면 <u>대졸과 비슷한 수준의 임금을 주는</u> ❸
　　공공기관 고졸채용 개선안이 발표됐습니다.

⑤ 승진문제도 다소 완화됩니다.

⑥ 고졸자의 직군을 분리하는 별도직군제를 만들어
　　고졸자도 <u>쉽게 승진할 수 있습니다.</u> ❹

⑦ 업무의 특성을 고려해 고졸 취업자에게 맞는
　　고졸적합업무도 <u>새로 만들었습니다.</u> ❺

"업무의 특성을 고려해 고졸자들에게 맞는 직무를 발굴했고, 이를
현재 실시하고 있는 시범 기관뿐만 아니라 전체 공공기관으로 전파

할 계획입니다."

⑧ 기획재정부는 이 같은 내용의 개편안을
모든 공공기관에 적용할 예정입니다.

⑨ 대졸자와 고졸자의 임금과 승진 차이가 줄어들면서
<u>우리 사회의 학력우선주의가 개선될 것으로 보입니다</u>. ❻
○○○뉴스 ○○○입니다.

먼저, 기사에서 고쳐야 할 것부터 말해볼까요?

❶ '요즘 고졸 취업자를 찾아보기 힘듭니다'라고 했는데 누가 찾았을 때 보기가 힘든 겁니까? 아마 글을 쓴 기자 지망생이나 그의 주변에 있는 사람들의 얘기가 아닐까요? 최근 통계에 따르면 2013년 고졸 취업자는 졸업생의 30%인 5만 5천 명 정도가 되는 것으로 나타났습니다.[1] 고졸 취업자 주변에는 많은 고졸 취업자가 있을지도 모르는데, 이 앵커멘트는 졸지에 이들을 찾아보기 힘든 존재들로 만든 것입니다. 자신의 생각이나 지식을 일반화하는 잘못을 저지르지 않아야 합니다.

❸ 4년을 근무하면 대졸초임과 비슷하게 임금을 준다는 것이 사실인데 기사 B를 보면 대졸자의 어떤 임금과 비슷하게 주겠다는 것인지 불명확합니다.

❹ '쉽게 승진할 수 있다'는 말이 좀 걸립니다. 특히 '쉽게'가 그렇군요. '고졸자로 된 별도의 직군을 만들어, 고졸자도 관리자로 올라갈 수 있는 길을 넓혔습니다'로 고친다면 어떻겠습니까?

---

1 《2013년 교육기본통계》, 교육부.

❺ '새로 만들었습니다' → 찾아냈습니다.

직무를 고졸 취업자들 때문에 만든 것은 아니죠.

❻ 일단 너무 거창하군요. 공공기관에서 고졸자에 대한 처우가 조금 나아진다고 '우리 사회의 학력우선주의가 개선'되겠습니까? 이제 막 실시 단계에 있는 정부 방침에 이렇게까지 의미를 부여하는 건 적절한 것 같지는 않습니다.

둘째, 들어갈 내용이 제대로 들어갔는가?

보도자료를 보면서 따져봤던 주요 사실들을 다시 한 번 떠올려 보시기 바랍니다. ⓐ 고졸적합직무 발굴, ⓑ 채용, ⓒ 초임 및 임금, ⓓ 고졸자 별도직군제, ⓔ 공공기관 확대 시행 방침 중 ⓑ 채용에 관한 내용을 빼고는 일단 다 언급했습니다. 내용의 충실성이란 측면에선 앞의 기사 A보다는 좋습니다.

셋째, 짧은 문장으로 말하듯 쉽게 풀어서 썼는지요?

방송기사쓰기의 기본원칙, 즉 짧게 말하듯 쉽게 쓰는 것은 어느 정도 이뤄진 기사라고 봅니다. 단문으로 잘 썼습니다. 어렵게 써서 이해가 힘든 문장도 없습니다. 대체로 말하듯 썼지만 몇 군데 고치면 나아질 부분들이 눈에 띕니다. ④번 문장은 피동태 문장입니다. 피동태는 가급적 수동태로 바꿔주십시오. '정부는'이라는 주어를 명확히 하고 '∼개선안을 발표했습니다'로 쓰는 게 좋습니다. ⑦번 문장을 좀더 구어체로 바꿀 수 있을 것 같습니다. '고졸 취업자에게 적합한 업무들을 찾아내 따로 모았습니다' 정도로요.

마지막으로 전체적인 구성을 보겠습니다. 앵커멘트의 길이는 다소 긴 것 같습니다. 이 리포트 역시 사례로 시작했군요. 기사 A와는 달리

고졸 취업자로서 '불공평'한 처우를 걱정하는 사람을 섭외했습니다. 인터뷰이의 익명성을 보장하기 위해서 ❷ 김 모씨라고 쓴 것 같네요. 그렇다면 화면은 어떻게 처리를 해야 할까요? 얼굴이 나오지 않게 인터뷰를 하든지, 모자이크 처리를 해야겠죠. 인터뷰의 내용은 솔직하고 가슴에 닿습니다만, '모자이크'나 '음성변조'는 이 리포트와는 별로 어울리지 않는다고 생각하는데 어떻습니까.

스탠드업이 없습니다. 특별한 경우가 아닌 한 리포트에 스탠드업이 들어가는 게 좋습니다. 영상이 눈길을 끌기 힘들 것 같아 보이는 이런 리포트의 경우는 더욱 그렇습니다. 제일 마지막 문장을 스탠드업으로 하면 좋을 것 같네요.

뉴스쓰기 기사 B의 가르침

첫째, 자신의 생각을 일반화해서는 안 된다.
- '고졸 취업자를 찾아보기 힘들다' 이것은 이 기사를 쓴 학생의 생각입니다.

둘째, 인터뷰를 익명으로 할 경우 영상은 어떻게 할 것인지도 신경 써야 한다.
- 이 같은 리포트에 모자이크나 음성변조가 어울릴까 생각해보십시오.

지금까지 기자 지망생들이 쓴 기사를 고쳐가면서 리포트 기사를 쓰는 법에 대해서 이야기해봤습니다. 기사를 보는 눈은 사람마다 달라서 조금씩 견해 차이가 있을 수 있습니다. 이 보도자료를 다룬 방송뉴스를 찾아보시고요, 끝으로 제가 쓴 기사를 참고하시기 바랍니다.

뉴스 쓰기 공공기관, 고졸채용제도 개선

앵커멘트

고등학교 졸업 후 공공기관에 들어가는 취업자들 …
앞으로 처우가 나아질 전망입니다.
정부가 공공기관의 고졸채용 제도를 손질한 데 따른 것인데
이 소식은 ○○○기자가 전해드립니다.

리포트

고등학교만 졸업하고 취업을 한다고 할 때 예상되는
어려움을 물었습니다.

사운드바이트: 고졸 취업 희망자 A

"대졸 출신과 경쟁이 안 되니까, 큰 기업은 가지 못해요 … ."

사운드바이트: 고졸 취업 희망자 B

"들어갈 때부터 월급이 대졸자 반도 안 되는 걸로 알고 있어요 …."

정부가 이런 걱정 때문에
고졸 취업이 움츠러드는 것을 막기 위해
공공기관의 고졸채용 제도를 손보기로 했습니다.

우선, 채용할 때에는 고졸자들끼리 시험을 보거나
면접과 직무능력평가를 중심으로 선발하기로 했습니다.

초임은 대졸초임의 70% 이상 되도록 조정하고,
4년 차에는 최소한 대졸초임 수준은 주겠다는 계획입니다.

고졸 취업자들을 위해 별도직군을 만들어
관리자로 승진할 수 있는 기회도 늘리기로 했습니다.

이를 위해 고졸 취업자에게 적합한 업무를 찾아내
따로 분류하기로 했습니다.

사운드바이트: 기획재정부 관계자
"고등학교만 나와도 사회에서 얼마든지 성장할 수 있다는
신뢰를 심어주고자 합니다."

스탠드업
기획재정부는
이번에 개편된 고졸채용 제도에 따르지
않는 공공기관은 앞으로 경영평가에서
불이익을 주겠다고 밝혔습니다.

○○○ 뉴스 ○○○입니다.

사례로 시작하는 리포트

뉴스를 보다 보면 사례(事例)로 시작하는 리포트를 꽤 많이 보게 됩니다. 이런 경향은 2000년을 전후해서 방송에 본격적으로 나타난 것으로 기억합니다. 한 방송기자는 자신의 석사논문에서 리포트의 앞부분에 사례를 드는 것을 '모자 씌우기'[2]라고 불렀습니다. 1990년대 초까지만 해도 이런 식으로 리포트를 시작하는 예는 찾아보기 힘들었습니다. 스트레이트를 길게 써서 읽는 형식의 리포트가 더 많았죠. 그러다 뉴스에서도 시청률 경쟁이 본격화되면서 뉴스의 시작을 좀더 흡인력 있게 해 보려는 분위기가 생겼고 '모자 씌우기' 리포트가 유행처럼 번지게 됩니다. 시청률을 높이기 위한 측면뿐만 아니라, 어려운 내용의 뉴스를 조금 더 쉽게 전할 수 있는 방법의 하나로 시도된 면도 있었습니다.

그런데 몇 년 전부터 기자들 사이에선 '모자 씌우기' 양식에 대한 비판의 소리가 나오게 됩니다. 한마디로 '사례를 찾고, 사례를 설명하는데 아까운 시간 다 보낸다'는 것이었습니다. 앞서 나온 고졸채용 관련 보도자료를 보고 사례를 구할 때도 애를 먹었을지 모릅니다. '난 고졸 사원입니다' 하고 텔레비전에 나오고 싶어 하는 사람이 많지 않을 테니까요. 이렇게 사례에 적합한 사람을 섭외하는 데 진땀을 흘릴 경우가 많습니다. 보다 나은 정보를 취재할 시간도 뺏기고, 또 어렵게 구한 사례이니만큼 어느 정도는 리포트 기사에 포함시켜야 하니 정말 전달해야 할 사실에 대해 쓸 시간이 점점 줄어들기 마련입니다. 게다가 사례

---

2 이성일(2012), "새로운 기사 양식이 방송뉴스에 미친 영향: '모자 씌우기' 양식의 형성과정과 뉴스 제작 관행의 변화", 고려대학교 석사학위 논문.

로 시작할 경우 '일반화의 오류'를 범할 우려도 있는 게 사실입니다.

그럼 '모자 씌우기' 리포트 방식을 이제는 지양해야 될까요? 전 그렇지는 않다고 생각합니다. 골라서 하자는 거죠. 이미 그런 분위기가 많아진 것 같습니다. 내용이 복잡한데 사례를 들어서 얘기하면 시청자들이 쉽게 이해할 수 있는 사안들은 그렇게 하되, 습관적으로 씌우는 모자는 벗어보자는 것입니다. 사례를 찾느라 애쓰는 시간에 좋은 정보 하나라도 더 취재해 시청자에게 전해주는 것이 뉴스 경쟁력에도 도움이 될 것이라고 생각합니다.

리포트 기사를 쓰는 법에 대해서 이것저것 말씀을 드렸습니다. 다시 한 번 말씀드리는데 기사, 그것도 스트레이트가 아닌 리포트 기사를 쓰는 데 있어서 '왕도'는 없습니다. 대부분 리포트 기사는 사안에 맞게, 상황에 맞게 쓰는 겁니다. 제 강의는 리포트의 외형과 형식에 초점이 맞춰져 있습니다. 그러다 보니까 리포트의 품질을 결정하는 데 외형을 내용보다 중시하는 것처럼 보일까 걱정됩니다. 거듭 말씀드리지만 리포트의 품질은 내용이 결정짓는 겁니다.

리포트의 내용이 부실한 것은 기사를 쓴 기자나 데스크가 무능하거나 최선을 다하지 않은 결과입니다. 불공정하거나 사실과 다른 기사는 대부분, 기자나 데스크가 다루는 사안에 대해서 잘 모르는 데서 비롯됩니다. 만일 데스크나 기자가 진실이 아닌 것을 알면서 보도한다든가, 자신이 맘먹고 왜곡, 확대, 축소한다면 기자이기를 포기한 것으로 봐야겠죠. 얘기가 너무 무거웠나요? 그럼 잠시 쉬어가는 차원에서 옛날 저의 경험담 하나 들려 드리겠습니다.

〈시사매거진 2580〉이 '아주 잘 나가던' 1995년 2월에 있었던 얘기입니다. 벌써 20년 전이군요. 그때 전 지도책에서나 봤던 '마셜군도'로 출장을 갔습니다. 남태평양의 작은 섬나라죠. LA에서 하루 자고 갔으니까, 가는 데만 이틀이 걸렸던 게 기억납니다. 흥미진진하고 의미도 있는 이야기를 취재하러 갔습니다. 모 국회의원의 제보를 바탕으로 취재를 해서 확인한 이야기는 아주 특별했습니다.

태평양 전쟁 때 일제가 마셜군도 중 하나인 밀리 섬에 주둔하게 됩니다. 징용 간 조선인들도 밀리 섬으로 갑니다. 그리고 밀리 섬의 원주민들과 조선인들은 비행기 활주로를 만드는 등의 노역에 시달리게 됩니다. 그러던 중 밀리 섬에서 얼마 떨어지지 않은 치르본 섬에서 조선인과 원주민들이 합세해 일본군에 무력으로 저항하는 사건이 발생합니다. 이들은 결국 모두 죽임을 당함으로써 조선인과 원주민들의 항일 무력시위는 비극적으로 끝나게 됩니다. 이 사건으로 마셜공화국은 한국을 '혈맹국가'로 여기기까지 한다는 얘기였습니다.

1995년 1월 어느 날 희망에 부풀어 김포공항을 떴습니다. 현지 교민이라야 열 명 남짓이었지만 교민회장의 전폭적인 협조 약속도 받아 놓은 데다, 마셜공화국 대통령과 인터뷰도 하기로 한 상황이니 마음이 든든했습니다. 촬영이라면 게다가 영상취재기자는 당시 회사 내에서 최고로 꼽히는 인물이었으니 정말 부족함이 없는 상황이었습니다.

마셜공화국의 수도 마주로에 도착하면서 또 한 번 놀랐습니다. 어떻게 바다가 이렇게 파랄 수 있을까. 정말 사진에서나 보던 그런 물빛이 바로 눈앞에 펼쳐졌습니다. 그리고 정말 마셜공화국의 대통령이 한인회가 주최한 모임에 참석해 '혈맹'이란 말을 했고, 교민회장의 협조 준비태세는 넘쳐서 오히려 부담이 될 정도였습니다. 그리고 작은 비행기를 타고 밀리 섬으로 향했습니다. 거기서부터는 더 환상적이었습니다. 그 푸른 바다와 하늘을 배경으로 녹이 슬 대로 슨 대포가 여기저기 있었고, 야자수 울창한 숲 속에 처박힌 일본 비행기가 그대로 남아 있었습니다. 섬은 태평양 전쟁의 흔적을 아주 선명하게 '보존'하고 있었던 것입니다.

취재도 환상적이었습니다. 나이가 든 밀리 섬의 노인들을 인터뷰할 때 한 노인이 예고도 없이 〈아리랑〉을 부르기 시작하는데, 더운 날씨에도 소름이 돋을 정도였습니다. '한국말 아는 거 없느냐'고 묻자 '담배 없어?'라고 대답할 때는 정말 짜릿했습니다. 남태평양 마셜군도의 한 섬에 사는 원주민이 〈아리랑〉을 부르다니 … 우리말을 아직도 기억하고 있다니 … 역사가 50여 년을 건너 뛰어 갑자기 제 옆에 다가선 느낌이었습니다.

아이템의 제목은 그 자리에서 정했습니다. 〈밀리 섬의 아리랑〉이었습니다. '보너스'로 조선인 징용자와 원주민 처녀 사이에 태어난 그 지역 상원의원과 해변을 걸으며 인터뷰할 때의 기분이란 … 더 이상 좋을 수가 없었습니다.

조선인 징용자들과 원주민이 일본군에 대항해 싸운 치르본 섬에 들어가 그 흔적들을 찾았고, 현지에서 합류한 모 국회의원과 교민회장과 함께 조그만 의식까지 치렀습니다. 여느 취재가 그렇듯 이런저런 부딪침이 없었던 것은 아니었고, 미진하고 맘에 걸리는 부분도 있었지만 그래도 취재된 내용은 길지 않았던 출장 기간, 취재진이 할 수 있었던 최대한이었다고 기억합니다.

서울로 돌아와서도 순탄했습니다. 쓸 거리도 많고 '그림'도 넘쳐나 줄이고 고르는 게 일이었습니다. 편집에 공을 들여 그림을 붙였다 떼기를 수도 없이 반복했습니다. 데스크의 평가도 좋아 '평소보다 7, 8분 더 길게 하라'는 '특혜'도 누렸습니다. 녹화가 끝나자 동료 제작진들의 박

수까지 받았습니다. 모든 게 잘 끝났습니다. 당시 〈시사매거진 2580〉 기자들은 자신이 리포트한 아이템이 나가는 날 회사에서 프로그램을 보도록 돼 있었습니다. 그래야 시청자들의 반응을 즉각적으로 알 수 있고, 방송 직후 들어오는 제보도 받으려는 목적 때문이었습니다.

' ' 작은따옴표

요즘 기사를 보다 보면 유난히 작은따옴표가 눈에 많이 띈다. 상당수의 작은따옴표가 앞서 예로 든 기사 (새누리당, 국회선진화법 개정 추진, 33쪽) 에 나오는 '국회법 정상화 전담팀'에 쓰인 것처럼 사용된다. 취재원이 쓰는 말이라는 점을 밝히려는 의도로 사용하는 것 같다. 그러나 이렇게 쓰이는 작은따옴표는 방송에서는 아무런 의미가 없다. 어차피 방송은 듣는 것인데 작은따옴표를 하는 것과 하지 않는 것이 무슨 차이가 있겠는가? 이름을 거명할 특별한 이유가 있을 때를 제외하고는 '국회법 정상화 전담팀'이라고 쓰는 것은 중립적이거나 객관적이지 않다. 이는 지금의 국회법이 비정상이라는 것을 전제로 한 이름이기 때문이다. 아무리 작은따옴표를 한다 하더라도 특정 집단에서 정파적, 집단적 이해에 따라 쓰는 말을 그대로 받아서 쓰는 것은 가능한 한 피해야 한다.

거듭 말하지만, 방송 기사에서 작은따옴표는 읽는 이에게 조금 강조해서 읽도록 하는 것 말고는 아무런 의미가 없다.

설레는 마음으로 저도 일요일 밤 회사 책상 앞에 앉아 있었습니다. 시청자들의 열렬한 찬사(?) 전화를 기대하면서 말이죠. 그때는 시청자와의 소통이 주로 전화로 이뤄지던 때였습니다. 〈시사매거진 2580〉 시그널이 나가고 두근거리며 제 목소리를 들었습니다. 아이템의 에필로그가 나가고 … '전화가 울릴 때가 됐는데' 하는 생각이 들 무렵, 저쪽 보도국에서부터 전화벨 소리가 나기 시작했습니다. '이쪽에도 곧 오겠지' 할 때 한 후배가 제게 뛰어왔습니다. 누구였는지 기억도 안 나네요.

　"임 선배! 태극기가 거꾸로 나갔대요."

　그 후 어떻게 전화를 받았는지 모르겠습니다. 그날 방송이 나간 동료 기자들, AD들 전부 '죄송'을 연발했다는 것밖에는 기억나는 것이 없습니다. 그랬습니다. 치르본 섬으로 가는 뱃머리에 태극기를 걸었고, 그 섬에서 하지 않아도 됐을 법한 '행사'를 치른다며 태극기를 꽂았는데 … 바로 그때 태극기를 거꾸로 꽂은 것이었습니다. 딱 세 장면이었습니다. 다 합쳐서 길어봤자 10초나 넘었을까요. 태극기에 민감한 분들도 많은 데다 일종의 항일무장봉기를 얘기하면서 태극기를 거꾸로 걸었으니, 잘못에 대한 반응이 클 수밖에 없었습니다. 그래서 꽤 오랫동안 제 마음 속에 〈밀리 섬의 아리랑〉은 '대작'(大作)이 아닌 '거꾸로 걸린 태극기'로 남게 됐습니다.

　방송이란 게 그런 것 같습니다. 촬영하고 편집할 때, 시사(試寫)할 때, 녹화할 때 수많은 사람들이 수없이 봐도 놓치는 게 있습니다. 방송사고를 막는다는 것은 사고가 날 위험성을 줄인다는 것이지 사고를 원천적으로 막기란 어쩌면 불가능할지 모릅니다. 그렇다고 방송사고는 운에 맡기자는 말이 절대 아닙니다. 저는 그때부터 태극기가 나오는 장면에선 긴장합니다. 같은 실수는 하지 말아야죠.

정부 각 부처의 홈페이지에서 방송사가 리포트 기사로 다뤘을 법한 보도자료 3건을 찾아서 리포트 기사를 작성해보기 바랍니다. 인터뷰와 스탠드업도 포함시키십시오. (보도자료를 보고 기사 가치를 판단한다는 것이 여러분에게는 어려운 일이겠으나 그런 고민과 노력이 여러분의 실력을 한 단계 끌어올린답니다.)

09
—
리포트 기사쓰기 실습 (3)

문장과 표현

자꾸 새로운 표현을 찾아보자는 것입니다.

진부한 표현인 줄 알면서도 그냥 편하고 쉬우니까
쓰는 것은 게으름의 또 다른 표현입니다.

좀더 신선한 단어를 찾는 데 힘을 쏟아야 합니다.

제 9강
리포트 기사쓰기 실습 (3) 문장과 표현

현충일에 앞서 국가유공자와 유족들을 초청한
박 대통령은, 선거 결과에 대한 특별한 언급 대신
'속도감 있는 개혁 추진'을 강조했습니다.

배에서 시뻘건 불길이 치솟고
검은 연기가 하늘을 덮습니다.

오래된 풍경
강을 건너려면,
나룻배를 타야 하던 시절이 있었습니다.

우여곡절 끝에 시작된 국정원 댓글 관련 국정조사는
여야가 정치 공방만을 벌이는 데 그치면서
조사결과 보고서조차 채택하지 못했습니다.

세월호 국정조사는 달라야 합니다.

모두 다 리포트 기사의 일부지만, 그 느낌은 사뭇 다릅니다. 제일 처음 나온 기사는 대통령의 움직임을 전하는 리포트의 일부고요, 두 번째 기사는 선박 화재사고를 전하고 있는 리포트의 앞부분 스케치입니다. 세 번째는 문화재청이 안동 하회마을의 뱃사공 등 장인(匠人) 47명을 '마을 장인'으로 지정했다는 내용의 리포트 도입부입니다. 네 번째는 세월호 국정조사를 앞두고 나간 논평의 일부입니다.

리포트 기사는 이렇게 매우 다른 형태를 지닙니다. 논문처럼 아주 '건조'하기도 하고, 시(詩)처럼 '촉촉'하기도 합니다. 전달하는 내용도 가지가지이지만, 그 형태 역시 이렇게 다양합니다. 기자가 때로는 학자, 또 때로는 시인의 마음을 가져야 하는 이유입니다.

이번 강의는 크게 보면 문장력과 표현력에 관한 내용입니다. '어떻게 하면 이 상황을 더욱 생생하게 묘사할 수 있을까', '어떻게 써야 듣는 이들의 마음에 좀더 다가갈 수 있을까', '어떻게 해야 같은 내용이라도 좀 더 함축적으로 쓸 수 있을까' 하는 등의 글쓰기에 관한 문제를 함께 생각해보자는 것입니다.

리포트 기사에서 글솜씨가 가장 필요한 부분은 처음, 즉 '도입부'와 끝부분인 '정리부'[1]라고 할 수 있습니다. 스트레이트 기사를 길게 써서 읽는 스트레이트성 리포트의 경우를 제외하고는 리포트의 도입부는 스트레이트 기사에서의 리드와는 다릅니다. 리포트 기사는 도입부에서 기사 전체의 핵심을 쓰지 않을 수 있습니다. 그렇기 때문에 리포트의 도입부는 같은 사안이라도 누가 쓰느냐에 따라서 크게 달라질 수 있습니다. 끝 문장 역시 마찬가지입니다.

---

1 리포트 기사는 도입부와 본문, 정리부로 나눈다(국립국어원·MBC(2006) 《TV뉴스 문장쓰기》, 시대의 창).

도입부의 유형

리포트 기사의 도입부는 기사의 내용만큼이나 다양하기 때문에 유형을
무슨 혈액형처럼 'A형이다', 'B형이다' 하고 칼로 두부 자르듯 나눌 수
는 없지만, 비교적 자주 접하게 되는 도입부의 유형을 다음과 같이 나
눠 봤습니다. 아래의 분류에 포함시키기 힘든 독창적인 리포트도 적지
않습니다.

● **요약형**

스트레이트 기사의 틀을 유지한 채 역피라미드형으로 쓴 리포트라고
할 수 있습니다. '뉴스의 맛'이 강한 것이 장점입니다. 주로 정치나 경
제, 법조 리포트에 많이 등장합니다. 내용 자체로 임팩트가 있는 기사
의 경우는 웬만한 기교를 부리는 것보다는 스트레이트식으로 담백하게
접근하는 것이 더 나을 때가 많습니다. 도입부의 유형 중 가장 많은 비
중을 차지하고 있을 겁니다.

- 서울을 비롯한 17개 광역단체장 선거에서
  여당인 새누리당은 8곳,
  새정치민주연합은 9곳에서 승리를 거뒀습니다.

- 삼성에버랜드가 이사회를 열고
  내년 1분기 내 상장을 위한 절차를 시작하기로 결정했습니다.

- **특정한 사실, 물건, 장소, 문건 등으로 시작하는 형**

리포트를 어떤 물건이나 장소, 문건 등으로부터 풀어나가는 방식입니다. 시청자들이 뉴스를 좀더 쉽게 이해하도록 하고, 영상편집이 편하다는 장점이 있습니다.

　다만, 설명하는 식으로 리포트를 시작하게 돼 뉴스의 긴박감을 떨어뜨리는 경우도 있습니다.

- 중국 지린성 기록보관소가 추가로 공개한
  일본군 위안부 관련 자료입니다.

  당시 헤이룽장성에 살던 일본인의 한 편지에
  병력, 즉 위안부는 20명, 모두 조선인이며
  국가 총동원 법에 의해 끌려왔다고 적혀 있습니다.

- 떼로 몰려다니며 플랑크톤을 닥치는 대로
  먹어치우는 바다의 불청객 해파리.

  여름철이면 우리 바다에 대거 출몰해
  어장을 망가뜨리고 발전소 가동까지 중단시켜
  연간 3천여억 원의 피해를 낳고 있습니다.

• 스케치형

주로 사건사고 리포트에 많이 등장하는 도입부입니다. 앵커멘트로 리포트의 핵심을 전하고 리포트의 시작은 영상을 설명하는 형식으로 하는 것입니다.

> • 배에서 시뻘건 불길이 치솟고
> 검은 연기가 하늘을 덮습니다.
>
> 제주도 차귀도 남서쪽 108킬로미터 해상에서
> 추자선적 38톤급 유자망 어선 ○○호에서
> 불이 난 건 오늘 새벽 1시 반쯤 …
>
> • 눈 언덕을 빠르게 내달리는 스노우 봅슬레이.
> 즐거운 비명이 쏟아집니다.
>
> 스노모빌이 끄는 보트는
> 눈보라를 일으키며 눈밭을 질주합니다.

이런 형태의 리포트는 영상을 최대한 살림으로써 흡인력을 높일 수 있다는 장점 때문에 '그림이 생생할 때'는 빈번히 등장하는 형태입니다. 그러나 영상이 그다지 인상적이지 않은데 습관적으로 이렇게 시작하면 리포트의 흡인력은 거꾸로 떨어질 수 있습니다.

• 사례형

정부가 발표한 정책이나, 특정 사건, 각종 통계 등과 관련한 보도를 하면서 그 내용을 일반화할 수 있는 사람이나 사건 등을 예로 들어가면서 시작하는 리포트를 말합니다. 지난 강의 때 '모자 씌우기'라는 표현을 써가면서 설명했죠?

> • 해마다 봄가을이면 재채기에 콧물까지,
>   일상생활이 힘든 송 모씨가 병원을 찾았습니다.
>
>   무엇 때문인지 알레르기 진단 용액을 발랐더니,
>   곧 피부가 빨갛게 부풀어 오릅니다.
>
>   자작나무, 참나무 등 여러 가지 수목의 꽃가루에
>   반응을 보인 전형적인 꽃가루 알레르기입니다.
>
>   <mark>사운드바이트: 송 모씨</mark>
>   "꽃놀이 많이 갔다 오시니까,
>   갔다 오면 묻어나는 것도 자극이 돼서 … (생략)"

• 논평형

어떤 사안에 대해 설명하거나, 자신의 견해를 말하는 등의 방식으로 기사를 전개하기 시작하는 리포트입니다. 연조(年條)가 있는 기자들이 어떤 사건이나 사안에 대해 분석, 설명하고 의미를 부여하는 리포트를

216

할 때 등장하는 도입부입니다. 주관(主觀)으로 흐를 위험성이 있으므로 최대한 치우치지 않은 시각으로 사안에 접근해, 사실(*facts*)을 바탕으로 써야 하는 리포트입니다

- 협치라는 말이 자주 거론되고 있습니다.

  국어사전에 없는 말입니다.

  이번 지방선거 유세에서 그리고
  단체장으로 당선된 사람들이 이 말을 쓰고 있습니다.

  행정업무 체계를 전문용어로 거버넌스라고 하는데
  이 말을 번역한 것이라고 합니다.

  그보다는 한자로 쓰인 뜻대로
  협력하는 정치로 이해하는 게 쉬울 것 같습니다 … (생략)[2]

- 사운드바이트: 이명박 대통령
  "이를 지키는 것이 국익에 반하면 계획을 변경하는
  결단을 내릴 수밖에 없습니다."

  약속파기를 사과했지만, 못 지킬 약속을 왜 했는지
  해명이나 성찰은 찾아보기 어려웠습니다.

---

2 2014. 6. 9. MBC 라디오 〈뉴스포커스〉 논평, '협치를 주목한다'의 도입부.

그래서인지 결과적으로 잘된 결정이라는 평가 속에서도
대통령 칭찬을 접하기는 쉽지 않습니다.

"공항을 하고 안 하고보다 중요한 것은 왜 한다고 했으며,
왜 안하게 됐는지 얘기를 해줘야 … "[3]

   아까도 말씀드렸지만, 도입부가 위에서 말한 그 어느 형태에도 속하
기 어려운 독특한 것들도 있고, 또 이렇게도 볼 수 있고 저렇게도 볼 수
있는 것도 있을 수 있습니다. 사실 도입부가 어느 유형에 속하느냐는
분류 자체는 별 의미가 없습니다. 중요한 건 리포트를 할 사안의 성격
을 볼 때, '어떻게 시작하는 게 적절하냐' 하는 것입니다. 이를테면 긴
박한 사건의 발생을 전하는 리포트를 논평하듯이 '설명조(調)'로 시작
해서는 안 되고 북한과 일본의 관계 개선 움직임에 대한 분석 리포트를
스케치로 시작하는 것은 아무래도 자연스럽지 않을 것 같습니다.
   리포트를 어떤 식으로 시작할지를 결정하고 나면 이제 첫 줄을 어떻
게 써야 할지를 고민해야 하는데, 스트레이트 기사의 첫 문장과 비슷한
요약형 도입은 조금 덜 하지만, 다른 유형의 도입부에서는 첫 줄을 쓰
기가 가장 어렵고 부담스럽습니다.

---

3 2011. 4. 5. MBC 〈뉴스데스크〉, '약속파기 언제까지'의 도입부.

진부한 표현 (1)

• 수마가 할퀴고 간

홍수 피해를 말할 때 자주 등장하는 말이다. 틀린 말은 분명 아니고 가끔 쓸 수도 있는 말이지만, 신선하지는 않다. 특히 홍수 피해를 입은 여러 지방에서 기자들이 리포트를 할 경우 몇 군데에서 같은 말을 쓸 경우는 듣기 거북하다. '수마가 할퀴고 간' 다음에 나오는 말로 '복구의 구슬땀'도 있다. 왜 복구할 때는 꼭 '구슬땀'을 흘려야 되는지 모르겠다.

• 하마터면 대형사고로 이어질 뻔했던 아찔했던 순간입니다.

요즘은 좀 뜸해졌는데 한때는 정말 많이 나오던 말이었다. 누군가는 이 말이 나와야 '안도감'을 느낀다고도 할 정도였으니까.

• 팔짱을 낀 채, 뒷짐을 진 채, 나 몰라라 하는 식의

행정당국이 할 줄 아는 게 세 가지라는 우스갯소리도 있다. '팔짱을 끼거나, 뒷짐을 지거나, 나 몰라라 하거나'라는 거다. 행정당국을 비판할 게 있으면 정확하게 '무엇 무엇을 하지 않았다' 하는 식으로 써야 되는데 두루뭉수리하게 그냥 습관처럼 쓰는 말은 아무런 영향력도 없다. 보는 행정당국, 기분만 상하게 할 뿐이다.

도입부와 문장력

여러분들은 뉴스를 보면서 리포트 내용이나 기자의 생김새, 또렷한 음성 말고, 기사에 '매료'돼본 적이 있으신지요? 기사라는 글 자체에 끌려본 적이 있느냐는 거죠. 소설이나 시를 읽을 때처럼 말이죠. 저의 경우 요즘은 그런 리포트를 들어본 기억이 별로 없습니다. 사실 뉴스에 그런 류(類)의 리포트가 많아도 안 되겠죠. 기사는 기자의 감정을 최대한 배제한 채 '드라이'하게 쓰는 게 원칙이니까요. 또 사실로서 사람을 감동시키는 것이지, 현란한 글 솜씨로 시청자들을 꾀어서도 안 되는 거니까요. 그러나 가끔 리포트 기사에도 필력(筆力)이 요구될 때가 있습니다. 사건 전체의 특징을 맵시 있게 짧은 글로 뽑아내거나, 뉴스 속 인물의 감정을 묘사하거나, 눈앞에서 벌어지고 있는 어떤 상황이나 풍경을 적확하게 표현할 필요가 있다는 겁니다. 그리고 그런 필요는 첫 문장에서 특히 많이 느끼곤 합니다.

자, 그럼 첫 문장을 포함한 리포트 도입부를 한번 봅시다. 먼저 영어권 방송의 리포트부터 보겠습니다. 왜 뜬금없이 외국 방송이냐고요? 우리와 많이 다르기 때문입니다. 그들의 것을 먼저 보고 우리 것을 보면 뭔가 좀 다른 시각이 생길 수 있다고 봅니다. 세월호 참사에 관련한 외국 방송사의 리포트 중 도입부 몇 개만 보겠습니다.

- 배는 소식을 싣고 옵니다. 희망을 품게 하기도 하고, 희망의 끝을 내기도 합니다. 걱정에 찬 유가족에게 이는 힘든 기다림입니다. 이번에는 세 명의 시신이 인양됐습니다.

(시신을 인양한 배가 항구로 들어오는 영상)

Boats here bring news. They build hope and they can end it. For anxious families it's an agonizing wait. This time it was three bodies. (BBC, 2014.4.18.)

• 또 다른 하루의 수색작업. 또 다른 하루의 암울한 발견. 침몰한 세월호로부터의 이어지는 시신. 시신 인양작업을 지켜봤습니다.

Another day of searching. Another day of grim discoveries. Body after body from the sunken "Sewol" ferry. We watched as several bodies were pulled out of the water. (CNN, 2014.4.20.)

• 가장 슬픈 행렬, 더 이상 나이 들지 않을 학생들의 영정사진 … .
(학생들의 영정 사진들이 줄 지어 있는 영상)

A procession of the saddest kind, portraits of the young who will now never grow old. Laid on a bed of flowers of this makeshift memorial site in Ansan … (CNN, 2014.4.23.)

번역해놓은 기사를 보는 것보다 원문을 읽어 봐야 표현력을 가늠할 수 있습니다. 어떻게 느끼셨는지요. 시의 한 구절 같은 느낌을 주기도 하고, 너무 멋을 부린 것 같기도 합니다. 어쨌든 기자가 매우 고민한 흔적은 느껴집니다. 자, 이제 우리 리포트들을 좀 봅시다. 역시 세월호 관련 리포트들을 봤습니다. 사실만 전달하기도 너무나 버거웠던 탓이었겠지요. 문장으로서 눈에 들어오는 도입부 기사를 찾기가 쉽지 않았습니다. 글로서 눈에 들어오는 리포트 도입부는 주로 실종자 가족이나 유가족의 슬픔, 숨진 단원고 학생들의 사연, 이들의 영결식과 같은 비극적인 상황에 대한 묘사를 하는 것들이었습니다.

- 추위도 잊은 채 그저 바다만 바라보는 어머니.

  시신을 실은 배가 항구에 도착할 때마다
  삶과 죽음이 교차하는 칠판 앞에서
  가족들은 또 가슴을 쓸어내립니다.

- 하나둘 촛불이 켜집니다.
  빗줄기에도 아랑곳하지 않습니다.

  이틀째 돌아오지 않는 실종학생 245명의 생존을 기원하는
  간절한 마음을 촛불에 담습니다.

- 실종자 가족들의 슬픔과 절망이 가득 찬 팽목항에
  노란 물결이 일었습니다.

  이름을 부르듯 바다를 향해 휘날리는 노란 리본.

확인된 시신의 명단이 적혀 있는 게시판을 '삶과 죽음이 교차하는 칠판'으로 묘사했는데, 이런 표현은 현장에 있지 않았으면 쓰기 힘든 문장이었을 것입니다. '이름을 부르듯 바다를 향해 휘날리는 노란 리본'과 같은 표현도 괜찮습니다. 노란 리본들이 바람에 나풀대는 장면이 선하게 떠오르지 않나요? 별 감흥을 느끼지 못하는 분들도 있겠지만 이정도의 표현도 쉽게 써지는 것은 아닙니다.

사실 세월호 참사 때의 기사를 쭉 봤는데 표현력이 돋보이는 기사는 그리 많지 않았습니다.

조사(弔詞)처럼 지나치게 감성적인 글도 있었고, '울부짖고', '목 놓

아 울고', '울음을 터뜨리는'처럼 직설적인 묘사가 잦았습니다. 비극적인 사건을 앞에 두고 앞서 본 외국방송의 리포트처럼 '버터' 냄새나는 문장으로 시작할 경우, 거부감을 줄 수도 있을 것입니다. 뭔가 '꾸민다는 것' 자체가 상황과 어울리지 않을 수도 있겠죠. 또, 워낙 급박하게 돌아가는 상황 속에서 좋은 표현을 생각할 여유도 없었을 것입니다. 이런 상황을 충분히 짐작하고 이해하나, 그래도 표현을 어떻게 하느냐는 기자라면 언제나 고민해야 하는 문제입니다.

방송기사의 문장이 엇비슷해 보이는 까닭이 몇 가지 있습니다. 우선, 취재하고 기사 쓰고 하는 현장의 상황이 표현을 어떻게 할까를 고민할 수 있는 시간적, 정신적 여유를 주지 못하는 경우가 대부분입니다. 또 스케치가 중심이 되는 리포트는 연조가 낮은 기자들의 몫이 되는 경우가 많기 때문입니다. 또한 스트레이트성 리포트에서 문장을 색다르게 쓰는 데에는 여러 가지 '위험'이 따르는데 이를 감수할 의지가 없기 때문이기도 합니다. 이런 이유들로 방송뉴스에서는 인상적인 문장을 찾아보기가 어렵지 않나 생각합니다.

진부한 표현(2)

• 제도에 대한 대대적인 손질에 나섰다.

이럴 때 나오는 '대대적인'이 정말 대대적인 것이라면 모르겠는데, 행위의 주체가 과장한 표현을 그냥 관행적으로 받아들여 쓰는 것은 아닌지 되돌아볼 일이다.

• 강도 높은 조사에 들어갔습니다.

검찰의 수사 앞에 '강도 높은'이란 수식어가 따라 붙는 기사가 많다. '수사의 강도가 높았는지 별로 높지 않았는지'는 취재해보고 썼다면 할 말 없지만 그냥 습관처럼 썼다면 문제다.

• 전격 압수수색했습니다.

압수수색은 원래 '전격적'으로 하는 것이다. 예고된 압수수색이 무슨 소용이 있겠는가.

이 정도의 단어들은 기사를 꾸며 주는 일종의 '장식'처럼 붙일 수도 있는 것 아닌가 하는 반문도 있을 수 있지만, 기사의 생명은 '정확성'과 '간결함'에 있다는 점을 명심하자.

정리부

리포트의 끝부분을 말하는데, 리포트의 내용이나 형태가 너무나 다양해서 '어떻게 끝내는 것이 가장 좋다'고 일반화하기는 불가능합니다. 단 몇 가지 주의해야 할 점, 피해야 할 점은 말씀드릴 수 있을 것 같습니다.

• 상투적인 결론은 쓰지 맙시다

요즘은 많이 없어졌지만, 한때는 '나 몰라라 하는 행정당국 때문에 농민들의 가슴을 새까맣게 타들어가고 있습니다' 같은 식의 마지막 문장이 많았습니다. 써도 그만 안 써도 그만인 말은 기사가 아닙니다. 가뜩이나 짧아 귀중한 시간에 그런 글을 쓰느니, 사실 하나, 정보 하나라도 더 전하는 게 훨씬 낫습니다.

• 전문가 인용은 정확하게 합시다

'전문가들은 ~라고 지적하고 있습니다'라는 말이나 누가 지적하는지도 잘 모르게 써 놓고 '~라는 지적입니다'라고 넘어가는 끝 문장을 꽤 자주 볼 수 있습니다. 여러분도 익숙할 겁니다. 실제로 전문가들을 취재해서 그렇게 쓸 수도 있겠지만, '자신의 생각'을 '전문가의 지적'으로 둔갑시킬 때도 있습니다. 이런 건 피해야 합니다. 귀담아들을 만한 전문가의 지적은 인터뷰를 해서 내보내는 게 맞고, 그 전문가가 카메라 앞에서의 인터뷰를 피한다면, 신문처럼 이름을 밝히면서 그의 발언을 인용하는 방법도 생각해봐야 합니다.

• '결론을 위한 결론'은 필요 없습니다

리포트 하는 기자는 자신이 취재한 내용의 '결론'을 내리고 싶어 합니다. 비록 1분 20초를 썼어도 뭔가 매듭을 짓지 않으면 허전한 마음이 들기 마련입니다. 그러나 듣는 사람들의 입장에서는 '결론'은 기자가 내주지 않아도 압니다. '결론'을 모르게 기사를 썼다면 그건 기사에 문제가 있다는 얘기죠. 무엇보다도 기사에 '결론'은 필요 없을 때가 많습니다. 기사란 보고 듣는 이 스스로가 '결론'을 내릴 수 있도록 정보를 제공하는 것이니까요.

물론 촌철살인의 문장으로 리포트의 정리부를 장식할 수 있다면 그건 좋은 일입니다. 그러나 그냥 끝내기가 허전해서 쓴 '결론'은 쓰지 않는 게 좋습니다. 뭔가 한마디쯤 더 나올 것 같은 분위기에서 '냉정하게' 리포트를 끝내는 게 좋은 마무리일 때가 많다는 거죠. 리포트의 정리부는 왕왕 기자의 스탠드업과 연결돼 더욱 고민스러운데요, 앞서 피해야 할 것들을 피하는 선에서 최대한 인상적으로 쓸 수 있도록 노력해야 합니다.

좋은 표현이란?

리포트 기사에서 좋은 표현이란 어떤 것을 말하는 걸까요? 좋은 표현이
지녀야 할 조건들은 무엇일까요? 좋은 표현을 위해 해야 될 일들은 무
엇일까요? 지금부터 함께 생각해봅시다.

• 울림이 있고, 신선하며, 적확(的確)하고

보도하는 내용의 다양함을 헤아릴 수 없듯이 기사가 표현해야 할 느낌
이나 상황, 대상들도 무한합니다. 그때그때 꼭 알맞은 표현을 하는 찾
는 일은 매우 어려운 일이죠. '돌 한 개를 묘사하는 데도 그것에 가장 알
맞은 단 하나의 낱말을 찾았다'는 프랑스 작가 플로베르[4]의 일물일어설
(一物一語說) 까지 떠올리면 더욱 부담입니다. 두 가지 사례만 들어보
겠습니다. 인터넷에서 리포트 전체를 찾아 '감상'하시면 좀더 감이 잡
힐 것입니다.

'사람들에게 자신이 나온 여러 장의 사진 중 장례식에 쓸 영정사진을
골라보라고 했더니 공통적으로 미소를 띤 사진을 고르더라'는 내용의
도쿄에서 온 리포트[5]입니다. 아래 기사는 리포트의 마지막 부분이고
영상은 사람들이 고른 자신의 영정사진들이 쭉 걸려 있는 전시회장과

---

4 플로베르(Gustave Flaubert, 1821~1880) : 프랑스의 사실주의 소설가, 《마담
보바리》의 작가로 유명.
5 2012. 5. 14. MBC 〈뉴스데스크〉.

미소 짓고 있는 사람들의 사진들입니다.

의문을 갖고 직접 고르게 해본 결과,
모두들 가족과 친구들에게 따뜻함을 줬던 밝은 모습으로
기억되길 바랐습니다.

사운드바이트: 코다 카즈오(62세)

"미소를 짓는 게 장례식장에 올 분들에게도 따뜻함을 주겠죠.
언짢은 얼굴은 장례식을 어둡게 만들지 않을까요?"

미래의 영정 속 깊은 미소들,
'죽음 이후 어떻게 기억될까?' 쉽지 않은 질문과 함께
지금의 내 모습을 돌아보게 만들고 있습니다.

'미래의 영정', '깊은 미소' 그 자체로서도 느낌이 오지만, '영정'과 '미소'가 연결되면서 더욱 묘한 분위기를 자아냅니다. '죽음 이후 어떻게 기억될까?'와 '내 모습을 돌아보게 만든다'란 문구가 서로 이어지며 묵직하게 가슴에 와 닿습니다.

두 번째 사례는 날씨와 관련한 스케치 기사입니다. 밑줄 친 부분의 표현에 주목하세요.

• 한낮의 열기가 좀처럼 가시지 않는 밤.
시민들의 발길은 끈적한 야외 대신
시원한 극장으로 향합니다.

더위로 하루 종일 지쳤던 하루도
영화 한 편이면 날아갑니다.

• 난데없이 하늘에서
어른 손톱만 한 우박이 떨어집니다.

'끈적하다'는 형용사는 후덥지근한 여름밤을 잘 나타내고 있고, '하루
가 날아간다'는 말은 앞의 '더위'라는 말과 맞물려 자연스럽게 느껴집니
다. 우박의 크기를 놓고 '어른 손톱'을 떠올린 것도 신선합니다.
   여러분들이 사례로 든 기사에서 뭔가 울림이 있고, 신선하고, 적확
하다는 느낌을 받으셨다면 그 기사는 '좋은 표현'을 한 것입니다.

•영상과 잘 어우러지는 표현

좋은 표현은 영상과 어우러져야 빛이 더 납니다. 비단 무엇을 묘사하는
것뿐만 아니라 자신의 생각을 표현하는 글일지라도 영상을 고려하지
않을 수 없는 게 방송 리포트의 기사입니다. 거꾸로 영상이 따라올 수
없는 기사의 경우, 그 내용에 걸맞은 영상을 찾아내고 만드는 것이 방
송 리포트인 것입니다. 무슨 말인지 조금 복잡한가요? 기사를 보면서
얘기해 봅시다.
   이 기사는 2003년 6월, 한·일월드컵 1주년을 맞아 방송된 연속 기
획보도의 첫 방송 리포트[6]의 도입부입니다. 전체 기획의 프롤로그로
만들어진 것이죠.

―――――
6 2003. 5. 28. MBC 〈뉴스데스크〉.

월드컵 1년 연속기획보도 "대~한민국"

영상	기사
# 붉은 색 응원단으로 　꽉 찬 축구경기장 # '대~한민국'을 외치는 　응원단 스케치	현장음: '대~한민국' 박수소리 대한민국의 함성이 환청처럼 귓가를 떠나지 않았던 지난해 초여름 한 달은 꿈같았습니다.
# 붉은 악마 카드섹션 　'꿈은 이루어진다' # 홍명보 골인 장면 # 시청 앞 응원 장면 # 눈물 흘리는 응원단 표정	꿈은 이루어진다는 말은 마치 예언처럼 나타났지만, 정말 꿈은 이루어졌습니다. 우리가 이룬 꿈은 안에서만 꿈틀거렸던 자존심의 비상이었고 우리의 동질성에 대한 확인이었습니다.
# 어린이집 어린이들 # 노인복지센터 노인들	아직도 그때 이루어진 꿈은 유효합니다. (생략)

　'사실을 객관적으로 쓴 글'이라는 기사의 전통적인 의미에서 본다면 위 글은 기사와는 다소 거리가 있는 글입니다. 신문에는 칼럼, 논평, 사설 등의 서로 다른 스타일의 글이 구분되어 실리지만, 방송은 한 뉴스 프로그램에 여러 형태의 글이 뒤섞여 나갑니다. 그 글들 모두 기자가 썼기에 기사라고 불리죠. 방송에서는 가끔 이런 형태의 문장력도 요구됩니다. 그리고 이런 기사일수록 영상을 감안해 작성해야 합니다.

두 번째 사례입니다. 이번엔 실사(實寫)가 있을 수 없는 상황에서 컴퓨터그래픽으로 영상을 만들어 표현한 기사입니다.

2012년, 용의 해를 맞아 만든 리포트[7]입니다. 용의 사진이 있을 수 없을 테고 기사의 내용을 보니 도대체 어떻게 영상을 만들었는지 궁금하지 않으십니까? 한번 다시보기로 찾아보세요.

뉴스쓰기 지혜롭고 용맹한 '용'

영상	기사

# 용을 그리는 장면 	
  (화면 분할 편집)
# 화가가 용의 눈을 	
  그리는 모습
# 구름 속의 용 그림 	
	화룡점정.
	
	눈동자를 그려 넣으니
	구름의 타고 홀연히 하늘로 올라갔다는
	전설의 주인공.

# 용 그림을 바탕에 	
  두고 낙타, 토끼, 사슴,
  잉어 등을 CG로 합성한
  영상
	낙타의 머리와 토끼의 눈, 사슴 뿔,
	호랑이의 발과 매의 발톱,
	잉어의 비늘까지
	이렇게 하늘과 땅과 물에서
	가장 지혜롭고 용맹한
	아홉 가지 동물을 상상으로 조화시킨 게
	바로 용입니다.

영상과 잘 어우러지는 표현을 쓰기 위해선 먼저 취재된 영상을 세밀히 보는 것이 필수적입니다. 취재 현장에서 영상취재기자와 상의도 하

---

7 2012. 1. 1. MBC 〈뉴스데스크〉.

겠지만 영상취재기자는 자신의 관점에서 아이템에 적합한 장면들을 촬영하기 마련입니다. 그래서 비록 영상취재기자와 함께 현장에 있었다 하더라도 미처 보지 못했던 장면이 영상에 담겨 있을 때도 있고, 눈으로 봤을 때와는 또 다른 감정을 주는 영상들을 볼 때도 있습니다. 적절한 표현이 생각나지 않을 때 영상을 몇 번씩 뚫어지게 보다 보면 갑자기 근사한 어휘가 떠오를 수도 있습니다.

• 영상이 주는 느낌을 묘사하라

영상을 놓치지 않는 건 좋은데, 영상을 그대로 설명만 하는 식의 기사는 곤란합니다. 이를테면 단풍철 헬기를 타고 스케치를 하는데 등산객들이 헬기를 향해 손을 흔들어 주는 장면이 카메라에 잡혔다고 합시다. 그 영상을 깔고 '등산객들이 산 정상에서 손을 흔들어댑니다'라는 식으로 그림을 설명하는 스케치 기사보다는 '단풍은 사람의 마음까지 넉넉하게 만든 것 같습니다' 하는 식으로 그 영상이 주는 '느낌'을 쓰는 게 조금 더 상수(上手)라는 얘기입니다. 예를 하나만 들어보겠습니다.

제가 〈시사매거진 2580〉에서 "94년 겨울, 서울 난곡"이란 제목으로 리포트를 한 아이템입니다. 지금은 재개발돼 없어졌지만 90년대만 해도 서울 난곡은 서울의 대표적인 산동네였습니다. 산비탈에 조그만 집이 정말 따개비처럼 다닥다닥 붙어 있던 곳이었죠. 그러다 보니 전신주에는 각 집으로 가는 전선들이 정말 얽히고설켜 있었습니다. 그 모습이 매우 상징적이고 인상적이었습니다. 그 영상에 이런 기사를 썼던 것으로 기억합니다.

'생활보호대상자, 영세민, 취로사업, 가출, 막노동,
궁색하고 삭막한 모든 낱말들이 <u>얽혀 있는</u> 이곳 …

역시 〈시사매거진 2580〉에서 소년소녀가장과 관련한 리포트를 하면
서 쓴 기사입니다. 아이들이 사는 방을 묘사하는 기사였는데 방은 나름
깨끗하게 정돈된 모습이었지만 카메라에 '고장난 벽시계', '빈 형광등
갓'이 잡혔습니다. 이 커트를 살린다고 '시계가 고장 났다, 형광등도 빠

져 있다'는 식으로 그림 그대로 묘사하는 것은 별 재미가 없습니다. 그
때 쓴 기사는 대략 이랬습니다.

> 녹슨 형광등 갓과 멈춰버린 시계 바늘이
> 이들이 느끼고 있을 보살핌의 허기를 짐작케 합니다.

• 습관적인 표현은 버려라!

유감스럽지만 리포트를 보고 들으며 뜻밖의 단어나 감탄할 만한 표현
을 만나기는 정말 쉽지 않습니다. 너무 틀에 박힌 말로 아무 감정도 주
지 않거나 아니면 손이 오그라드는 표현을 볼 때가 많습니다. '간지러
운 것이냐, 참신한 것이냐'는 종이 한 장 차이인 만큼 시청자 개개인의
평가에 맡긴다 하더라도 틀에 박힌 표현이나 묘사는 최대한 피해야 합
니다. 이를테면 이런 기사들이죠.

- 등산객들은 연신 셔터를 누르며 …

- 한 폭의 동양화를 보는 듯합니다.

- 나무마다 피어난 눈꽃은 화려한 자태를 뽐냅니다.

- 물놀이장과 유원지에는 해맑은 어린이들의 웃음소리가 넘쳤습니다.

이 표현들이 잘못됐다는 것이 아닙니다. 진부하다는 것이죠. 카메라
셔터는 왜 꼭 '연신' 눌러야만 하고, 좋은 풍경은 왜 꼭 '한 폭의 동양화'

이며 꽃들은 뽐낼 게 꼭 '자태'뿐이고, 어린이들은 백이면 백 모두 '해맑은' 건지 하는 생각이 들지 않습니까? 자꾸 새로운 표현을 찾아보자는 것입니다. 진부한 표현인 줄 알면서도 그냥 편하고 쉬우니까 쓰는 것은 게으름의 또 다른 표현입니다. 언제부터인가 국어사전을 찾는 기자들을 보기 힘들어졌습니다. 어휘력이 풍부해서 사전 찾을 필요가 없다면 모르겠지만 새로운 단어에 대한 갈망이 없기 때문이라면 걱정이죠. 들어보면 무슨 뜻인지 알고 있는 단어는 만 개인데, 기사를 쓸 때 사용하는 단어는 고작 천 개에 불과한 건 아닌지 한번 곱씹어 볼 일입니다. 좀더 적확하고, 신선한 단어를 찾아 쓰는 데 힘을 쏟아야 합니다.

지금까지 리포트 기사를 쓰면서 생각해봐야 할 '좋은 표현'에 관하여 얘기해 봤습니다. 기자를 지망하고 있는 여러분들에게는 너무 멀어 보이는 일을 얘기한 것 같아 걱정됩니다만, 오늘부터라도 당장 뉴스를 보고 들으면서 기자들의 '필력'에 좀더 관심을 갖고 모니터해보길 권합니다. 모니터를 하다가 괜찮은 표현이나 어휘가 나오면 꼭 메모해두는 습관을 길러보세요. 나중엔 큰 재산이 될 것입니다.

스케치 리포트

명절 때나 심하게 덥거나 추울 때, 폭우나 폭설 같은 자연재해가 있을 때는 으레 스케치 위주의 리포트가 등장합니다. 스트레이트 기사는 기자마다 큰 차이가 나지 않지만 스케치 기사는 기자들마다 색깔이 퍽 다릅니다. 단어 하나 표현 하나가 리포트를 돋보이게 혹은 별 볼 일 없게 만들기도 하죠. 그래서 스케치 기사에 부담을 느끼는 기자들도 많이 있습니다. 앞서 얘기한 '좋은 표현'은 기본이고요. 그밖에 스케치로 된 리포트를 만들 때 마음에 새겨둬야 할 몇 가지 사항들을 얘기해보겠습니다.

● 적절한 스케치 대상을 찾아야 합니다

휴일이나 명절, 더위나 추위, 봄가을엔 꽃 소식이나 단풍 얘기 … 단골로 등장하는 스케치 리포트들입니다. 전 개인적으로는 여러분들이 기자가 됐을 때는 이런 리포트는 그만 나갔으면 좋겠는데 아마도 완전히 끊어지긴 어려울 겁니다. 그때 여러분이 이런 스케치 리포트를 맡게 되면, 이때 '수십 년 해온 것과는 뭔가 다른 것을 하겠다'라는 의지를 갖고 스케치의 대상을 찾는 데 조금 더 고민하십시오. 얼마 전 스케치 리포트로 폭염에 녹아 주름이 생긴 아스팔트에 대해서 얘기한 것이나, 더위에 닭들이 죽을까 비상 걸린 양계장의 모습을 담은 것, 한 해 마지막 날을 스케치하면서 입영하는 아들과 어머니의 모습을 전한 것 등은 제 기억에 좋은 스케치 기사로 남아 있습니다.

• 인터뷰는 자연스러워야 합니다

'해운대 해수욕장에 백만 명 몰렸다' 이런 리포트를 하는데, 해수욕장 관계자가 사무실에서 와이셔츠 차림에 '작년보다 훨씬 많다' 이런 내용의 인터뷰를 하면 어울리겠습니까? 만약 이 관계자와 꼭 인터뷰하고 싶다면 해수욕장 모래밭으로 '끌어내야' 합니다. 그리고 최대한 자연스럽게 작년과 비교해서 얘기할 수 있도록 기자가 리드를 해야 합니다. 다른 인터뷰들도 마찬가집니다. 가장 자연스러운 내용과 모습을 찾고 만들어 내십시오. 예를 한번 들어보겠습니다. 화면을 함께 보면 여러분들도 느끼시겠지만 전 이런 인터뷰들이 좋아보였습니다.

- 전국 3백 개 전통시장이 추석을 맞아
  일제히 사은행사에 들어간 가운데(복권 긁는 모습)

사운드바이트: 시민
"이쪽에 와서 긁으래요. 100% 당첨이네요, 좋습니다. 하하~"[8]

- 시민들의 표정엔 기대와 희망이 가득합니다.

사운드바이트: 어린이
"아빠 매일 돈 50만 원 벌고
행복한 가정이 됐으면 좋겠어요."[9]

---

8 2013.9.14. MBC 〈뉴스데스크〉.
9 2013.2.24. MBC 〈뉴스데스크〉.

이 두 인터뷰를 다시보기로 보셨다면 알아채셨을 텐데 특징이 뭡니까? 네, '자연스럽다'는 것입니다. 인터뷰는 무엇보다도 자연스러워야 합니다. 자연스러움이 나올 때까지 기자는 질문을 할 때도 이런 식, 저런 식으로 물을 줄도 알아야겠죠. 자연스러운 것은 현장음이 최고입니다. 물론 연출되지 않은 현장을 말합니다. 취재원끼리 하는 말을 그대로 '따서' 들려주는 것이죠. 이것도 한번 예를 들어보겠습니다.

• 색동한복을 곱게 차려입은 아이들로 명절분위기가 한창입니다.

사운드바이트: 엄마와 아이

"엄지손가락을 넣고 이렇게 돌리니까, 송편이 만들어졌네? 그렇지?"[10]

현장음을 잘 포착하기 위해선 취재 현장에서 적절한 사례를 기다리는 인내와 일단 발견되면 순간을 놓치지 않고 촬영과 녹음을 하는 민첩함이 요구됩니다.

•지나친 감정이입은 금물입니다

스케치 리포트를 보다 보면 기자가 지켜보는 사람으로 있다가 느닷없이 취재대상 인물과 동일체가 되는 경우가 많습니다. 이런 경우들이죠.

피서객들은 무더위가 반갑기만 합니다.

---

10 2013. 9. 20. MBC 〈뉴스데스크〉.

기자가 피서객이 된 겁니다. 그 많은 피서객들이 무더위를 다 반가워할까요?

> 파도에 몸을 맡기고 물놀이를 하다 보면
> 무더위도 일상의 피로함도 어느새 모두 잊게 됩니다.

기자가 이번엔 물놀이하는 사람이 됐습니다.

> 양손 가득 풍성한 장바구니에
> 손님도 상인도 마음 넉넉한 하루였습니다.

표현은 넉넉해 좋습니다만, 손님도 상인도 다 넉넉했을까요? 그해는 경기가 좋지 않아서 예년보다 훨씬 적게 팔았다면 상인이 넉넉한 마음을 가졌을까요? 없는 돈에 겨우 장을 봤다면 손님의 마음은 넉넉하겠습니까?

이렇게 남의 맘속을 들여다본 것처럼 쓰거나 몇 사람 혹은 몇 군데의 모습을 보고 전체를 말해 자칫하면 사실이 왜곡될 가능성도 있습니다. '전지적 작가 시점'은 소설에나 나오는 것이지 기사에 나와서는 안 됩니다. 감정이입을 지나치게 하다 보면 리포트의 사실성을 떨어뜨려 스케치는 기사가 아니라는 인상을 심어주게 됩니다.

● 영상의 흐름을 우선하라!

특정한 정보를 전달하는 일반 리포트의 경우 영상 편집은 기사 위주로 하게 됩니다만, 스케치 기사는 영상의 흐름이 어떻게 가는 것이 좋은가를 생각하고 그 영상의 흐름에 맞춰 기사를 작성하는 게 바람직합니다. 기자의 오디오도 영상 편집을 한 뒤 입히는 것이 좋습니다.

이번 강의를 정리해보죠. 이번 강의는 한마디로 문장력과 표현력에 관한 것이었습니다. 도입부에 관한 얘기도 간단히 말하자면 리포트의 시작을 흡인력 있게 하라는 것입니다. 기자는 취재력과 치우치지 않은 시각뿐만 아니라 기사를 잘 쓰는 능력을 가지고 있어야 합니다. 표현력이 떨어지면 '좋은 기사'라도 그만큼 빛을 잃게 됩니다.

'좋은 기사'를 쓰도록 노력하라는 말은 지금 언론사 입사를 준비하는 분들에게는 '배부른' 소리로 들릴지도 모르겠습니다. 그런데 좋은 표현을 할 수 있는 능력은 '단시간에 밤새워 공부한다'고 얻어지는 것은 아닙니다. 타고난 재능도 중요하겠지만 오랜 기간 노력의 결실일 때가 많습니다.

여러분에게 거듭 얘기하는데요, '좋은 표현'은 볼 때마다 적어 놓으십시오. 그리고 틈만 나면 들춰서 읽어보십시오. 그런 일이 몸에 배게 하십시오. 그러다 보면 기자가 되고 난 뒤 어느 날, 여러분은 글을 잘 쓰는 기자가 돼 있을 것으로 확신합니다.

●●● 과제

각 방송사의 저녁종합뉴스에서 문장력이나 표현력이 돋보이는 리포트 5개를 고르고 그 이유를 말하시오.

10

—

양방향 리포트와
스튜디오 리포트

사람들은 자신들이 정말 궁금해 하는 것을
앵커가 물어보고
이에 대해 기자가 대답해주기를 기대합니다.

그 기대에 부응하도록 쓰는 게
바로 양방향 리포트의 기사작성 원칙입니다.

기사가 그런 식으로 잘 돼 있으면
방송도 매끄럽고 자연스럽게 되기 마련입니다.

양방향 리포트 스튜디오 리포트

"방송기자는 방송을 잘해야 한다."

　당연한 말이지만 '학생은 공부를 잘해야 한다'는 것처럼 실제는 어려운 일입니다. 기자는 기사를 잘 써야 하고, 방송기자는 기사도 잘 쓰고, 방송도 잘해야 합니다. 애써 취재하고 공들여 쓴 기사를 들고 스튜디오에 들어갔는데, 정작 방송을 하면서 버벅거린다면 시청자들은 대체로 기사보다는 어설픈 기자의 모습에 더 신경을 씁니다. 안타까운 일이죠. 여러분들도 뉴스를 보면서 그런 장면들을 보신 적 많을 겁니다. 취재한 것을 잘 전달하기 위해서는 방송을 잘해야 합니다.

　그리고 방송기자는 얼굴이 알려지는 게 좋습니다. 물론 좋은 이미지로 말이죠. 그래야 취재에도 많은 도움이 됩니다. 리포트 스탠드업을 통해서도 자신을 알릴 수 있지만 그보다는 스튜디오에 출연하거나, 대형 사건사고 때 중계차 생방송을 하거나, 전화로라도 긴 시간 앵커와 대담하는 것이 자신을 알릴 좋은 기회입니다. 지금까지 강의에선 기사를 잘 쓰는 것에 대해 주로 말씀드렸는데, 이번 강의는 방송을 잘하기 위한 기사쓰기에 초점을 맞춰서 얘기하겠습니다. 실제로 기사가 좋지 않으면 읽는 것도 불편할뿐더러 대담도 잘 되지 않고, 자연스럽지도 않게 됩니다.

양방향 리포트 기사

텔레비전 뉴스와 라디오 뉴스 프로그램에서 앵커와 기자가 질문을 주고받는 보도 많이들 보셨을 겁니다. 구체적으로 스튜디오에 기자가 출연해 앵커와 대담을 하거나 중계차 혹은 전화로 앵커의 질문에 대답을 하는 식의 보도들 말이죠. '크로스 토킹'(cross talking)[1]이니 '출연'이니 … 국내에서는 이런 형태의 보도를 지칭하는 말이 방송사마다 조금씩 다른 것 같습니다. 미국에서는 two-way로 부른다고 합니다. 그럴듯해서, 저도 '양방향 리포트'라고 부르겠습니다. 라디오 뉴스 프로그램을 5년여 진행하다 보니 스튜디오에 출연한 기자들이나 취재 현장에 있는 기자들과 양방향 리포트를 꽤 많이 했습니다. 그 경험을 바탕으로 양방향 리포트는 어떠해야 하는지 말씀드리고자 합니다.

양방향 리포트 기사를 쓰는 기본원칙은 다른 형태의 기사와 크게 다를 것은 없습니다. 앵커와 애기를 하는 것이니까 대화체로 써야 될 때도 있고, 리포트 기사보다도 더 구어체를 써야 한다는 점이 다르다면 다른 겁니다. 영상에 대해 설명할 필요가 있을 때를 제외하고는 텔레비전이나 라디오의 양방향 리포트는 크게 다를 것이 없습니다. 기사작성의 기본원칙을 바탕에 두고 양방향 리포트 방송을 잘하기 위한 주의 사항들을 정리해봤습니다.

본격적인 애기에 앞서 먼저 하나 애기할 게 있는데요, 바로 앵커가

---

1 크로스 토킹(cross talking)은 영어권에서는 라디오에 들어오는 잡음이라든지 대화나 회의 중 불필요한 말을 뜻한다. 예를 들어, "I'm hearing cross talking in my earpieces"(제 이어폰에 잡음이 들려요)라는 식으로 쓰인다.

기자에게 던지는 질문에 관한 것입니다. 단순하게 '앵커가 자신이 궁금한 것을 물어보면 되는 것 아니겠냐'고 생각하는 분들 많을 겁니다. 맞습니다. 앵커와 대담을 하는 이유는 앵커가 시청자 혹은 청취자를 대신해 기자에게 묻고, 기자는 앵커에게 대답하는 방식으로 보도를 하는 것이죠. 그런데 방송 현장에서는 질문을 기자가 쓸 때가 많습니다. 자신이 대답할 내용에 맞춰 질문을 쓰는 것이죠. '난 이런 걸 취재했다'는 걸 앵커에게 말하는 것이라고 보면 됩니다. 원칙적으로 보면 앵커는 궁금한 걸 다 물어보고, 기자는 앵커가 무엇을 묻든 다 대답할 준비가 돼 있어야 합니다. 실제로 앵커에 따라서는 기자에게 예고도 없이 불쑥불쑥 질문을 던지는 이도 있습니다. 생생하다는 점에서는 좋지만 기자가 답변할 준비가 안 됐을 때는 앵커는 머쓱해지고 기자는 곤혹스러워집니다. 가장 바람직스러운 것은 앵커가 취재기자와 사전에 잠깐이라도 질문과 답변을 조율하는 것입니다.

'질문을 어떻게 하느냐'는 앵커의 일이지만, 취재기자는 자신이 생각하는 보도의 순서, 내용을 앵커에게 제시하는 차원에서 질문을 쓰는 것이라고 정리하면 될 것입니다. 장황하게 설명한 까닭은 양방향 리포트를 매끄럽게 잘하느냐의 문제는 앵커의 질문에 상당히 영향을 받기 때문입니다.

자, 그럼 다시 양방향 리포트 기사를 쓸 때 유념해야 하는 사안으로 넘어가겠습니다.

• 앵커도 그 뉴스에 대해 알 만큼 안다는 것을 전제로

새벽에 벌어졌던 일을 오후 2시 뉴스에 출연해서 하는 양방향 리포트를 생각해봅시다. 구체적으로 새벽에 한 재래시장에서 불이 크게 나서 인명피해도 생기고 점포들을 전소시킨 화재 사건이 났다고 가정해봅시다. 사람들은 아침 뉴스나 인터넷, 스마트폰으로 이 화재를 거의 다 아는 상황이겠죠. 그런데 오후 2시에 하는 뉴스에서 앵커가 '오늘 새벽 ○○시장에서 큰불이 났다죠?' 하고 기자에게 묻는다면 듣는 사람들이 뭐라고 하겠습니까? '저 앵커는 어느 별에서 왔나?' 하고 의아해하지 않겠습니까? 물론 이렇게 극단적인 상황은 없습니다만, 꽤 비슷한 일들은 드물지 않게 벌어지고 있습니다.

이런 식의 질문은 앵커만 망가지는 게 아닙니다. 기사의 내용에도 절대적인 영향을 미치게 됩니다. 앞에서 예로 든 것처럼 새벽에 난 화재 사고에 대한 양방향 보도 기사의 첫 질문이 '오늘 새벽에 시장에서 불이 났다죠?'로 시작한다고 해보십시오. 기자는 당연히 '네, 그렇습니다. 오늘 새벽 6시 서울 ○○구 ○○동에 있는 ○○시장에서 불이 났습니다. 이 불로 시장 점포에서 잠자던 43살 김○○ 씨를 비롯해 주민 ○명이 숨지고⋯' 이렇게 대답을 해야 되겠죠. 듣는 사람들은 몇 시간 전 뉴스를 듣는 것입니다.

그럼 어떻게 하느냐고요? '오늘 새벽 ○○시장에서 불이 나서 몇 명이 죽고⋯' 하는 얘기는 앵커멘트에서 다 소화하면 될 테고, 첫 질문은 '불이 굉장히 컸는데 지금 현장은 어떤 상탭니까?' 혹은 '인명피해가 더 늘어나거나 한 것은 없죠?' 하는 식으로 속보성 기사를 요구하는 질문을 하는 게 바람직합니다. 이어서 '화재원인'이나 '진화 과정의 문제점'

등이 적절하게 이어져야겠죠. 혹시 시간이 남는다면 마지막 질문에 '오늘 불이 엄청났는데 당시 상황을 좀 정리해주시죠?' 하는 식으로 대답을 끌어내면 되는 것입니다. 간단히 말해서 한 단계 더 나아간 기사를 쓰기 위해서 사람들이 다 알고 있을 것 같은 사항은 과감하게 '패스'하고 속보나 분석으로 들어가라는 것입니다.

사건사고기사가 아니더라도 기자는 '이 뉴스는 앵커도 어느 정도는 알고 있다'는 인식 아래 질문을 쓰고 거기에 대한 답변을 써야 합니다. 이를테면 아침에 여당의 의원총회에서 현안을 놓고 의원들 간에 격론이 벌어졌는데 저녁뉴스의 양방향 리포트에서 앵커가 '여당에선 의원총회가 열렸다면서요?'라고 질문을 하면 맥이 빠진다는 거죠. '아침에 의원총회에선 격론이 벌어졌다면서요?'라는 식으로 물어야 합니다.

'질문도 기사의 일부'라는 생각을 갖고 있어야 합니다. 뉴스에서 양방향 리포트가 나오면 앵커의 질문에 귀 기울여보시길 바랍니다.

● 앵커와 말을 주고받듯이

기자가 텔레비전이나 라디오에 출연해 앵커와 대담할 때 간혹 질문과 대답이 따로 노는 것 같은 인상을 받을 때가 있습니다. 물론 앵커나 기자에 따라 리포트를 하는 모양새가 엉성하거나 경험이 없어서 그런 인상을 줄 수도 있습니다만, 질문과 대답의 내용 자체가 조금씩 맞지 않아서 그런 경우도 많습니다. 앵커가 정말 궁금한 것을 묻고 기자가 그에 적확한 대답을 하는 제대로 된 대담을 위해서는 질문을 조금 더 자주하게 하는 게 좋습니다. 앵커가 질문 하나를 던져 놓고 그와 관련되거나 연결된 내용을 기자가 쭉 얘기하는 것보다는 앵커가 짧게 질문하고, 기자가 그 질문에 대한 짧은 대답을 하고, 또 다른 내용은 앵커가 다시 묻고 또 대답하는 식으로 짧게 끊어서 가는 게 좋다는 얘기입니다.

또 한 가지 중요한 것은 철저히 구어체로 기사를 써야 한다는 점입니다. 간혹 기자가 답변하는 중에 '한편', '이와 함께' 식으로 대화에선 거의 나오지 않는 문어적인 표현을 할 때가 있는데 이건 대담에 찬물을 끼없는 행위입니다. 사례를 보면서 양방향 리포트에 대해 조금 더 생각해보기로 합시다.

2014년 7월 18일 새벽 0시가 조금 넘어 들어온 외신입니다. 우크라이나 상공에서 말레이시아 항공의 여객기가 미사일에 격추된 사건, 기억하시죠? 298명을 태운 민간기가 미사일에 맞아서 전원이 죽었다는 건 매우 큰 사건입니다. 그날 저녁뉴스에 이 사건과 관련한 뉴스들을 묶어서 양방향 리포트를 한다고 가정해봅시다. 그때까지 들어온 주요 뉴스들은 대략 이런 것들입니다.

뉴스쓰기 말레이시아 항공기 미사일 격추 사건 개요

현지시각으로 어젯밤 11시쯤 네덜란드 암스테르담을 출발해 말레이시아 쿠알라룸푸르로 가던 말레이시아 항공 여객기가 우크라이나 동부 도네츠크 상공에서 미사일 공격을 받고 추락했다. 도네츠크는 우크라이나 반군의 거점이다. 이 사고로 여객기의 승객과 승무원 298명이 전원 사망했다. 네덜란드 국적 승객이 173명으로 제일 많고, 말레이시아, 호주 등 9개 나라 사람들이 희생됐다. 한국인은 없는 것으로 파악됐다. 말레이시아 항공은 지난 3월 239명이 탑승했던 여객기 실종사건에 이어 이번에 또 대형 참사를 당했다. 우크라이나 정부는 반군이 미사일을 쐈다고 주장하며 그 증거로 러시아 정보장교와 반군의 교신

녹취록을 공개했다. 그러나 우크라이나 반군은 이를 부인하고 있다. 러시아 언론은 푸틴 대통령의 전용기가 항공기 피격 사건이 있은 후 30여 분 후에 바로 그 지점을 통과했다며 누군가 푸틴의 전용기를 노렸던 것 아니냐는 의혹을 제기했다. 미국은 아직은 이 사건이 누가 저지른 일인지에 관해서는 공식적인 입장을 내놓지는 않고 있다. 단 격추에 사용된 미사일은 러시아제 부크 미사일로 미 정보당국은 파악하고 있다. 러시아는 사건과 무관함을 강조하고 있는 상황이다. 유럽안보협력기구는 사고 현지에 국제조사단을 파견하겠다고 발표했으며 유엔은 안전보장이사회를 소집했고, 미국이나 EU도 향후 대응 방안에 고심하고 있다.

이 밖에도 많은 기사들이 쏟아졌지만, 일일이 소개하자니 끝이 없을 것 같아서 생략했습니다. 전해야 될 내용부터 먼저 나눠 봅시다.

ⓐ 사고 개요

ⓑ 희생자 국적과 한국인 없음

ⓒ 누가 미사일을 쐈는지

ⓓ 미국과 러시아를 비롯한 국제 사회의 반응

ⓔ 말레이시아 항공 표정

ⓕ 사태 전망.

이 정도가 아닐까 생각합니다. 이 내용을 갖고 질문을 만들어 봅시다. 저녁뉴스에 나갈 리포트라고 했습니다. 앞서 제가 뭐라고 했었죠? '앵커도 그 뉴스에 알 만큼 안다고 생각하자', 그리고 '앵커와 말을 주고받듯이 하라'고 했었죠? 그렇다면 첫 번째 질문은 무엇이 좋겠습니까? '말레이시아 항공기가 미사일에 맞아 추락했다면서요?' 이런 질문은 하지 말아야 합니다. 아침부터 뉴스마다 톱으로 나갔는데 저녁에 마치 처음 듣는 것처럼 해서야 되겠습니까. 사고 개요는 앵커멘트로 하고, 그 시점에서 뉴스를 보고 듣는 사람들이 가장 궁금해 할 것 혹은 가장 중요한 것을 첫 번째 질문으로 올려야 합니다. 내 생각에는 ⓒ'누가 미사일을 쐈느냐' 하는 것이 가장 먼저 얘기돼야 할 것이라고 봅니다. 만약 정오뉴스면 어땠을까요? 이때는 ⓑ희생자 수라든지 사고 자체에 대한 속보를 위로 올려도 괜찮을 것 같네요. 그 다음은 '누가 미사일을 쐈는지'에서 자연스럽게 ⓓ러시아와 미국의 반응으로 넘어가는 게 어떨까요? 미국과 러시아의 반응까지 전하고 ⓑ희생자 국적 얘기를 하다가 다시 서방세계 반응을 전하면 어떨까 싶습니다. 그리고 ⓕ향후 사태를 전망하고, 마지막으로 ⓔ말레이시아 항공 표정을 전하면 좋을 것 같습니다.

물론 반드시 이렇게 해야 된다는 것 아닙니다. 이런 순서로 앵커와 대담을 하는 게 무난할 것 같다는 거죠. 질문만 한번 써봤습니다.

뉴스 쓰기 말레이시아 항공기 미사일 격추 사건

앵커멘트
우리 시각으로 어젯밤 11시쯤
우크라이나 상공을 지나던 말레이시아 항공 여객기가
미사일을 맞고 격추됐습니다.
네덜란드 암스테르담을 출발해
말레이시아 쿠알라룸푸르로 가던 비행기였는데
승객과 승무원 298명은 모두 사망했습니다.
이 소식 국제부 ○○○ 기자와 알아보겠습니다.

질문 1) ○○○ 기자, 관심의 초점은 누가 미사일을 쐈느냐하는 것인데요, 아직 확인되고 있지는 않은 거죠?

질문 2) 반군들은 뭐라고 합니까?

질문 3) 러시아에서는 '푸틴 대통령을 노린 거다' 하는 보도도 나왔
다면서요?

질문 4) 미사일의 종류는 러시아제 부크미사일이라고 한다죠?

질문 5) 미국은 아직까진 신중한 자세 보이고 있는 것 같아요.

질문 6) 네, 이번에 특히 네덜란드 사람들이 많이 사망했는데, 서방
세계도 어떤 식으로든 대응을 할 것 같군요.

질문 7) 앞으로 많은 조사가 이뤄져야 할 텐데 말이죠?

질문 8) 조사 결과가 어떻게 나오느냐에 따라 파장이 크겠군요. 끝
으로 말레이시아 항공사 몇 달 전에도 여객기가 실종됐었
죠? 참 안됐네요.

제 생각엔 이 정도로 질문을 나누면 어떨까 싶습니다. 그러면 〈질문
1〉에 우크라이나 정부의 주장과 녹취록 내용을 전해주면 될 것 같고
요, 〈질문 2〉는 반군의 부인하는 반응을 짧게 쓰고요. 〈질문 3〉에 이
어 〈질문 4〉에 부크미사일에 대해 짧게 설명하고, 미사일을 둘러싼 우
크라이나 정부군과 반군의 주장도 소개할 수 있겠죠. 〈질문 6〉에서 사
망자의 국적에 대해서 얘기를 하면서 한국인은 없었다는 점은 한 줄 걸
칠 수 있으리라 봅니다. 〈질문 7〉에서는 국제조사단 구성이나 블랙박

스 문제 등을 언급해야겠죠. 러시아의 우크라이나 정책이랄까 푸틴의 '강한' 외교에 미칠 영향도 얘기할 수 있으면 좋을 것 같습니다. 〈질문 8〉은 별다른 설명이 필요 없으리라 봅니다.

물론 리포트에 배당된 시간에 따라 어떤 질문은 삭제할 수도 있고, 합칠 수도 있습니다만, 얘기하는 주제가 달라질 때마다 앵커의 질문이 있는 게 바람직합니다. 그래야 자연스럽습니다.

이 정도로 질문을 나누면 앵커와 기자가 서로 얘기하는 것처럼 느껴질 것입니다. 더 나눌 수도 있습니다. 질문을 어떻게 쓰느냐는 답변의 내용을 결정짓습니다. 양방향 리포트의 기사를 쓸 때에는 '질문도 중요한 기사'라는 생각을 가져야 합니다. 이렇게 말하니까, 앵커는 기자가 써준 질문 읽는 사람으로 인식될까봐 걱정인데, 앵커는 기자가 고민하며 쓴 질문에 첨삭을 가하는 사람입니다. 물론 자신이 묻고 싶은 것을 기자와 조율해 가면서 물을 수도 있고요.

뉴스를 보고 듣는 이들이 자신들도 웬만큼 아는 얘기를 마치 새로운 얘기인 양 '떠드는' 앵커와 기자를 보면 어떻게 생각하겠습니까? 사람들은 자신들이 정말 궁금해 하는 것을 앵커가 물어보고 이에 대해 기자가 대답해주기를 기대합니다. 그 기대에 부응하도록 쓰는 게 바로 양방향 리포트의 기사작성 원칙입니다. 기사가 그런 식으로 잘 돼 있으면 방송도 매끄럽고 자연스럽게 되기 마련입니다. 기자를 지망하는 분들에게는 조금은 이른 얘기를 드린 것 같습니다만, 제 강의를 듣고 뉴스의 양방향 리포트를 볼 때 느낌이 다를 것입니다.

스튜디오 리포트 기사

뉴스에서 기자가 스튜디오에 나와서 때로는 화면을 보면서 또 때로는 컴퓨터그래픽을 띄우면서 리포트 하는 것을 꽤 자주 보게 됩니다. 마치 시청자를 상대로 프레젠테이션을 하는 것 같은 모양의 리포트죠. 딱히 이름 붙이기가 어려워, '스튜디오 리포트'라고 하겠습니다. 2005, 2006년에 들어서 리포트를 스튜디오에서 녹화해서 만드는 방식이 유행하기 시작했죠. PDP가 본격적으로 보급되면서 PDP 화면에 그래픽이나 영상을 틀어 놓고 리포트를 했던 것입니다. 지금과 같은 스튜디오 리포트의 전신(前身)은 아마 그때 PDP를 옆에 두고 한 리포트일 것입니다.

선거방송처럼 방송사들이 온갖 기술력을 총동원하는 경쟁을 거치면서 스튜디오에서 리포트를 하는 방식은 매우 다양해졌습니다. 기자가 그래픽으로 된 공간을 자유자재로 움직이면서 리포트를 할 수도 있고 숫자와 도표는 필요할 때, 있어야 할 곳에 마술처럼 떴다가 사라지기도 합니다. 지금은 뉴스에서 이렇게 출연해 리포트를 하는 게 전혀 특별하지 않을 정도로 많아졌습니다.

● 어떤 보도에 적합한가?

스튜디오 리포트는 시청자가 이해하기 어려운 내용을 설명해야 할 때 주로 합니다. 예를 들면, 유로본드 발행, 미국의 양적 완화와 관련된 보도나 월가점령시위의 배경, TPP를 둘러싼 미국과 중국 간의 갈등처럼 매우 중요한 사안이지만 리포트 하나로 정리하기는 어려운 사안들이 스튜디오 리포트의 대상이 돼왔습니다. 어려운 개념을 쉽게 전달한다는 차원에서 성과를 거두고 있는 것으로 평가됩니다.

● 어떻게 해야 하는가?

첫째, 기사를 가능한 한 친절하게 써야 합니다. 기자는 스스로를 '자신이 공부한 것을 시청자에게 설명해주는 강사'라고 생각해야 합니다. 그러기 위해선 보통의 리포트 기사보다 훨씬 더 구어체로 써야 하지요. 기자는 화면에 계속 나와 카메라 렌즈를 통해 시청자들과 눈을 맞추고 있으니까요. 이해를 돕기 위해 스튜디오 리포트 하나[2]를 예로 보겠습니다.

> 지니계수란 게 있습니다.
>
> 한 나라의 경제적 불평등이
> 어느 정도인지 보여주는 수치입니다.
>
> 1에 가까울수록 불평등이 심하단 얘긴데
> 0.4를 넘기면 매우 심각한 상태로 봅니다.
>
> 한국의 지니 계수가 0.4를 향해 상승하고 있습니다.
>
> 상당히 친절하게 설명한다는 느낌이 들죠?

---

2 2011. 10. 20. MBC 〈뉴스데스크〉, "OECD국가 지니계수 상승".

둘째, 전하고자 하는 메시지가 있어야 합니다. 만약 어려운 사안을 풀어서 설명하는 데 그친다면, 그건 뉴스라고 말하기 어렵습니다. 어떤 사안에 대한 시청자의 이해를 높여서 기자가 말하고자 하는 메시지를 전해야 뉴스로서의 가치가 있는 것입니다. 예를 들어봅시다. 바로 앞에서 든 예의 끝부분 기사입니다.

3년 만에 또다시 금융 위기를 맞고 있는 지구촌에선 '공생'이 화두로 떠오르고 있습니다.

나만이 아닌 공동체가 함께 잘살 수 있는 '인간의 얼굴을 한 자본주의'

시장이 불안하면 정부가 적극 개입해 공공성과 자율성을 조화시키는 패러다임입니다.

우선 각종 자본 거래에 세금을 부과하는 등 금융 자본의 고삐를 죄기 위한 구체적 움직임은 이미 시작됐습니다.

예로 든 두 가지 기사는 같은 제목의 스튜디오 리포트인데 '수준'은 사뭇 다릅니다. 시청자들의 사안에 대한 이해를 높여서 결국 두 번째 기사를 이해하는 데 아무런 장애를 느끼지 않도록 한다는 게 이 리포트의 목표였을 것입니다. 스튜디오 리포트를 위해선 우선 기자가 사안에 대해서 많이 알아야 합니다. 지난 강의 때도 말씀드린 것 같은데 '많이 아는 이가 쉽게 말하는 법'입니다.

KBS와 MBC 사장은 어떻게 뽑는가

공영방송 KBS와 MBC 사장의 선임 절차는 비슷하다. KBS는 KBS 이사회에서 임명을 제청하고, MBC는 방송문화진흥회에서 뽑는다.

　KBS 이사회는 이사장을 포함한 이사 11인으로 구성한다. 이사는 각 분야의 대표성을 고려하여 방송통신위원회에서 추천하고 대통령이 임명하도록 돼 있다(방송법 제4장 제46조 2항, 3항). KBS 사장은 이사회가 제청하면 대통령이 임명한다(방송법 50조 2항).

　MBC 사장은 방송문화진흥회가 뽑도록 돼 있다. 방송문화진흥회 이사는 이사장 포함 9명으로 구성된다(방송문화진흥회법 6조 1항). 이사는 방송에 관한 전문성 및 사회 각 분야의 대표성을 고려하여 방송통신위원회가 임명한다(방송문화진흥회법 6조 4항).

　KBS나 MBC 사장을 뽑는 이사들을 선임하는 곳이 곧 방송통신위원회인데 방송통신위원회 위원은 위원장 1인, 부위원장 1인을 포함한 5인의 상임위원으로 구성한다(방송통신위원회의 설치 및 운영에 관한 법률 제4조 1항). 위원 5인 중 위원장을 포함한 2인은 대통령이 지명하고 3인은 국회의 추천을 받아 제 1항에 따른 임명을 한다. 이 경우 국회는 위원 추천을 함에 있어 대통령이 소속되거나 소속되었던 정당의 교섭단체가 1인을 추천하고 그 외 교섭단체가 2인을 추천한다(방송통신위원회의 설치 및 운영에 관한 법률 제5조 5항). 즉, 여권에서 3인 야권에서 2인을 추천하는 셈이다.

　방송통신위원회의 위원 구성이 이렇게 되다 보니, KBS와 MBC

의 이사진 구성도 여권 추천 이사들의 비율이 높다. 2014년 현재 KBS는 여권 대 야권 추천 이사의 비율이 7 : 4, MBC의 경우 6 : 3 의 비율로 이사진이 구성되는데 7명과 4명, 6명과 3명이라는 숫자 에 대한 법률적 근거는 없다. 여권 성향의 이사들이 많다 보니 당연 히 여권이 지지하는 인물이 사장으로 선임된다. 이 때문에 공영방송 의 공정성과 관련해 사장 선임 방식이나 이사회 구성을 둘러싼 논란 이 계속돼왔다.

셋째, 기자가 자연스럽게 리포트를 해야 합니다. 어쩌면 제일 골치 아픈 문제일 수 있습니다. 스튜디오 리포트의 가장 큰 강점은 설명을 위해 적절한 컴퓨터그래픽이나 영상이 기자 주변에 적절하게 나타난다 는 것입니다. 그래서 기자는 때론 오른쪽을 보고, 또 때론 몇 발자국을 걸어 왼쪽을 보는 등 이리저리 움직여야 할 경우가 많습니다. 동시에 가상의 그래프를 가리키는 손짓도 해야 하며, 시선도 때에 따라 변해야 합니다. 아주 익숙하지 않으면 어색하기 십상입니다. 기자가 자연스럽 지 못하면 시청자들의 신경은 기자의 말이 아니라 부자연스러운 움직 임에 집중되기 마련입니다. 이렇게 되면 출연 리포트는 정말 하지 않느 니만 못한 것이 되고 마는 것입니다.

스튜디오 리포트는 쉽고 친절한 설명으로 시청자들의 뉴스에 대한 이 해를 높여주는 긍정적인 면이 있습니다. 평범한 밑그림에 딱딱한 기사 를 읽던 기존의 논평 형식의 리포트를 훨씬 흡인력이 있게 할 수 있다는 것을 보여줬습니다. 또, 그동안 '복잡하다', '어렵다', '그림이 좋지 않다'는 등의 이유로 '방송뉴스로는 적합지 않다'는 평가를 받으며 방송뉴스에서 내쳐졌던 사안들을 뉴스로 끌어들인 성과도 올렸다고 봅니다.

●●● 과제

1. 최근에 발생한 사건사고기사 가운데 하나를 골라서 양방향 리포트로 기사작성을 해보기 바랍니다.(질문 포함 5~6분 분량)
2. 최근 보도된 스튜디오 리포트 가운데 우수하다고 생각되는 리포트 3개를 고른 뒤 그 이유를 설명하시기 바랍니다.

11
—
기획뉴스 기사쓰기

뉴스를 기획하는 기자가
'이건 이런 의미로 보도할 가치가 있다'고
자신 있게 말할 수 있는 것,
기획뉴스가 갖춰야 할
중요한 조건 중 하나입니다.

기획뉴스 기사쓰기

기획뉴스란?

먼저 어떤 뉴스를 보고 기획뉴스라고 하는지부터 얘기해 봅시다. 간단하게 설명하자면 '기자가 자신의 의지로 발굴해 낸 뉴스'를 말한다고 보면 됩니다. 사건사고나 정치인들의 행위, 정책 발표 등은 기자의 의지와는 관계없이 벌어지는 일들입니다. 따라서 이런 것을 기사화한 것은 당연히 기획뉴스가 아니죠. 더운 날씨에 대해서 기사를 썼다고 합시다. 날씨가 기자의 의지와 관련이 없는 만큼 당연히 기획뉴스가 아닙니다. 그러나 더운 날씨 덕분에 즐거운 비명을 지르는 신종 업종은 무엇일까를 취재해 기사화했다면, 비록 초보적인 수준이긴 하나 기획뉴스라고 할 수 있습니다. 어떤 사건을 계기로 사람들이 관심을 끌 만한 사안을 찾아내 얘기하는 것도 넓은 의미의 기획뉴스라 할 수 있을 것입니다. 이를테면 은행이 해킹당해 개인정보가 유출된 사건이 있었을 때 '컴퓨터 보안업체 호황'과 같은 가설은 쉽게 생각할 수 있는 아이디어이긴 하나 이를 기자가 기사화하려는 의지를 갖고 취재해 쓴다면 이 역시 기획뉴스라는 얘깁니다.

기획뉴스의 가장 큰 특성은 이렇게 기자가 의지를 갖고 발굴한다는 것입니다. 기자의 의문이나 가설이 없었다면 세상 빛을 보지 못했을 수도 있었던 뉴스죠. 기획뉴스의 또 다른 특성은 취재가 상당 부분 기자의 계획하에 이뤄진다는 것입니다. 사건사고나 회견 같은 일들에 대한 취재는 기자가 자신의 취재 일정을 알 수도 정할 수도 없지만, 기획기사의 경우 자신이 취재 순서와 일정을 정하는 데 어느 정도 결정권을 갖고 있다는 것입니다.

방송의 최대 강점이 속보성이던 시절도 있었으나 이제는 속보성은 인터넷이나 SNS에 밀려나고 있는 실정입니다. 또한 스트레이트 뉴스만으로는 방송사들이 자신들의 뉴스를 차별화하는 데 한계가 있습니다. 대부분의 방송사들이 기획뉴스에 집중하는 이유입니다. 참신한 기획뉴스는 시청자가 무릎을 치게 만들고 왕왕 그 방송사의 격을 높입니다. 반면 뉴스 가치가 떨어지는 기획뉴스는 시청자들의 비판을 불러일으키곤 합니다. 좀더 구체적으로 말해서 기획뉴스는 그 뉴스를 보도한 기자뿐만 아니라 그날의 뉴스 전체를 살리기도 하고 때론 죽이기도 합니다. 기획뉴스는 이렇게 '색깔'이 강한 뉴스입니다. 그렇기에 기획뉴스는 기자들에게는 '욕심'과 '부담'을 동시에 불러일으키는 존재입니다.

최근 언론사들의 입사시험에 기획뉴스를 취재해오라는 요구가 종종 있습니다.[1] 지원자들에게 지하철에 관련한 기획뉴스를 하나 만들어오라고 시킨다든지, 명동을 주제로 기획기사를 써보라는 회사도 있었다고 들었습니다. 기자 지망생들도 기획뉴스에 대해서 관심을 갖지 않을 수 없는 상황입니다.

---

1 2013년에 치러진 언론사 입사시험 문제 가운데 한 방송사는 '명동을 주제로 기획뉴스를 제작하라'는 문제를 제출했고, 어떤 신문사는 주제는 제시하지 않고 '서울시청과 광화문 일대에서 기삿거리를 찾아 기획의도와 기획기사를 쓰라'는 과제를 내기도 했다고 한다.

기획뉴스의 조건

기획뉴스거리를 찾는 건 정말 괴롭습니다. 부장이나 1진들은 이제 수습을 막 뗀 후배들에게 '너희들의 신선한 머리로 쌈박한 기획거리 하나 내놔라'하며 '쪼아'대지만, 매일 동기들, 선배들과의 술로 가뜩이나 비어버린 머리로 아이디어를 내는 건 제 경험에 비춰 결코 쉽지 않습니다. 그리고 간혹 아이템을 꺼내도, '그게 뉴스냐?', '다 나온 거다', '뉴스 가치가 떨어진다'는 등 면박을 당하기 일쑤입니다. 스스로도 '과연 이게 뉴스가 될까?' 하는 회의감이 들 때도 많습니다. 과연, 자신이 생각하는 게 뉴스거리로 적합한지 아닌지는 어떤 기준으로 판단해야 할까요? 즉, 뉴스의 가치를 따질 수 있는 잣대는 무엇일까요? 학문적으로 여러 가지 말들이 있는 것으로 압니다만, 저는 다음의 조건들을 많이 충족시킬수록 좋은 뉴스라고 생각합니다.

● 새로운가?

기자들 사이에선 '하늘 아래 새로운 건 없다'는 말이 있을 정도로 새로운 기획거리를 찾기란 정말 어렵습니다. 특히 요즘처럼 매체가 많은 시대엔 더욱 그렇습니다. 그럼에도 불구하고 뉴스이기에 새로워야 합니다. 자신이 어떤 뉴스거리를 찾았다고 생각할 땐 먼저 최근 방송뉴스와 신문기사에 비슷한 뉴스가 나간 적은 없는지 확인부터 하는 게 순서입니다. 경쟁사에서 사흘 전에 내보낸 기획을 따라하는 일은 피해야 하니까요. 단, 누군가의 기획기사에서 새로운 아이디어를 떠올려서 더 홀

류한 기획을 할 수도 있는데, 이런 건 무방할 뿐 아니라 권장할 만한 일입니다.

어쨌든 새로운가, 즉 '대부분의 사람들이 이 뉴스를 보고 새롭게 느끼는가'는 기획뉴스를 판단할 때 가장 기본이 되는 조건입니다. 제가 '대부분의 사람들'이라고 하는 이유는 세상에 아무도 모르는 새로운 일은 없기 때문입니다. 예를 들어 최근 한 달여 동안 어느 동네에 불법 도박장이 우후죽순처럼 생겨나고 있다고 합시다. 이것을 보고 '이건 뭔가 조직적인 배후가 있는 현상'이라는 가설 아래 취재를 시작한다고 했을 때, 이것은 기자에게는 '새로운 것'이지만 이 도박장을 연 사람들에게 '배후가 있다'는 것은 하나도 새롭지 않은 일입니다. 주변에서 그런 일 많이 보죠. 친구와 얘기를 하던 중 친구가 하는 어떤 말이 새롭게 들려 '그거 기삿거리다' 하면서 다시 물어볼 때, 친구는 '그런 것도 기사가 되냐?' 하는 식으로 반응을 할 때가 있죠. '새로운 것'이라는 것의 기준은 그런 겁니다. 이렇게 특정한 사람들에게 새롭지 않다고 뉴스가 아니라고 말할 수 없고, 기자 자신에게 새롭다고 누구한테나 새로운 것은 아닙니다. 기자생활을 시작하는 '새파란' 기자 시절에는 보이는 게 모두 새롭기 마련입니다. 그래서 어떤 얘기를 듣고 자신은 새롭다고 느껴 말해 보지만, 선배들은 시큰둥하게 반응하기 일쑤입니다. 그래도 주눅이 들어서는 안 됩니다. 끝없이 새로운 걸 찾아다니는 것, 그게 기자의 운명 비슷한 거니까요.

• 보도할 의미가 있는가?

뉴스의 가치를 얘기할 때 중요성에 해당하는 잣대입니다. 유명인에 대한 얘기라든가 중요한 조직에서 벌어지는 일들은 뉴스로서 가치가 있고 따라서 보도할 의미가 있는 것입니다. '신선도'는 조금 떨어질지 몰라도 국회의원들이 출판기념회를 자신들의 정치자금을 모으는 통로로 이용하고 있다는 기획은 보도할 의미가 있습니다.

2012년 말부터 제가 이 글을 쓰고 있는 2014년 여름까지도 국정원은 뉴스의 핵입니다. '국정원에 대한 검찰 수사의 한계'에 대해서 말하고자 역대 국정원 직원에 대한 수사기록을 다 뒤져 찾아낸 자료로 기획기사를 쓴다고 합시다. 이미 개개의 사안은 보도된 것이어서 새롭다고 할수는 없으나 주제와 방향만 좋다면 의미 있는 기획뉴스가 될 수 있을 것입니다.

우리 생활에 난무하는 영어에 대해서 뉴스를 만들면 어떨까 하는 생각을 갖고 있다고 합시다. 이 기획은 '해도 해도 너무한 사례'를 무엇을 들지 몰라도 일단 기획의도는 '신선'하지 않습니다. 새롭지는 않다는 얘깁니다. 그러나 신선하고 공감할 수 있는 새로운 사례를 찾고, 이에 적절한 분석을 곁들이면 보도할 의미는 있을 수 있죠. 만약 한글날 기획으로 준비했다면 더욱 그렇습니다. 이렇게 같은 기획이라도 시점에 따라서 보도하는 의미는 달라질 수 있습니다.

무엇보다도 뉴스를 기획하는 기자가 '이건 이런 의미로 보도할 가치가 있다'고 자신 있게 말할 수 있는 것, 기획뉴스가 갖춰야 할 중요한 조건 중 하나입니다.

• 많은 사람들이 알고 싶어 하는 것인가?

조류 인플루엔자 때문에 온 나라가 몸살을 겪는 일이 자주 반복되고 있습니다. 그때마다 생매장되다시피 하는 닭과 오리들이 뉴스에 자주 나오곤 합니다. 주변의 많은 사람들이 닭과 오리를 저렇게 죽여야 하냐고 안타까워합니다. 그럴 때 '죽이는 게 과연 최선인가?', '저런 식으로 죽일 수밖에 없나?', '식용으로 사용할 수 있는 방법은 없나?' 하는 많은 사람들의 의문을 풀어줄 수 있는 뉴스라면 좋은 기획뉴스라고 생각합니다. 그런 이유로 이미 많은 매체에서 기획뉴스로 다루기도 했죠.

동네 상가에 한집 건너 한집은 스마트폰 대리점입니다. '저 많은 스마트폰 대리점들이 장사가 되니까 문을 여는 거겠지?' 하는 의문 한 번쯤 가져보셨을 것입니다. '스마트폰 대리점의 생존 이유'에 대해서 취재해 보도할 경우 많은 사람들의 의문을 풀어 줄 수 있을 것입니다.

이렇게 기자가 시청자나 청취자의 입장이 돼서 '사람들이 알고 싶어 하는 것인가' 하는 질문에 확실히 '그렇다'라고 답할 수 있다면 기획뉴스의 조건을 충분히 갖춘 것이라고 할 수 있습니다.

• 사람들에게 알릴 필요가 있는가?

알고 지내던 의사로부터 '치매도 예방이 가능하다'는 얘기를 들었다고 칩시다. 그런데 많은 노인들이 스스로 치매와 거리가 있다고 생각하고 치매 클리닉에 가는 것 자체를 꺼린다고 합시다. 또 치매는 늘어만 가는데, 치매가 얼마나 무서운 병인지, 치매를 예방하기 위해선 어떤 일들을 해야 하는지 등은 사람들에게 충분히 알릴 필요가 있다고 생각한다고 합시다. 이런 인식 아래 기획된 뉴스는 '신선함'으로 눈길을 끄는 것도 아니고 많은 사람들이 알고 싶어 하는 것도 아닐 수 있습니다. 그러나 치매를 조금이라도 예방하는 데 도움이 되는 뉴스라면 비록 그렇게 많은 이들의 관심거리는 아니더라도 — 2, 30대 젊은 사람들에게는 먼 곳의 얘기일 수도 있겠죠 — 알릴 필요가 있지 않을까요? 비슷한 예 하나만 더 들어볼까요? 결핵에 대해서 기획뉴스를 한다고 가정합시다. 우리나라의 결핵 환자가 4만 명이나 되고 10대 사망원인에 꼽힌다는 것은 알 만한 사람들에겐 더는 새로운 사실이 아닙니다. 또한 왜 결핵 환자가 계속 발생하고 있고, 감염을 예방하기 위해 어떻게 해야 하는지, 어떤 증세가 있을 때 결핵을 의심해 봐야 하는지 등은 사람들이 알고 싶어 하는 것도 아닐 수 있습니다만, 알릴 필요는 있는 뉴스라고 할 수 있습니다. 아직 사안의 심각함을 몰라서 사람들의 관심 밖에 있는 사안들을 많은 이들의 관심 안으로 끌어들이는 일은 기자의 사명이기도 합니다.

• 화제가 될 만한 일인가?

박근혜 대통령이 청와대로 들어갈 때 동네 사람들이 선물해 준 강아지들이 이제는 커서 누구를 보면 안 짖는다는 기사가 나온 적이 있습니다. '이런 게 뉴스가 되나' 하는 생각이 들 수도 있는 기사였습니다. 그러나 그 기사는 화제가 됐습니다. 개 짖는 소리가 대통령의 측근이 누구인가를 알려주는 '식별음'으로 해석될 수 있다는 얘기는 화제가 될 만했죠. 뉴스의 가치가 있는지 여부를 떠나서 화제가 될 수 있는지 없는지는 기획뉴스로서 무시 못할 조건입니다.

지금까지 말한 여러 가지 조건을 많이 만족시킬수록 좋은 기획뉴스입니다. 즉, 새로운 데다 사람들도 궁금해 하고 알릴 필요도 있으며 의미도 있고 한 번 나가면 사람들에게 화제가 될 만한 뉴스라면 얼마나 좋은 기획뉴스입니까. 어떤 뉴스를 기획하든 간에 이 조건들을 생각해보십시오. 기자나 데스크에 따라 위에서 말한 기획뉴스의 조건들 중 가중치를 더 두는 게 다를 수 있습니다. 무조건 '새것이냐, 아니냐'만 묻는 사람들, 의미만 강조하는 사람들, 화제가 될 것인지를 중요하게 보는 사람들 등 기획뉴스에서 중점을 두는 것은 사람에 따라 퍽 다릅니다.

그러나 모든 뉴스가 그렇듯 기본은 새롭냐는 것입니다. 새로우면 모든 게 '용서'되고, 모든 것을 갖췄더라도 새롭지 않으면 뉴스가 되기 힘듭니다. 그런데 그 새로움도 사실 자체가 새로운가, 보는 시각이 새로운가, 해석이 새로운가로 나뉩니다. 의미 역시 보는 이에 따라 다를 수 있습니다. 화젯거리가 되느냐 마느냐에 대한 예상도 기자마다 다 다를 수 있습니다. 이래서 뉴스를 기획한다는 것이 어렵고, 기획뉴스거리를 놓고 기자와 데스크 간의 갈등도 생기는 것입니다.

기획뉴스 제작 단계

기획뉴스에 관한 아이디어는 어디에서나 떠오를 수 있습니다. 자전거 전용 길에 주차된 차를 보면서 '주차장이 돼버린 자전거길'이란 아이템이 생각날 때도 있고, 간판을 내걸었다가 별 재미도 보지 못하고 문을 닫는 음식점을 보면서 "은퇴하고 음식점이나 내지" 라는 제목을 붙인 뉴스가 떠오를 수도 있습니다. 한때 우후죽순처럼 생겼던 국수집을 보면서 어려운 경제 상황에 대한 아이템을 기획할 수도 있겠죠. 심지어 뉴스를 보면서 그 뉴스가 전하고자 하는 메시지와는 상관없는 아이디어가 생각날 때도 있습니다. 기자생활을 처음 시작할 때나 데스크, 부장이 되어서도 — 그 이상의 자리에 있게 돼도 — '이게 뉴스거리가 되지 않을까' 하는 생각은 끊임없이 머릿속을 복잡하게 만듭니다. 그게 기자의 '원초적 본능'입니다.

그런 아이디어가 떠오를 때마다 머릿속은 분주해집니다. 어디에 연락해야 기초적인 데이터를 얻을 수 있을까, 영상은 무엇을 어떻게 찍으면 될까, 인터뷰할 사람들은 누가 좋을까, 보도 길이는 어느 정도가 적절할까, 취재에 며칠이나 걸릴까 등 여러 가지 생각들이 쉴 없이 머릿속을 맴돕니다. 좀더 구체적으로 예를 들어보겠습니다.

이건 순전히 제 생각입니다만 운전을 하다 보면 SUV나 RV처럼 운전석이 높은 차를 운전하는 사람들이 조금 공격적으로 운전한다는 인상을 받을 때가 있습니다. 어느 날 출근길 어떤 SUV의 거친 운전에 얼굴을 붉히면서 '혹시 SUV가 사고를 많이 내는 건 아닐까' 하는 생각이 들었습니다. "SUV 사고 많다", "사고 난 SUV, 90%가 가해차(車)" 하는 식의 제목까지 떠올랐죠. 이제 이런 가설을 중심으로 취재에 들어간다고 가정해봅시다. 우선 그 가설이 맞는지 아닌지, 가설을 증빙할 자료는 무엇인지 그 같은 자료는 어디서 얻을 수 있는지, 얻을 수 있는 자료인지 아닌지, 누구를 통해야 그런 자료를 뽑을 수 있는지 …. 만약 자료로 가설이 맞는 것으로 증명됐다면 그 원인을 얘기해줄 전문가는 누가 좋은지, 또 영상은 어떻게 촬영할 것인지, 사고 난 차량의 블랙박스에서 SUV 관련 영상을 모을 수 있는 방법은 뭔지, 실제 영상취재팀이 길바닥에서 '뻗치기'[2]를 해야 하는 건지 등 엄청 많은 생각들이 오가는 거죠.

물론 모든 생각들의 첫 단추는 가설이 맞는지 여부부터 알아보는 것이겠죠. '알아보는 것', 그게 바로 사전취재이고 사전취재 결과 자신의 가설이 맞는 것으로 판명됐다면 이제 본격적인 '제작'에 들어가는 겁니다. SUV를 운전하시는 분들에겐 너무 '불온한' 예를 든 것 같아 미안하네요. 말 그대로 '예를 들자면' 입니다.

지금부터 제가 취재했던 기획뉴스를 예로 들어서 아이디어에서부터 구성안을 만들 때까지의 각 단계에 대해서 얘기해보고자 합니다.

● 아이디어 생성단계

제가 20여 년 전에 한 취재 경험을 한번 얘기해볼까요? 오래전 일이라서 얼마만큼 정확히 기억을 되살릴지 모르겠네요. 제가 서울시청을 출입하던 1995년의 일입니다. 시청을 출입한 지 여섯 달쯤 됐을까요? 한강 다리를 건너거나 강북강변도로를 지날 때, 가끔 한강에 떠 있는 거북선을 보곤 했습니다. 동부이촌동 부근 한강변에 떠 있던 거북선, 생각나시는 분들 많으실 것입니다. 노태우 대통령이 북도 치고, 여러 배들의 호위를 받으면서 화려하게 운항을 시작했던 장면과 쓸쓸히 동쪽만 바라보고 서 있는 거북선의 모습이 엇갈리면서 '저걸 취재하면 뭔가 나오겠다' 하는 생각이 들었습니다. 마음속에는 '아무도 찾는 사람도 없고, 예산은 들어갈 테고…' 하는 생각과 함께 전시행정의 한 단면을 보여줄 수 있을 것 같다는 생각이 꿈틀거렸습니다. 아이디어 생성단계입니다. 이어 사전취재 단계로 넘어갑니다.

─────
2 언제 발생할지 모르는 사건에 대비해 끝없이 준비하고 기다리는 것을 일컫는 현장 용어.

• 사전취재 단계

이제 가설이 맞는지 검증하는 순서에 들어가야 할 때죠. 혼자서 거북선을 찾아갔습니다. 강북강변도로에 이정표를 보고 조금은 복잡한 길을 거쳐 도착했는데, 차가 없으면 걷기에는 너무도 불편한 곳에 나루터가 있었습니다. '이런 데 어떻게 오라고 여기에 나루터를 만들어 놓은 거야?' 하며 한심스러워하면서도 뭔가 기획의도에 맞아들어 간다는 느낌이 들었던 것으로 기억합니다.

드디어 거북선. 예상했던 대로 텅 비어 있었습니다. 공무원으로 보이는 관리인 몇몇이 한가로이 있을 뿐이었습니다. 이럴 때 기자는 '희열' 비슷한 감정을 느낍니다. 잘 돌아가지 않는 현장을 보면서 말이죠. 그래서 기자들이 욕먹을 때가 많은가 봅니다.

처음엔 관람객처럼 접근했다가 정공법으로 기자 신분을 밝히고 기본적인 상황을 취재했습니다. 그리고 현장에서 서울시청 관련 실무진과 통화를 했습니다. 예산은 얼마나 들며, 저대로 그냥 놔둘 건지 하는 것들을 알아봐야 했기 때문이죠. 당시 지방자치제 민선 1기가 출범한 지 얼마 되지 않아선지 예상 밖으로 관련 공무원은 솔직하게 문제를 시인했습니다. 그리고 '거북선 촬영을 해도 좋다', '인터뷰도 해주겠다'며 취재에 선선히 응하는 자세도 보였던 것으로 기억합니다. 운도 좋았지만, 당시 민선 1기 서울시의 분위기를 알고 정공법을 선택한 저의 판단이 적중했던 것이기도 합니다.

이렇게 전시행정으로 예산만 낭비하는 사례를 하나 더 찾아 두 개를 합쳐서 조금 긴 기획뉴스를 할까, 아니면 이 정도만 갖고 아침뉴스라도 내볼까 하는 두 가지 생각을 하던 중 행운까지 겹쳤습니다. 서울시 정무부시장 방에서 다른 것을 취재하던 중 거북선을 달라고(?) 서울에 올라온 남해군수를 마주친 것입니다. 그 당시 정무부시장은 이해찬 전 국무총리였고, 남해군수는 김두관 전 경남지사였습니다. 이 문제에 대한 양쪽의 입장도 자연스럽게 들을 수 있었습니다.

당초 기획했던 것보다는 취재의 사이즈가 훨씬 커져 버렸습니다. 행복한 고민이었죠. '애물단지' 거북선과 '남해로 가는 거북선'은 얘기가 다르기 때문이죠. 사전취재 결과, 아이디어 단계에서 자신이 세웠던 가설과 사실이 딱 맞아 떨어지거나 더 큰 수확을 올리게 될 때의 기분은… 참 짜릿합니다.

● **보고단계**

기획뉴스의 경우 데스크에게 어떻게 보고하느냐는 매우 중요합니다. 왜냐하면 데스크들도 편집회의에서 아이템 보고를 하게 되는데, 이것은 자기네 부(部)가 만든 '상품'을 '세일즈'하는 것과 비슷하다고 보면 됩니다. 보도국 간부쯤 되면 몇 마디만 들어도 아이템에 대한 '견적'이 나오지만 매일 4, 50개 아이템에 대해 듣는다는 것을 감안하면 데스크가 어떻게 프레젠테이션을 하느냐는 아이템의 '생사'에 결정적인 영향을 미칩니다. 프레젠테이션을 잘 못하는 데스크들은 자신의 부원들의 기획을 빛나게 해주지 못하는 '아픔'을 겪을 때가 상대적으로 많습니다. 그런데 그런 데스크들의 프레젠테이션을 풍부하게 해주는 역할은 바로 그 뉴스를 기획하고 취재한 기자들이 해야 합니다.

저 역시 부장에게 이 아이템이 왜 얘기가 되는지를 보고했습니다. "남해로 가고 싶다"는 식의 제목을 제시하면서 적당한 과장(?)을 섞어가면서 보고를 했던 것으로 기억합니다. 후배기자들로부터 기획거리에 대한 보고를 받다 보면 자신이 취재한 내용이 10이라고 할 때 20, 30으로 부풀려서 보고하는 이들이 있는가 하면 5, 6 정도로 '겸손'하게 보고하는 후배들도 있습니다. '일단 아이템을 심어 놓고 보자'는 형과 '아이템에 대한 기대를 너무 높여놓지는 말자'는 형이 아닐까 싶습니다. 아이템을 너무 부풀려서도 안 되지만 소극적으로 보고하는 것은 더 좋지 않습니다. 10을 취재했으면 최소한 10만큼은 얘기할 줄 알아야 합니다.

● 내용과 구성안

기획뉴스거리를 보고할 때는 기획뉴스의 구성안을 만드는 것이 좋습니다. 구성안에는 기획의도와 함께 이미 취재했거나 취재할 내용과 구성이 담겨 있어야 합니다. 이 같은 구성안은 보고할 때뿐만 아니라 취재를 할 때에도 크게 도움이 됩니다. 영상취재 파트와의 소통도 이 구성안이 있으면 훨씬 쉽게 이뤄집니다. 무엇보다도 방송뉴스를 생각할 때 영상과 내용, 시간을 함께 생각하는 훈련은 매우 중요하다고 봅니다. 기껏해야 2분짜리 기획뉴스에서는 이 같은 보고가 좀 번거로울 수 있을지 모르겠습니다만, 최소한 생각이라도 이런 구성안의 양식을 따라하는 습관을 키우는 게 좋습니다.

　10분이 넘는 〈시사매거진 2580〉과 같은 매거진류(類)의 보도 프로그램에서 구성안의 작성은 매우 필요합니다. 기사를 큰 틀에서 조망할 수 있게 하고, 데스크와의 협의도 이 같은 '틀'을 놓고 하면 훨씬 효율적이며, 무엇보다도 방송이 코앞에 다가왔는데 데스크가 기사의 앞뒤를 확 바꾸는 '무식한' 일을 크게 줄일 수 있습니다.

유감스럽게도 지금의 기자들은 구성안을 작성하는 일에 익숙하지 않은 것 같더군요. 구성안을 만들어 취재할 때 부작용도 있을 수 있습니다. 일단 취재 초기 단계에 이런 걸 만들어 놓으면 취재가 이 틀에서 벗어나질 못하고, 틀에 꿰맞추듯이 취재할 수 있다는 것입니다. 일리가 있는 지적입니다만 그래도 그런 상황을 충분히 경계하면서 구성안을 꼭 만들어보시길 적극 권합니다.

앞서 말한 한강거북선 취재 상황을 바탕으로 데스크에게 보고한 자료를 만들었다고 가정해봅시다.

• 기획뉴스 구성안

제목 : "한강에서 남해로"

내용 : 서울 이촌동 앞 거북선 나루터에 있는 거북선이 서울시의 애물단지가 되고 있다. 노태우 정부시절 30억 가까운 돈을 들여 한강에 띄운 거북선을 유지하는 데 매년 2억 5천만 원씩 적자를 보지만 관람객들은 갈수록 줄어들고 있는 형편이다. 이런 상황에서 최근 경남 남해군이 한강의 거북선을 남해로 보내줄 것을 요청하고 있다. 서울시도 남해군의 요구가 일리가 있다고 보고 남해군과 함께 거북선을 옮기는 방안을 협의 중이나 여러 가지 물리적인 장애가 있다고 한다. 이 보도를 통해 전시행정의 폐단을 지적하고 거북선이 남해로 가는 문제에 대한 여론을 환기하고자 한다.

길이: 2분 안팎

구성안:

구분	영상	내용	시간
'애물 단지' 거북선	# 한강 유람선 스케치 # 관리인 인터뷰 # 관람객 인터뷰 # 서울시 실무자 　인터뷰	• 거북선 언제부터 있었나 • 관리는 누가하고 예산은 　얼마나 들며 관람객은 　얼마나 오는지 등 　기본적인 운영 상황 • 관리인 및 관람객 인터뷰 • 서울시 실무 책임자 　인터뷰	50초
남해군이 나섰다	# 남해 바다 전경 # 남해 군수 인터뷰	• 최근 남해군에서 사가고 　싶다는 뜻을 밝혀 왔다 • 남해 군수 인터뷰 • 서울시도 적극 　검토하겠다는 입장	30초
새로운 고민	# CG # 스탠드업	옮기는 데 따른 장애물들 거론	30초
에필로그	# 거북선 멋있는 샷	"남해로 가고 싶은 거북선"	10초

취재는 구성안에 따라 순조롭게 이뤄졌고 MBC 〈뉴스데스크〉 전반부에 '늠름하게' 방송됐습니다. [3] 꽤 괜찮은 평가를 받았던 것으로 기억합니다. 거북선은 그러나 유감스럽게도 그땐 옮겨지지 못했습니다. 기술적인 문제 때문이었습니다. 거북선은 2005년 이명박 서울시장 때, 남해가 아니라 통영시 앞바다로 옮겨졌더군요. 고향 바다로 간 거북선이 지금은 또 어떤 생각을 하고 있을지 궁금합니다.

———
3 1995. 9. 17. MBC 〈뉴스데스크〉.

● 현장 취재

데스크의 취재지시가 떨어지면 영상취재기자와 함께 아이템에 대해서 충분히 얘기를 해야 합니다. 영상취재기자가 이 보도가 어떤 것인지에 대한 이해가 확실할수록 그 뉴스에 어울리는 샷들이 많이 나오기 때문이죠. 같은 내용이더라도 영상이 어떤가에 따라서 리포트에 대한 평가는 크게 달라지기 마련입니다. 어떻게 하면 기획의도에 걸맞은 좋은 영상을 취재할 수 있을지 고민해야 합니다. 아무리 기획의도가 좋고 얘기가 된다고 해도 현장에 대한 접근이 어려우면 리포트가 나가기 어렵습니다. 구성안을 작성할 때는 이런 면이 충분히 고려돼야 하죠. 그런가 하면 현장에서 일단 맞부딪쳐야 촬영 여부를 알 수 있을 때도 많습니다. 그럴 때는 부딪쳐야죠. 그 결과 대어(大漁)를 낚을 때도 있습니다. 그런 경우 구성안도 바꿔야죠. 구성안은 그저 계획일 따름입니다. 현장 취재 결과 얼마든지 바뀔 수 있는 것이죠.

사회부장을 지내던 때였습니다. 이명박 전 대통령이 서울시장이었고, 청계고가도로를 막 철거하기 시작할 때의 일입니다. 철거하기 며칠 전에 시청 출입기자가 '청계고가도로 철거공사가 시작되는 날 아침, 교통대란이 예상된다'라며 아이템을 냈습니다. 그렇게 끌리는 기획은 아니었지만 스트레이트를 섞어서 해볼 만했습니다.

그런데 정작 당일 아침 현장에 있던 취재기자로부터 온 보고는 예상과 정반대였습니다. 청계천에 차가 쌩쌩 잘 다닌다는 것이었습니다. 그리고 '아이템을 죽여야 할 것 같다'는 말도 서로 했던 것으로 기억합니다. 그러나 순간 '아! 예상을 뒤엎은 것, 이게 기사 아닌가?' 하는 생각이 떠올랐습니다. 취재기자에게 잘 뚫리는 상황을 커버하고 운전하는 시민들 인터뷰도 해서 아이템을 하나 만들자고 했습니다. 아마도 "청계천, 차 쌩쌩" 이런 식의 제목을 염두에 두지 않았을까 싶습니다.

이렇게 기획뉴스를 취재할 때 자신이 세웠던 가설과 현장이 맞지 않을 때가 있습니다. 이럴 때는 과감하게 뉴스를 포기하든지 아니면 구성과 내용을 바꿔야만 합니다. 부장에게 보고했다고, 편집회의에 보고된 아이템이라고 현장의 상황이 예상했던 것과 다른데도 무리하게 기획안에 꿰맞춰 만들면 절대 안 됩니다. 그게 바로 사실과 다른 보도이고 왜곡보도입니다.

기획뉴스 제작과정을 말하다 보니까, 아이디어 구상단계나 사전취재, 구성안 작성을 포함한 보고단계 등에 관해 길게 말했지만 가장 중요한 건 역시 '현장'입니다. 책상 앞에서만 머리를 굴려서는 안 됩니다. 그래서 현장에 좀더 가까이 다가서는 것을 기자가 갖춰야 할 중요한 덕목이라고 하는 것입니다.

사건사고나 발표와 같은 일들에 대한 기사는 여럿이 같이 챙기게 되어 있지만 기획뉴스는 자신이 아니라면 빛을 보지 못했을 뉴스라는 점에서 기자들에게 더욱 애착이 가는 뉴스인 경우가 많습니다. 제 자신도 기자가 되고 나서부터 30년이 지난 지금까지도 무슨 애기를 듣거나 어떤 상황을 보면서 '잘 엮으면 좋은 기획이 되겠다'라고 생각하곤 합니다. 기획뉴스는 이렇게 기자들에게는 영원한 숙제 같은 것입니다. 그 숙제는 힘든 것만은 아닙니다. 뿌듯한 성취감도 함께 줄 때가 많습니다.

최근의 방송뉴스를 보고 훌륭한 기획뉴스 3개를 골라 그와 같이 생각
하는 이유를 설명하시기 바랍니다. 강의 중에 말한 기획뉴스의 조건
을 중심으로 근거를 제시하기 바랍니다.

12

—

기획뉴스 구성 실습

자신의 생각과 비슷한 말에는 귀가 솔깃해지고
반대되는 말은 애써 피하고 싶은 게 인지상정입니다.

그렇기 때문에 자신의 생각을
자꾸 검증받으려 노력해야
보도가 공정해지고 균형이 잡힙니다.

자신의 의지로 문제를 제기하는 것만 해도
기자는 큰 특권을 누리는 셈인데, 그 내용까지
자신의 생각을 뒷받침하는 것만 골라 쓴다면 안 되겠죠.

제 12강

기획뉴스 구성 실습

기자라는 직업이 가진 매력이 하나둘이 아니지만, 그중 하나는 바로 기자 자신이 선택한 특정한 사안들을 공론화할 수 있다는 것입니다. 이를테면 출근할 때마다 특정 지역을 지날 때 심한 악취로 인상을 찌푸리며 냄새 공해도 심각한 문제라는 생각을 해왔다고 칩시다. 도대체 이 지역의 냄새는 무엇 때문에 나고, 이에 따른 피해는 어느 정도이며, 해결책은 없는 건지 하는 생각이 꼬리를 물곤 했다고 합시다. 그래서 이 내용을 취재해 기획뉴스로 내보내 개선을 조금이라도 앞당기는 결과를 빚었다면 어떤 기분이었겠습니까? 기자가 된 보람을 느끼며 뿌듯해 했겠죠. 같은 지역을 지나면서 그런 불편을 느낀 이들은 한둘이 아니었지만 기자는 그것을 공론화하는 '권력'을 쥐고 있었던 거죠. 자기의 생각을 공론화할 수 있는 특권, 그건 주로 기획뉴스를 통해 실현됩니다.

　기자의 아이디어가 기획뉴스로 나갈 때까지의 단계 중 첫 번째가 아이디어 생성과 사전 취재입니다. '무엇을 할 것인가'를 결정짓는 단계죠. 이어 구성안을 만드는 단계로 '어떻게 만들 것인가'를 결정합니다. 그리고 현장 취재를 한 뒤 기사를 작성하는 단계를 거치게 됩니다. 현장 취재는 주제에 따라 너무 다양해 사안에 따라 얘기할 수밖에 없으며, 기사작성에 대해서는 앞서 강의한 내용에 덧붙일 것도 없습니다. 그래서 기획뉴스에 관한 두 번째 강의 역시 '무엇을 할 것인가'와 '어떻게 할 것인가'에 초점을 맞추도록 하겠습니다.

기획뉴스 구성안

본론으로 곧바로 들어가겠습니다. 이번 강의에서는 〈프런티어 저널리즘 스쿨〉 수강생들이 만든 기획뉴스 구성안들을 중심으로 기획뉴스에 관한 얘기를 계속하고자 합니다. 학생들이 작성한 구성안 양식은 제가 표본으로 제시했던 것을 따른 것입니다. 구성안에 특별한 양식이 있는 것은 아닙니다만, 영상과 기사와 길이, 이 세 가지는 반드시 들어가야 합니다.

이제 구성안을 봅시다. 한 수강생은 기업 입사시험 때 봐야 하는 인적성(人適性) 검사의 문제점에 대해서 기획했군요.

• 구성안 A

뉴스 쓰기 구성안 A "인적성검사, 무엇 때문에 보나"

구분	영상	기사	시간
프롤로그	# 대학 취업 박람회 전경 # 서점의 취업 관련 코너	• 상반기 취업 시즌 시작돼 • 학점, 어학점수 못지않게 중요한 '인적성검사 준비'	15초
인적성검사 설명	# 인적성검사 목적과 유형 CG	• 목적: 구직자의 기본소양, 기업에 적합한 인재 선발 • 유형: 언어, 수리, 추리력 (아이큐 테스트 문항과 비슷), 직무상식	30초

구분	영상	기사	시간
"구직자 부담 지나치게 커"	# 취업준비생 A 인터뷰 # A의 서가 스케치(10권가 량의 인적성 책들)	• 비싼 책은 한 권에 3만 원가량 • "유형이 조금씩 달라 볼 때마다 안 사면 불안 … "	20초
인적성검사 시장 규모	# 인적성검사 대비 강의스케치 # CG # 스탠드업	• 인적성 시장 규모 현황 그래프 • 책 구매, 강의비 합치면 검사 한 번을 위해 20만 원이 소요되는 꼴	25초
"인재 선발에 효과는 의문"	# 취업준비생 B 인터뷰 # 한화 인사팀 관계자 인터뷰	"정오각형의 대각선 개수 구 하는 게 업무에 무슨 도움이 되나 싶고 … " • 인성검사는 외워서 찍기도 함 "한화는 올해부터 인적성검 사를 폐지. 인재 선발에 적합하지 않다고 판단했기 때문 … "	20초
대안면접 강화	# 구직자 면접 장면 스케치 # 한솔제지 인사팀 관계자 인터뷰	"형식적 인성면접 대신 합숙 면접에서 확인하는 게 가장 효과 높다고 판단해 … "	10초
에필로그	# 대기업 본사 전경 스케치	• 청년실업자 200만 명. 또 다른 스펙이 돼버린 인 적성검사 대신 구직자의 능력과 인성을 제대로 평가하는 방법 고민 필요	10초

구성안이 퍽 구체적입니다. 현장 취재를 다 마친 상황을 가정해서 구성안을 작성한 것 같군요. 특히 인터뷰 내용까지 어느 정도 써놓은 것을 보니까 더욱 그렇습니다. 사실 구성안은 취재 도중 계속 수정해 나갈 수 있고, 취재가 다 끝난 뒤 기사쓰기 전 정리하는 의미에서 작성할 수도 있습니다. 그러나 구성안은 현장 취재가 이뤄지기 전에 작성되는 것이 바람직합니다. 본격적인 취재가 시작되기 전에 구성안이 지나치게 구체적이라면 자칫 구성안에 맞춰 취재하는 '함정'에 빠질 우려가 있습니다. 그런 점을 잘 인식하면서 지난 강의 때 말씀드린 내용들을 중심으로 이 구성안을 살펴봅시다.

• 기획뉴스거리가 될 만한가

우선 새롭습니까? 다른 매체, 특히 방송에서 거의 같은 내용의 기사를 다루지 않았다면 충분히 새로운 것이라고 봅니다. 입사시험을 보는 많은 학생들이나 회사 인사담당자, 그리고 참고서적을 파는 사람들에게는 전혀 새롭지 않을 수 있으나 대다수의 시청자나 청취자들에겐 새로울 수 있습니다. 새로운가에 대한 판단은 데스크와 기자에게 맡길 수밖에 없을 것 같습니다. 이 학생이 이 구성안을 냈던 2013년 3월 당시 제가 봤을 때는 꽤 '신선'해 보였습니다.

그 다음 의미가 있습니까? '기업이 사원을 채용할 때 보는 인적성검사는 인재를 선발하는 데 적합하지 않다는 지적이 있다. 게다가 구직자에게 너무 큰 부담을 준다. 이런 이유로 일부 기업은 인적성검사를 심층면접으로 대체하기도 한다'는 메시지인데 기자의 취재가 정확하고, 치우치지 않았다는 것을 전제로 한다면 의미가 있는 기획이라고 할 수 있겠습니다.

시청자들이 '알고 싶어 하는' 뉴스인지에 대해선 고개가 갸웃거려지지만 '알려야 할 뉴스'임은 분명해보이네요. 마지막으로 '화제가 될 만한' 얘깃거리로는 좀 부족한 면이 있어 보입니다. 전체적으로 볼 때 적어도 두세 가지의 조건은 충족하는 기획뉴스인 것 같습니다. 구성안에 나온 내용대로라면 이 아이템은 기획뉴스거리가 충분히 될 수 있다고 봅니다.

• 내용은 어떤가

기자가 기사에서 말하고자 하는 내용의 옳고 그름은 가급적 평가하지 않으려 하고 있습니다만, 그 같은 주장을 펴나가는 과정에 대해서는 언급을 하고자 합니다. 이 기획뉴스의 경우, 구성안만 보면 문제가 있는 것 같네요. 기사를 쓸 때 어떻게 보정될 수 있을지는 몰라도 구성안대로라면 편향된 뉴스가 될 가능성이 높습니다.

이 뉴스를 기획한 기자 지망생은 '인적성검사는 인재 선발에 적합한 방법이 아니다'라는 주장을 거의 기정사실로 하고 있는 듯합니다. '인적성검사에 문제 있다'는 정도까지는 모르겠지만 이렇게 '적합하지 않다'는 주장을 편다면 너무 일방적입니다. '적합하지 않다'는 주장이 잘못됐다는 것이 아니라 그렇게 주장을 하려면 그 근거가 보다 객관적이고 확실해야 한다는 것입니다. 믿을 만한 연구기관의 연구 결과가 나왔다든지 기업 인사 관계자들을 대상으로 한 여론조사 결과라든지 뭔가 인용할 가치가 있는 전문가나 단체의 견해나 조사 결과가 뒷받침하지 않는 이상, 이렇게 단정적으로 인적성검사 '무용론', 나아가 '유해론'까지 제기하는 것은 위험합니다. 인적성검사로 먹고 사는 사람들을 한번 생각해보십시오. 취업을 앞에 둔 사람들에게 인적성검사는 껄끄럽고 때로는 불필요해 보이는 하나의 관문이지만 그 사람들에게는 생업(生業)입니다. '인적성검사가 필요하냐 그렇지 않느냐'를 떠나서 자신의 생각을 기사화할 때는 그 생각을 좀더 객관화시키기 위한 노력이 필요합니다. 어느 쪽으로 기사를 쓰든 기사의 내용을 뒷받침할 만한 근거를 제시해야 합니다. 자신의 가설, 아이디어로 기획된 것이 보도로 이어지기 위해서는 매우 객관적인 접근이 필요합니다.

• 구성 자체는 어떠한가

인적성검사의 모든 것을 다루려 하고 있습니다. 많은 기업들이 사원을 선발할 때 인적성검사라는 것을 본다, 인적성검사는 어떤 것이다, 취업준비생들은 인적성검사 준비를 위해 책을 구입하고 강의까지 듣기도 하는데 경제적 부담이 만만치 않다, 그런데 과연 인적성검사가 무슨 의미가 있는지 모르겠다, 그래서 어떤 기업은 보지 않기로 결정을 내리기도 했다, 대신 면접을 강화하겠다는 것이다, 다른 기업들도 고민할 필요가 있다고 본다 … 이런 식으로 논리가 전개된 것이죠? 길이는 2분10초 정도로 잡았군요. 이 짧은 시간에 이 내용이 다 들어갈 수 있을까요? 이게 큰 문제입니다. 시간 계산이 잘 안 됐다는 거죠.

조금 더 구체적으로 얘기하면 '인재 선발에 효과는 의문'이라고 한 항목에서 인터뷰 2개와 말하고자하는 내용을 20초에 소화해 낼 수 있을까요? 나머지 부분도 마찬가지로 너무 빡빡합니다. 빡빡한 정도가 아니라 도저히 제시한 시간 내에 말하고자 하는 기사를 소화하는 것은 불가능합니다. 구성단계에서부터 어떤 내용을 전달하는 데 할당될 시간에 대한 예상은 매우 현실적이어야 합니다.

다음, 너무 많은 것을 얘기하려는 욕심을 버려야 합니다. 인적성검사에 관련한 뉴스라고 인적성검사의 모든 것을 다 말할 수는 없습니다. 서론과 결론은 필요 없습니다. 본론부터 시작해야 합니다. 다시 말해서 이 구성안의 프롤로그는 앵커멘트로 돌리면 될 것 같네요. 인적성검사 목적과 유형 같은 것을 본격적으로 설명할 필요가 있나 하는 생각이 듭니다. 이 기획뉴스에서 말하고자 하는 것이 무엇입니까, '인적성검사가 인재 선발 효과는 의문', '심층면접처럼 구직자의 능력과 인성을 평가하는 방법 개발 필요', 이것 아닙니까? 그렇다면 그 쪽에 무게를 두십시오. 선택과 집중이 필요합니다.

뉴스 쓰기 구성안 A의 가르침

첫째, 객관적인 접근이 필요하다.
- 기자가 어떠한 주장이 옳다고 판단할 수는 있지만 그 판단의 근거는 누가 봐도 수긍할 수 있는 객관적인 것이어야 합니다.

둘째, 기사의 길이를 제대로 계산하라.
- 한정된 시간에 많은 얘기를 다할 수는 없습니다. 선택과 집중을 통해 버릴 것은 과감히 버려야 합니다.

이 구성안을 기초자료로 새로운 구성안을 만들어 봤습니다.

뉴스 쓰기 '말 많은' 인적성검사 구성안

구분	영상	기사	시간
인적성검사	# 인적성검사 대비 강의 스케치 (수리 부분 강의) # 서점가 스케치 # 취업준비생 A 인터뷰 # 취업준비생 B 인터뷰	• 인적성검사 강의 • 서점에도 인적성검사 책 빼곡 • 수강료나 책값을 생각하면 검사 한 번 위해 20만 원정도 부담하는 꼴 • A 인터뷰 (인적성검사 부담에 관하여) • B 인터뷰 (인적성검사 의미에 관하여)	40초
인적성검사 효과 있나?	# 취업 박람회 전경 # 대기업 인사 담당자 인터뷰 # 전문가 인터뷰	• 얼마나 많은 기업들이 인적성검사를 보고 있나? • 기업은 왜 보나? • 기업이 인적성검사를 보는 것에 대한 비판적 시각	40초
"인적성검사 대신 면접을"	# 한화그룹 면접 장면 스케치 # 인터뷰 # 스탠드업	• 기업들도 대안 찾기에 나섰다 • 인터뷰(왜 폐지했나?) • 취업자들에게 또 하나의 스펙이 돼버린 인적성검사 대신 구직자의 능력을 평가하는 새로운 방식에 대한 고민이 필요	40초

288

앞의 구성안과 비교해보시죠. 일단 이 구성안은 인터뷰나 촬영 같은 본격적인 취재가 시작되기 전에 작성한 것입니다. 구성안을 작성할 때는 이렇게 취재에 들어가기 전, '나는 이렇게 취재하겠다'는 계획서를 쓰는 마음으로 작성하는 게 바람직합니다.

이제 내용을 보도록 하겠습니다. 처음부터 본론으로 시작했죠? 그리고 인적성검사를 보는 기업의 인사담당자로부터 '왜 보는지'에 관한 인터뷰도 포함시켰습니다. 특정 제도의 문제점을 지적하는 보도인 만큼 기계적인 중립을 요구할 수는 없겠습니다만, 인적성검사를 여전히 보고 있는 기업들의 목소리를 통해 인적성검사가 지닌 최소한의 의미는 전달하는 게 맞습니다.

노파심에서 말씀드리는데 이 구성안은 정답이 아닙니다. 사실 사전 취재가 잘 돼 있었다면 구성안이 훨씬 달라질 수 있었을 것입니다. 이를테면 광고회사 인적성 검사에 5각형의 넓이를 계산하는 방법을 묻는다든가하는 식의 구체적인 사례가 있었다면 그런 내용을 도입부로 올릴 수도 있을 겁니다.

한 가지 더 말씀드리면, 이 구성안은 내용에 대한 사실 확인 절차를 거치지 않은 가상(假想)의 것입니다. 여러분께 인적성검사에 대해 부정적인 선입견을 줬을까봐 걱정되는군요. 기회가 닿으면 한번 취재해 보시기 바랍니다.

● 구성안 B

구성안 하나만 더 보죠. 진주의료원 사태가 한창 논란이 됐던 2013년 봄에 역시 한 수강생이 낸 기획안입니다.

뉴스쓰기 구성안 B "지방의료원 적자, 해결 방법은?"

구분	영상	기사	시간
프롤로그	# 진주의료원 외부 모습 # 진주의료원 내부 모습 # 병실 모습	• 진주의료원 폐업 논란 • 경영적자 실태	20초

정치권 갈등
(폐업 찬성
vs. 반대)
	# 홍준표 경남지사 모습
	# 폐업 관련
	  주요 주장정리
	
	# 민주통합당 김용익 의원
	  단식투쟁 영상, 인터뷰
		• 홍준표 경남지사
		  폐업 추진 중, "노조만
		  배 불리는 일 하지 않다."
		
		• 김용익 의원 주장,
		  "공공성 후퇴"
			30초

지방의료원
적자 문제
실태
	# 보건 복지부 자료
	  (지방의료원 경영 실태)
	# 공공의료원에서
	  치료받는 환자들
	# 지방 의료원장 인터뷰
		• 적자 의료원 분석
		• 적자가 난 원인
		  (공공적 성격이 강함)
		• 의료원 적자가 계속되지만
		  공공의료원이라 수익성 있는
		  비보험 진료 늘릴 수 없어
			30초

적자 의료원
해결 방안
(사례)
	# 김천의료원 외부
	# 김천의료원 내부(최신
	  의료기기, 병실 내부,
	  원장과 의사와 환자
	  모습 등)
	# 김천의료원 경영 현황
	# 김영일 원장 인터뷰
		• 적자에서 흑자가 된
		  김천의료원 소개
		
		• 자료 설명
		• 김영일 원장 부임 뒤
		  직원들과 병원 상생 위해
		  노력
			30초

에필로그	# 스탠드업
	# 병원 야외에서
	  환자들 쉬고 있는 장면
		• 정치적 갈등보다는 공익성 ·
		  수익성 동시에 추구할 수
		  있는 근본적 방안 필요
			10초

이 학생의 기획뉴스 구성안을 보면, 여러 가지 문제점들이 눈에 띕니다. 현장의 꽤 많은 기자들도 이 학생과 비슷한 잘못을 저지르곤 합니다. 자, 무엇이 문제인지 한번 보겠습니다.

우선 새롭지 않습니다. 제가 볼 때는 새로운 게 거의 없습니다. 이 정도는 진주의료원과 관련해 뭔가를 기획하고 싶을 때 사전에 알아둬야 할 자료를 정리한 것에 불과합니다. 김천의료원 사례 정도가 그나마 조금 새롭다면 새로울까, 전체적으로 볼 때 새로운 게 없습니다. 뉴스보다는 시사프로그램에서 가끔 이런 식의 구성안이 나타나곤 합니다. 이 경우 자초지종을 잘 설명해준다는 긍정적인 면이 없는 건 아니지만, 그런 식으로 접근한 아이템은 '킬'(kill) 되기 십상입니다. 특히 매일 나가는 뉴스에는 더욱 적절치 않은 구성입니다. 의미도 있고 알고 싶어 하는 사람도 있겠지만 뉴스의 생명은 신선함에 있기 때문입니다.

둘째, 구성안 자체에 문제가 많습니다. 우선 시간개념이 너무 없습니다. 구성안에 나온 기사를 예상한 시간 안에 도저히 쓸 수가 없습니다. '지방의료원 적자 문제 실태'를 지방의료원장의 인터뷰까지 넣어서 30초 안에 얘기할 수 있을까요? 또 '적자 의료원 해결 방안'을 김천의료원의 사례를 들어 얘기하겠다는 것인데 이 역시 30초에 가능하겠습니까? 불가능해 보입니다. 제가 구성안을 만들어보라고 강조하는 이유 중 가장 중요한 것이 바로 여기에 있습니다.

셋째, 너무 포괄적이고 추상적입니다. 기획을 할 때 머릿속에는 여러 가지 구상이 마구 떠다닙니다. 그걸 잘 정리하지 않은 채 어렴풋이 '뉴스가 될 것 같다'는 생각으로 취재를 시작하는 것은 여러 가지 불행한 결과를 낳게 됩니다. 데스크를 보던 시절 후배기자들이 뭔가 굵직한 주제를 갖고 오며 '이런 거 한번 합시다' 하고 말할 때가 있습니다. 그때마다 저는 '구성안을 만들어 오라'고 합니다. 그냥 머릿속에서만 맴돌던 추상적인 아이템들은 구성안 작성 과정에서 스스로 '소멸'될 때가 많습니다. 뉴스는 전달하고자 하는 내용이 아주 구체적이어야 합니다. 즉, '지방의료원 적자의 가장 큰 원인은?', '진주의료원 사태 정치권으로', '김천의료원의 적자탈출기' 하는 식으로 말입니다.

구성안은 머릿속에서 막연하게 오가던 여러 가지 생각들을 뉴스라는 틀에 맞게끔 정리해 주는 역할을 합니다. 구성안을 작성하는 과정은 추상적인 것을 구체화하는 것입니다. 그저 관념에 흐르기 쉬운 기획의도는 구성안을 통해 현실에 가까워집니다. 구성안을 작성하다 보면 영상과 기사와 시간을 연결지어 생각하는 능력이 커집니다. 기자, 특히 방송기자라면 반드시 갖춰야 할 능력입니다.

뉴스쓰기 구성안 B의 가르침

첫째, 시간 개념이 있어야 한다.
- 진주의료원 폐업 논란과 경영적자 실태를 20초 안에 다 얘기할 수 있습니까?

둘째, 다루고자 하는 주제를 확실히 해야 한다.
- '지방의료원 적자, 해결방안은?'이라는 주제 자체가 너무 광범위해서 뉴스라기보다는 논문 제목 같군요.

기획뉴스 - 조심해야 할 것들

여러분이 앞으로 기자가 돼서 기획뉴스를 기획할 때 자신의 구상을 구체화하기 위해 구성안을 만들어 보는 습관을 들일 것을 강력히 권고합니다. 방송기자에게 '영상'과 '기사'와 '시간'을 연관 지어 생각하는 자세는 정말 필요합니다. 두 기자 지망생이 낸 기획뉴스의 구성안을 보면서 기획뉴스를 구상할 때 어떤 점들을 피해야 할 것인가를 단편적으로나마 알아봤습니다. 이 같은 지적은 기자된 지 몇 년 된 이들도 수시로 받는 것들입니다.

이제부터는 앞서 말한 내용들을 조금 더 일반화해서 정리해보도록 하겠습니다. 기획뉴스 거리를 찾은 뒤, 이를 좀더 구체화시키는 과정에서 생각해야 할 것들입니다.

첫째, 무엇을 말할지 구체화할 것. 길어야 2, 3분짜리 기획뉴스에서 취재 범위를 너무 두루뭉수리하게 잡으면 뉴스가 되지 않는 경우가 많습니다. 이를테면 '지방 축제 난립'이란 문제를 주제로 하더라도 전하려는 메시지나 취재대상은 구체화시켜야 합니다. "장터가 돼버린 축제"라는 식으로 지역의 축제가 본래의 취지와는 달리 술파는 음식점과 상인들의 무대가 됐다든가, "군수님의 잔치"라는 제목이 말해주듯이 축제가 지방자치단체장의 '얼굴 알리기'에 이용된다든가, '나랏돈은 쓰고 보자' 하는 식으로 잘만 하면 중앙정부 예산도 지원되니까 일단 벌여놓고 보자는 식으로 하다 보니까 축제가 난립하게 된다는 식으로 전달하고자 하는 메시지를 선택하고 집중해야 한다는 것입니다. 아주 작은 사례를 통해 큰 문제점을 알 수 있도록 기획을 하는 것이 좋습니다.

둘째, 기사는 논문이 아닙니다. 길어야 2분 정도인 기획뉴스에서 서론-본론-결론 형식으로 논리적인 완결성에 매달리지 마십시오. 뉴스가 논리적이어야 하는 것은 당연합니다만, 서론으로 시작하는 뉴스는 김이 빠지기 쉽고 결론은 뉴스를 본 시청자나 청취자가 내릴 문제입니다. 그저 어떤 문제의 현상-원인-대책의 순으로 생각해보되 누구나 다 아는 현상을 시시콜콜하게 얘기하진 마십시오.

이를테면 '스마트폰 중독'에 관한 아이템을 기획했다고 합시다. 서론 혹은 현상을 얘기한다며, 지하철에서 또는 길을 걸으면서 친구와 마주 앉은 카페에서 사람들이 스마트폰을 들여다보고 있다는 말을 길게 할 필요는 없습니다. 그냥 그런 장면들을 한 10초 영상 구성으로 보여줘도 되는 일이지요. 결론 혹은 대책을 쓴다며 '스스로 스마트폰을 사용하지 않으려는 노력이 필요하다'는 식의 당연한 얘기는 하지 말아야 합니다. 또 결론은 리포트를 들은 시청자가 내리도록 하는 게 좋습니다. 결론을 내리기 어렵게 만들었다면 그건 리포트에 문제가 있었던 탓입니다.

셋째, 시간을 현실적으로 계산하십시오. 기획뉴스를 구성하다 보면 데스크와 약속했던 길이는 있고 할 말은 많다 보니, 구성안부터 내용은 빼곡히 채워놓고도 시간을 매우 인색하게 매기는 경우가 많습니다. 그 시간에는 도저히 들어갈 수 없는 분량의 내용을 우겨넣은 것이죠. 이런 건 보고를 위한 구성안입니다. 아무리 할 말이 많아도 방송은 시간 내에 끝내야 합니다. 그래서 짧은 시간에 자신이 전하려는 메시지를 가장 효과적으로 전달할 수 있는 방법은 무엇일까를 고민해야 하는 겁니다. 곁가지들을 과감하게 쳐내면서 한정된 시간에 담을 수 있는 내용들을 '현실적으로' 생각해보라는 것입니다.

기획뉴스는 주관적으로 흐를 위험이 큽니다. 기획뉴스는 대부분 기자나 데스크가 생각해내기 때문에 구상부터가 기자의 개별적인 경험과 의식, 지식이 바탕이 돼서 이뤄질 때가 많죠. 자신이 취재하려는 사안에 대해 선입견이 있는 경우가 많다는 것입니다. 그런 상황에서는 자신의 생각과 비슷한 말에는 귀가 솔깃해지고 반대되는 말은 애써 피하고 싶은 게 인지상정입니다. 그렇기 때문에 자신의 생각을 자꾸 검증받으려 노력해야 보도가 공정해지고 균형이 잡힙니다. 자신의 의지로 문제를 제기하는 것만 해도 기자는 큰 특권을 누리는 셈인데 그 내용까지 자신의 생각을 뒷받침하는 것만 골라 쓴다면 안 되겠죠. 항상 반론을 취재하고, 반대편 입장에 서서 사안을 보는 일에 인색하지 말아야 합니다.

끝으로 한 번 더 강조하고 싶은 얘깁니다. 여러분이 기자가 되면 많이 경험하겠지만, 기획뉴스를 취재하다 보면 자신의 구상대로 되지 않을 경우가 있습니다. 반론을 들으니까, 아니면 현장에 직접 가서 보니까, 자신의 생각이 맞지 않았다는 것을 알 경우가 있습니다. 이럴 때는 단호하게 자신의 주장을 접으셔야 합니다. 대략 타협적으로 기사에 매달리다 보면, 이것도 저것도 아닌 기사가 나올 때가 많고, 자신의 주장과 반대된다는 이유로 특정한 '사실'들을 외면한다면 사실과 다른 보도, 왜곡된 보도가 됩니다. 기자가 된 뒤에도 항상 명심해야 할 얘기입니다.

정해진 주제를 놓고 기획뉴스를 만들려면

세상 모든 곳의 모든 일을 찬찬히 뜯어보면 반드시 크고 작은 기삿거리가 있게 마련입니다. 보통 사람이 자주 접하는 장소나 물건에는 더 많은 이야기들이 있고요.

이를테면 휴대전화 하나만 놓고 볼까요? 얼마나 많은 얘기들이 나올수 있을까요? 생각나는 대로 몇 가지만 함께 꼽아 봅시다. 스마트폰의 유통구조에 대한 얘기를 할 수 있을 겁니다. 어디에서 어떤 조건으로사느냐에 따라서 스마트폰의 가격은 천차만별입니다. 이 복잡한 유통구조에서 누가 득을 보고, 누가 손해를 보는지 …. 충분히 기삿거리가되겠죠. 성능을 둘러싼 얘기도 할 수 있을 겁니다. 스마트폰 회사마다내놓은 스마트폰의 기능에 대해서 이런저런 얘기를 쓸 수도 있을 테고요, 스마트폰 사용자에 대한 얘기들도 많을 겁니다. 전동차 안 풍경이달라졌고, 친구들과 만나 대화하는 형태도 달라졌다든가. 또한 스마트폰이 몰고 온 새로운 트렌드에 대해서 취재해 쓸 수도 있겠죠. 스마트폰에 있는 애플리케이션만 갖고도 충분히 한 꼭지 만들 수 있을 겁니다. 이밖에 분실된 스마트폰이 가는 곳이라든가, 대포폰 시장 등 수없이 많은 기획뉴스가 나올 수 있을 것입니다.

지금 함께 예를 든 내용들을 주제로 기획을 한다고 했을 때는 더욱 내용을 구체화, 세분화해야 합니다. 예를 들어 유통구조에 대해서 뭔가기획을 해서 보도하려면 그중 무엇을 파고 들 것인지를 선택해야 한다는 거죠. 보조금에 대해서 할 것인지, 가격이 정해지는 과정에서의 문제점에 대해서 할 것인지, 통신사와 제조사의 관계에 대해서만 할 것인지 등 말입니다. 그렇게 구체화된 주제를 놓고 자신이 쓰고자 하는 내용을 상징적으로 보여줄 수 있는 사례를 골라내면 더욱 좋습니다. 아주 작고 간단한 사례를 통해 휴대전화 유통구조의 한 단면을 보여줄 수 있다면 금상첨화겠죠.

똑같습니다. 만약 언론사 입사시험을 보는데, 재래시장에 관한 기획뉴스를 하나 만들어보라는 문제를 받아 들었다고 합시다. 어떻게 하시겠습니까? 함께 상상해봅시다.

첫 번째, 일단 재래시장에 가야죠. 평소에 재래시장을 다닐 기회가 있어 이런저런 생각을 할 수 있었든지, 아니면 TV 프로그램에서 재래시장에 대한 얘기를 본적이 있던지 하면 훨씬 유리한 자리를 먼저 잡은 겁니다.

두 번째, 시장을 둘러보면서 무엇을 할 수 있을까 생각해야겠죠. 새로운 느낌을 주는 것이 기삿거리의 기본 조건이라는 생각을 가지고 말입니다. 마침 재래시장에서 시장 상인들을 위한 방송이 나왔다면, '아, 시장방송 한번 다룰 수도 있겠다'라는 생각을 할 수 있을 것입니다. 상인에게 '장사가 잘되냐'는 질문을 했더니 "대형슈퍼마켓이 쉬는 날이라며 그런 날은 장사가 잘된다"는 얘기를 들었다면, 'SSM이 쉬는 날, 재래시장은 웃었다'라는 아이템을 생각할 수도 있을 것입니다. '먹거리를 파는 곳이 줄지어 있어 명소가 됐다'는 얘기를 듣고, 상가번영회를 찾아가 물어봤더니 "이 시장의 테마를 일단 먹거리로 잡았다면서 일단 사람들이 많이 오도록 하는 게 중요하지 않냐"는 대답을 듣고 "특화된 재래시장"이라는 제목의 뉴스를 떠올릴 수도 있을 것입니다.

셋째, 어느 정도 아이템이 잡히면 관련자들의 인터뷰를 많이 해야 하고, 뒷받침할 수 있는 자료를 수집해야 합니다. 재래시장 방송을 기획뉴스거리로 만들기로 했다면 이 방송이 왜, 어떻게 생겨나게 됐고, 어떤 사람들이 방송을 하며, 듣는 이들은 주로 어떤 이들이며, 이런 방송이 시장에 미치는 영향은 무엇인지 등 생각할 수 있는 모든 것을 취재해야겠죠. 그 다음, 마지막으로 선택과 집중을 해서 어떤 부분을 기획의 '핵심'으로 잡을 것인가를 결정하는 것입니다.

넷째, 다른 시장은 어떤지 알아보고 기사 한 줄이라도 붙여서 자신의 기사를 최대한 키워야 합니다. 이러한 시도를 하면서 일반화의 오류를 범할 수 있는 우려도 있지만, 어떤 사실이 특정한 곳에서만 일어난다는 것과 여러 곳에서 일어나고 있다는 것은 기사로서 무게가 서로 다릅니다.

주제를 정해서 뉴스를 기획을 할 때는 어디를 가든지 이런 식으로 해 보십시오. 지하철에 관한 기획뉴스를 하라고 한다면 어떤 것을 기획하시겠습니까? 가을날 대학캠퍼스에 가서 기삿거리를 기획해오라고 하면 어떻게 하시겠습니까? 무슨 일이든 한 번 깊이 빠져야 한 단계 성장하는 법이랍니다. 주변의 모든 것들을 기삿거리로 대하는 시간을 보내보세요. 습관이 되면 그런 일이 그렇게 피곤하지도 않습니다.

●●● 과제

참신한 기획뉴스 2건을 발굴해서 기획의도를 포함한 구성안을 작성하십시오.

13

—

읽기

'읽기'는 연습한 만큼 나옵니다.

방송기자가 된 뒤,
'잘 읽지 못한다'는 지적을 받는다면
그건 게을렀기 때문이라고 생각하고
반성해야 합니다.

읽기

방송뉴스에서 기사 '쓰기'에 못지않게 중요한 건 '읽기'입니다. 잘못 읽으면 아무리 잘 쓴 기사도 제 빛을 발하지 못합니다. 그렇다면 잘 읽는다는 것은 무엇인가. 답은 매우 간단합니다. 무슨 말인지 명쾌하게 들리고, 듣기에 편하면 됩니다. 타고난 음성도 중요하나 남들이 인상을 찌푸릴 정도가 아니라면 음성 자체가 문제가 되는 일은 거의 드뭅니다. 사투리 역시 충분히 극복이 가능합니다. 간단히 말하면 '읽기'는 특별한 경우가 아니고는 훈련으로 확실히 좋아지는, 투자 대비 산출이 가장 확실한 '기능'이라고 할 수 있습니다. 지금부터 읽기 훈련을 하는 방법에 대해서 몇 가지 말씀드리겠습니다.

정확하게 읽어라

'정확하다'의 사전적 의미는 '맞고 확실하다'입니다. 즉, 정확하게 읽으라는 말은 '맞게 발음하고 또렷하게 읽어라'란 의미죠. 우선은 발음을 맞게 하는 것이 중요합니다. 간혹 리포트를 듣다 보면, '햇빛을'을 〔해삐슬〕로 발음하고 '빚을 갚다'를 〔비슬 갑따〕라고 읽는 기자들이 있습니다. 몰랐든지, 주의하지 않고 읽었든지 둘 중 하나일 텐데, 양쪽 다

기자의 리포트에 대한 믿음을 떨어뜨립니다. 단어 하나라도 정확하게 발음하기 위해서는 중고등학교 다닐 때 배웠던 자음동화니 구개음화니 경음화니 하는 발음법부터 다시 복습해야 합니다. 어떤 음절을 길게 발음하고 짧게 발음하는지도 알아야 합니다. 하루 날 잡아 외우겠다고 달려드는 것보다는 정확한 발음이 아리송할 때는 언제나 사전을 찾아보고 입에 붙을 때까지 반복해서 읽어보는 습성을 기르는 것이 중요합니다. 참고로 기자들이 잘못 읽을 때가 있는 낱말들을 몇 개 골라서 정확한 발음을 적었습니다. 아나운서 후배의 도움을 바탕으로 해서 여기저기서 뽑은 것들입니다. 한 번 읽어 보면서 스스로 자극을 받으라는 뜻에서 맛보기 형식으로 몇 가지 예를 든 것입니다.

※ 주의할 발음[1]

- 날씨가 맑다〔막따〕 / 맑은〔말근〕 하늘 / 맑게〔말께〕 갠 하늘
  닭고기〔닥꼬기〕 / 닭을〔달글〕 잡아서
- 맏형〔마텽〕 / 꽃 한 송이〔꼬탄송이〕
- 빛을〔비즐〕 / 햇빛이〔해삐치〕
- 헛웃음〔허두슴〕
- 굳이〔구지〕 / 미닫이〔미다지〕 / 밭이〔바치〕
- 팥으로〔파트로〕 죽을 끓여 먹다
  밭에서〔바테서〕 흙을〔흘글〕 밟고〔밥꼬〕 있는 어머니
- 광한루〔광: 할루〕 / 줄넘기〔줄럼끼〕

---

1 사례의 대부분은 최병선(2005), 《좋은 글의 시작 올바른 맞춤법》, 동광출판사, 301~317쪽의 "표준발음법"에서 인용함.

- 공권력〔공꿘녁〕 / 입원료〔이붠뇨〕
- 그믐달〔그믐딸〕 / 강줄기〔강쭐기〕
- 떫지〔떨ː지〕
- 내복약〔내봉냑〕 / 영업용〔영엄농〕 / 금융〔금늉/그뮹〕
- 불여우〔불려우〕

※ 잘못된 경음화

- 창고 〔창고(○)〕 / 〔창꼬(×)〕
- 효과 〔효과(○)〕 / 〔효꽈(×)〕
- 관건 〔관건(○)〕 / 〔관껀(×)〕
- 불법(不法)〔불법(○)〕 / 〔불뻡(×)〕
  불법(佛法)〔불뻡(○)〕 / 〔불법(×)〕
- 등기 〔등기(○)〕 / 〔등끼(×)〕
- 고가도로 〔고가(○)〕 / 고가(高價)의 사치품〔고까〕

※ 주의해야 할 장단음

• 대ː통령	• 오ː전/오ː후	• 검ː찰
• 경ː찰	• 가ː능성	• 의ː사자
• 사ː건사ː고	• 대ː변인	• 보ː도

• 강ː제(强制)	• 강약(强弱)	• 미ː모(美貌)	• 미국(美國)
• 장ː손(長孫)	• 장단(長短)	• 방ː화(放火)	• 방화(防火)
• 구ː조(救助)	• 구조(構造)	• 부ː자(富者)	• 부자(父子)
• 무ː력(武力)	• 무력(無力)	• 성ː인(聖人)	• 성인(成人)

맞는 발음으로 읽었다 하더라도 그 발음이 명확하지 않으면 안 됩니다. 명확하지 않은 발음도 꾸준히 고치려고 노력하면 거의 다 고칠 수 있습니다. 발음이 안 되는 부분은 잘될 때까지 천천히 반복해서 읽어보십시오.

사투리도 한때는 읽기의 큰 장애였죠. 경상도 출신은 쌍시옷 발음을 잘못해 '쌀'을 '살'로 읽는다는 얘기는 제가 기자생활을 시작할 때만도 흔했고, 또 사실 그런 기자들도 있었지만 지금은 많이 달라졌습니다. 생방송에 걸려 급하게 리포트를 할 때면 모를까, 요즘 '쌀'을 '살'이라고 하는 기자들 거의 보지 못했습니다. 기자들 스스로의 노력도 있었겠지만 어릴 때부터 텔레비전을 많이 봐서 지방의 젊은 사람들은 대부분 표준말과 사투리를 다 구사하기 때문이 아닐까 싶습니다. 사투리라는 '핸디캡'도 노력만 하면 거의 다 극복할 수 있다는 것을 제 자신이 직접 봤습니다. 선배기자 중 부산 출신으로 사투리가 심해 초년병 때는 '리포트 하지 말라'는 말까지 들었던 분이 계셨는데, 그분 나중엔 앵커까지 했습니다.

읽는 속도와 높낮이와 호흡을 생각하라

처음 기사 읽기를 할 때는 이 속도가 적절한지, 너무 소리를 높게 내는 건 아닌지, 제대로 띄어 읽는 건지 … 여러 가지가 마음에 걸리기 마련입니다. 사람마다 읽는 게 다를 수밖에 없기에 일률적으로 어떻게 하라고 말하기는 어렵습니다. 그러나 제 경험에 비춰 리포트가 너무 느려서 문제가 된 적은 거의 없었던 것 같습니다. 자신이 '이 정도 속도면 됐다'

라고 생각하는 것보다 조금 더 천천히 읽으십시오. '천천히 읽어라'라고 하면, 음절 하나하나 혹은 단어 하나하나를 천천히 읽으려는 사람들이 있습니다만, 그것보다는 한 문장 안에서 띄어 읽을 곳이나 문장과 문장 사이에서 적절히 쉬는 게 중요합니다. 즉, 일정한 속도로 천천히 읽으라는 것이 아니라 속도의 변화를 주면서 천천히 읽으라는 것입니다. 여러 번 읽다 보면 '이 말이 무슨 뜻인지' 보다 확실히 다가올 겁니다. 리포트의 전체적인 음정은 높은 것보다는 낮은 게 낫습니다.

기사의 내용에 어울리게 읽어라

읽기가 어려운 이유 중 또 하나는 기사의 내용에 따라 조금씩 다르게 읽어야 한다는 것입니다. 이를테면 사건사고기사는 조금 빠르게 긴박한 느낌을 받을 수 있도록 읽어야 합니다. 그런가 하면 설이나 추석 때의 리포트는 천천히 평화로운 기분을 줄 수 있도록 읽어야 하고요. 정치나 경제기사 같은 경우 감정이 배제된 목소리로 또렷하게 읽어야 됩니다. 그렇다고 무슨 성우가 목소리 연기하듯 하라는 것은 절대 아닙니다. 영결식 리포트라고 울먹이는 듯 읽으라는 게 아니라는 거죠. 감정은 배제하되 그 분위기에 맞추라는 것입니다. 어린이날 아이들이 즐겁게 뛰노는 모습을 스케치한 리포트를 인사동 화재 리포트처럼 읽어 제치면 되겠습니까.

아래에 나오는 기사들을 기자가 돼서 리포트 하는 마음으로 읽어보십시오. 앞에서 말한 게 무슨 뜻인지 좀더 또렷해 질 것입니다.

• 강원도 태백에서 열차가 충돌한 시각은 어제 오후 5시 50분쯤.
  열차 2대가 단선 철도를 마주 달리다가 정면으로 충돌했습니다.

  열차 2대에 승객 110여 명이 타고 있었는데,
  이 사고로 경기도 안산에 사는 77살 박 모씨가 숨지고
  90여 명이 중경상을 입었습니다.

• 기초연금의 정부안이 65세 이상 노인 가운데
  소득 하위 70%를 대상으로 차등지급하는 것으로 결정됐습니다.

  지급 대상은 재산과 소득을 기준으로 한 소득인정액이
  월 83만 원 이하인 독거노인과 월 133만 원 이하인 노인 부부이며,
  국민연금 가입기간과 연계해 10만 원부터 20만 원까지
  차등지급하게 됩니다.

• 11살의 어린 영친왕.

  낯선 이국땅에 끌려가 일본인들의 감시를 받으며
  자라야 했습니다.

  일본군 장교가 돼 천황의 조카와 결혼한 그를 바라보는
  고국의 눈은 차갑기만 했고, 해방이 된 뒤 고국에 돌아올 수도,
  일본 왕족으로 살아갈 수도 없는 신세가 됩니다.

특별한 어조語調를 경계하라

리포트를 처음 시작할 때는 그렇지 않은데 몇 년 하다 보면 자신만의 말투가 생깁니다. 뭐라고 딱 지적하기는 힘드나 뭔가 좀 색다른 그런 느낌을 주는 그런 말투들이 말이죠. 대선배 중에는 '아, 정부는 이번 조치로 …', '아, 이에 대해 …', 이런 식으로 문장을 시작할 때마다 말머리에 '아'를 붙였던 분도 기억나고요. 잘 읽는 것 같은데 그 어조가 왠지 거슬렸던 앵커들도 제 기억에 있습니다.

이걸 '전문용어'로 '쪼'〔조(調)의 된말〕가 있다고 하는데요. 이건 정말, 누군가 지적했을 때 빨리 고쳐야 합니다. 오래되면 고치기 굉장히 힘들다고 합니다. 이런 '특별한' 말투들은 기자가 자신의 리포트에 지나치게 멋을 내려는 마음에서 비롯될 때가 많은 것 같습니다. 물론 반대로 듣기 좋은 '쪼'도 있죠. 왜 그런지 콕 집어서 말하기는 힘들지만 마음을 끄는 목소리나 말투가 있습니다. 이런 어조는 그런데 매우 드뭅니다.

최선의 읽기 연습법 - 따라하라

어떻게 하면 읽기를 잘 할 수 있냐는 질문도 많이 받는데요, 그때마다 전 '따라하라'고 말해줍니다. 여러분들 아마도 리포트가 맘에 드는 기자, 한두 명은 있으리라고 봅니다. 없다면 문제죠. 그만큼 뉴스를 많이 보지 않았다는 것을 의미하니까요. 그런 기자의 리포트를 수십 번 수백

번 따라 하십시오. 비슷해집니다. 그 목소리 흉내를 내라는 얘기가 아니고요, 그 기자의 발음, 말의 높낮이, 호흡 등을 배우라는 것입니다. 처음엔 이렇게 따라하면서 배우는 겁니다. 대부분 기자들이 자신은 누구의 리포트도 흉내 내지 않았다고 생각하지만 그렇지 않다고 봅니다. 머릿속에 '기자의 리포트는 이런 것'이라는 인식을 심어준 그 누군가를 따라 한 것일 겁니다.

따라하는 데서 멈춰서는 안 됩니다. 자기가 읽은 것을 반드시 녹음해 보십시오. 녹음을 해서 듣는 목소리는 퍽 다릅니다. 훨씬 객관적으로 평가할 수 있고요. 요즘 휴대폰도 좋으니까, 녹음은 쉽게 할 수 있잖아요? 반드시 녹음해서 들어보세요.

기사쓰기는 취재력에 따라 또는 문장력에 따라 차이가 날 수 있습니다. 최악의 경우, 나름 최선을 다했어도 타고난 게 부족할 수도 있습니다. 그러나 읽기는 연습한 만큼 나옵니다. 방송기자가 된 뒤, '잘 읽지 못한다'는 지적을 받는다면 그건 게을렀기 때문이라고 생각하고 반성해야 합니다. 언론사 시험을 준비하면서 상식과 논술, 기사쓰기에 쏟는 시간의 10분의 1이라도 '읽기'에 투자하십시오. 면접을 볼 때 다른 지원자들과 가장 쉽게 차별화될 수 있는 것이 바로 '읽기'입니다.

●●● 과제

1. 사건사고 리포트, 정치부 리포트, 스케치 리포트, 이렇게 세 가지 리포트를 골라서 읽어보십시오.
2. 자신이 읽는 것을 녹음한 뒤, 이 리포트를 한 기자가 읽은 것과 비교해보십시오.

특별 강의

—

기자는, 기자가 되겠다는 사람들은
'정의'라는 단어에 익숙해야 합니다.

'정의'를 말하며 때론 얼굴을 붉히고,
열을 올려도 전혀 어색하지 않은
그런 사람들이 기자에 어울리고,
그런 사람들이 기자가 많이 돼야
언론도 살고, 사회도 발전한다고 생각합니다.

기자라는 직업

몇 해 동안 성신여대와 〈프런티어 저널리즘 스쿨〉에서 강의를 하면서 기자가 되기를 희망하는 학생들을 많이 만났습니다. 자신이 바라는 게 뭔지 파악하고 확실한 목표를 가지고 그 길을 향해 열심히 나가는 학생들이 대견스럽기도 하고 한편으론 '나는 이들이 이토록 희망하는 기자라는 직업을 잘 해냈을까' 하는 질문에 때론 마음이 무겁기도 했습니다. 무엇보다도 수백 대 1의 어마어마한 경쟁에서 '장렬한 전사'를 되풀이하면서도 이곳저곳 입사지원 서류를 챙기는 학생들의 모습에 마음이 찡할 때도 많았습니다. 제가 그들과 비슷한 또래의 두 딸을 뒀기 때문에 더욱 그랬는지도 모릅니다.

지금 이 시간에도 기자라는 일을 희망하며 준비하는 분들이 많겠죠. 기자가 된 자신을 생각하며 설레는 마음으로 신문을 읽고 뉴스를 보는 이들도 적지 않으리라 생각합니다. 그들에게 해주고 싶은 말입니다.

•기자라는 직업

기자 혹은 기자라는 직업에 대한 평가는 가지가지입니다. 지금은 거의 잊힌 말입니다만, 기자를 '무관(無冠)의 제왕(帝王)'이라고 부르던 때도 있었습니다. 최근에는 '기자'와 '쓰레기'를 합성한 '기레기'라고도 불린다는 참담한 얘기도 들리더군요. 기자라는 직업에 대한 사람들의 기대가 크다는 것, 반면에 그 기대를 만족시키는 기자들이 적다는 것을 의미하는 것 아닐까 싶습니다. 쉽게 말해 기대도 많이 받고, 욕도 많이 먹는 직업입니다. 물론 기자라는 이름으로 불리는 사람들 자체가 가지가지인 것도 그 같은 극단적인 평가를 받는 중요한 이유일 겁니다.

기자가 하는 일이 무엇입니까. 어디에선가 일어난 혹은 일어나고 있는 일을 많은 사람들에게 알리는 일을 하는 겁니다. 그러다 보니 어떤 이들이 저지르고 있는 잘못된 일을 파헤쳐서 온 세상을 향해 떠드는 '입 큰 고자질쟁이'의 일도 하게 되는 겁니다. 말은 아끼고 남의 잘못은 덮어주는 걸 사람의 됨됨이로 여기는 우리의 전통적인 사고에서 본다면 기자라는 직업의 속성 자체가 그리 품위가 있어 보이지는 않습니다.

"기자는 사람들이 '차이의 계곡'(gulf of differences)에 다리를 지을 수 있도록 도와야 한다"[1]는 말도 있습니다. 서로 다른 양쪽이 그 '다름'을 이해하고 서로 소통할 수 있도록 조정자로서의 역할을 해야 하는 존재라는 뜻으로 이해됩니다. 기자는 '돈 없고 빽 없는' 사람들을 대신해 외치는 사람이기도 합니다. 비슷한 말이겠지만 기자만 없으면 마음대로 해도 걱정할 게 없는 '돈 많고 힘 센' 사람들을 불편하게 만드는 존재이

---

1 *Sacramento Bee*의 전 편집인 그레고리 파브르(Gregory Favre)의 발언. 빌 코바치·톰 로젠스틸, 앞의 책, 350쪽.

기도 하죠.

너무 거창하지만 기자는 현재를 쓰는 역사가라는 말도 듣습니다. 기사 한 줄 한 줄은 곧 역사이며, 따라서 기사는 역사를 써내려가는 심정으로 쓰라는 말일 겁니다. 왜곡된 기사는 역사를 왜곡하는 만큼 잘못된 것이죠. 이렇게 기자가 해야 하는 일, 할 수 있는 일이 매우 다양하다 보니, 지사(志士) 형 기자에서 그냥 '메신저 보이'까지 같은 직업이라고 말하기 힘들 정도로 다른 종류의 사람들이 모인 곳이 기자 집단일 것입니다.

● 이런 사람이 기자가 되는 게 좋습니다

세상의 모든 일에 관심이 많아야 합니다. 민주당과 안철수 신당의 야권 연대에 관심이 있는가 하면, 〈K팝스타〉에서 누가 우승할까도 궁금해하고, 우크라이나에 왜 시위가 벌어지는 건가도 알고 싶어 하는, 그런 사람들이 기자에 어울립니다. 간혹 '난 TV드라마는 안 봐'라고 하는 사람들도 있는데 이런 사람은 기자로서는 하나의 결격 사유를 가진다고 봅니다. 매일 드라마 앞에 붙어 앉아 있을 수는 없지만 화제가 되는 드라마는 한두 편은 봐 대충의 스토리는 알고 있는, 그런 사람이 기자라는 직업에 적합하다는 겁니다.

호기심이 많아야 합니다. 관심이라는 게 기본적으로 호기심에서 비롯되는 것이긴 합니다만 자신이 궁금한 게 많아야 한다는 거죠. 일본의 '재특회'라는 말을 보거나 들었을 때 '재특회'는 한자로 어떻게 쓰나, 어떤 말의 줄임말일까, 뭐하는 사람들의 모임인가, 주장하는 게 뭘까 하는 식으로 의문이 꼬리를 무는 그런 사람들, 오디션 프로그램을 보면서 우리나라에서 가수를 지망하는 젊은이들은 도대체 얼마나 될까, 왜들 그렇게 가수가 되려고 하나, 인기가 평균 수준인 아이돌 가수들은 대체 얼마나 벌까 하는 게 궁금한 사람들 … 이런 유형의 사람들이 기자라는 직업이 적성에 맞을 가능성이 큽니다.

그 다음, 부지런해야 합니다. 세상일에 관심도 있고, 갖가지 사안들에 호기심도 많은데 그걸 알아보려는 일에 게으른 사람은 기자라는 직업과는 조금 거리가 있다고 봅니다. 자신의 궁금증을 해소하는 데에도 게으른 사람이 어떻게 남들이 알고 싶은 일을 대신 알아보기 위해 열심히 일하겠습니까. 누구든지 만나서 무슨 이야기든지 얘기하는 걸 좋아하는 사람, 그런가 하면 자기가 아는 것에 대해선 은근히 '잘난 척'도 할 줄 아는 사람, 그러기 위해서 무엇이든 알려고 노력하는 사람이면 기자가 갖춰야 할 아주 중요한 자질을 갖춘 거라고 보면 됩니다.

기자는 이상을 가진 현실적인 사람이 되는 게 좋습니다. 30년 전, 제가 기자가 됐을 때만 해도 지사형 기자들이 꽤 있었던 것 같습니다. 그때는 술자리에서도 민주니, 정의니, 공정이니 하는 가치에 대해서 열을 올리고 얘기하는 선배들을 많이 봤으니까요. 그 시절 낮술에 고담준론(高談峻論)만을 펴는 선배들에게 그렇게 매료되지는 않았지만, 지금의 많은 기자들을 보면 그때 그 선배들이 그리울 때가 있습니다. 날이 갈수록, 옳은지 그른지에 대한 판단은 미루고 어떻게 해야 자신에게 유리한지 불리한지만 생각하는 기자들이 늘어나는 것 같습니다. 이 사안이 왜 중요하며 따라서 이 기사는 왜 보도되어야만 하는지, 또 이 사안을 제대로 알리기 위해선 어떻게 해야 하는지에 대해 암울했던 5공화국 시절보다 고민도 덜하고 자신이 쓴 기사에 대한 애착도 덜한 것 같습니다. 현실에서 발을 떼고 이상만 이야기하는 것도 허허롭지만, 이상 없이 현실에만 매달리는 건 또 너무 천박합니다.

비판적인 시각을 가진 데다 의심도 많으면 더 좋습니다. 기자는 기본적으로 '잘 돌아가는 일'보다는 '잘 돌아가지 않는 일'을 찾아내야 합니다. 그러기 위해선 기자는 같은 사안을 보더라도 비판적인 시각으로 봐야 합니다. '삐딱하다'는 말이 어울리는 사람이 기자와 가깝습니다. 여기에 의심도 많아야 합니다. 사실이 뭔지 자신의 눈으로 귀로 확인해야 직성이 풀리는 그런 성질이 적합합니다. 예수님 손에 있는 못 자국에 손가락을 넣어 보지 않고는 예수님의 부활을 믿지 못하겠다던 예수님 제자, 토마스의 얘기와 기자의 일을 연관 지어 썼던 한 동료의 글이 기억나네요.

정의를 생각하는 사람이 돼야 합니다. 너무 무거운 얘기입니까? 기자를 지망하는 분들은 기자가 된 친구나 선배를 볼 때가 있겠죠. 그들의 '무용담'을 많이 들으셨을 겁니다. 또 기자생활 몇 년 한 기자들끼리도 술 한잔 하면서 여러 가지 얘기들을 나눕니다. 그럴 때 오가는 많은 얘기 속에서 '정의'라는 말이 얼마나 나옵니까? '잘하는 법'보다는 '잘 지내는 법'에 대해 더 많은 얘기를 하고, 기사가 옳은지 그른지보다는 그 기사가 나가게 된 배경에 대해서 더 주목하진 않았는지요? '정의'란 말을 그저 치기(稚氣) 어린 단어로 생각하고 있지는 않았나요? 요즘 사람에 따라 생각하는 '정의'가 굉장히 다르다 보니 정의를 따지는 것 자체가 피곤할 수도 있습니다만 그래도 기자는, 기자가 되겠다는 사람들은 '정의'라는 단어에 익숙해야 합니다. '정의'를 말하며 때론 얼굴을 붉히고, 열을 올려도 전혀 어색하지 않은 그런 사람들이 기자에 어울리고, 그런 사람들이 기자가 많이 돼야 언론도 살고, 사회도 발전한다고 생각합니다.

가장 중요한 걸 빼놓을 뻔했네요. 건강해야 합니다. 체력이 좋아야 기자를 훨씬 더 잘할 수 있습니다. 이건 나중에 기자가 된 뒤에 실감하실 것으로 보고 따로 설명하지는 않겠습니다.

•방송기자가 되려면 어떤 노력을 해야 합니까?

이런 질문 많이 받았습니다. 그때마다 제 대답은 똑같았던 것으로 기억합니다. 세상일에 관심을 가져라, 궁금하면 알아봐라, 그리고 세상의 일들에 대한 자신의 견해를 가져보라는 것이었습니다. 이걸 실천 강령으로 만들어 얘기한다면, 매일매일 신문, 방송뉴스, 시사프로그램, 토론프로그램 등을 보라는 것입니다. 텔레비전 뉴스는 같은 사안을 어떻게 보도하는지 신문과 비교하면서 시청도 해보고 신문의 경우, 성향이 다른 두 가지를 정독하십시오. 그냥 쭉 훑어보고 그 사안을 아는 것으로 착각하지 말라는 말씀입니다. 그리고 특정 사안에 대해서는 주위의 사람들과 자꾸 토론을 벌여보도록 하십시오. 이게 기본입니다.

어떻게 세상 모든 일을 알 수 있냐고 되물을 수 있겠죠. 물론 그건 불가능합니다. 그러나 최소한 우리 사회에서 지금 문제가 되는 일들에 대해서는 자신의 견해를 말할 수 있을 정도의 지식은 필요합니다. 눈사람을 만들 때 처음이 어렵지 어느 정도 눈이 붙어 굴릴 수 있을 정도가 되면 그때부터는 한 번 구를 때마다 몸집이 확확 불어나는 것처럼, 우리 사회 현안에 대한 지식도 처음 쌓기가 힘들지 조금만 쌓이면 역시 처음보다는 훨씬 쉽게 덩어리가 커진답니다.

요즘 언론사 입사시험을 보니까 논술도 보고, 기사작성이나 기획뉴스까지 만들어보라고 시키던데, 그런 준비도 사실 평소에 이뤄져야 하는 것입니다. 가장 효과적인 준비는 신문과 방송뉴스를 많이 보는 것입니다. 그게 공부같이 느껴지면 곤란합니다.

끝으로 두 가지만 더 말씀드립니다. 앞에서도 말씀드렸는데, 방송기자가 되려는 학생들이 의외로 읽기 연습에는 소홀한 것을 많이 봤습니다. 신입기자 채용 때 면접관으로 들어간 적이 몇 번 있었는데요, 스튜디오 카메라 앞에서 기사를 읽어보라는 과정이 있었습니다. 아마 지금도 대부분의 방송사들이 최종 면접 때에는 그 같은 카메라 테스트를 하는 걸로 알고 있습니다. 그때 어떤 자세로 어떻게 읽느냐는 매우 중요합니다. 사실 엇비슷해 보이는 지원자들을 놓고 누구를 딱 하고 뽑기란 쉬운 일이 아닙니다. 그럴 때 확실히 구분되는 기준이 바로 읽기입니다. 그리고 읽기는 몇 번 말했지만 연습하면 반드시 느는 '기능'입니다.

마지막으로 외모에 관한 얘기 한번 해보죠. 좀 민감한 얘기일 것 같군요. 결론적으로 말해서, 외모 때문에 기자가 되는 일이나 기자가 되지 못하는 일 모두 드뭅니다. 응시한 몇 사람들 중, 수준은 비슷해 보이는데 조금 더 호감이 가는 외모를 지닌 사람이 물론 유리합니다. 그건 어느 조직이나 마찬가지 아닐까요? 그러나 그건 '내공이 비슷해 보일 때'라는 전제가 있습니다.

중요한 건 외모와는 좀 다른 의미인 '분위기'인 것 같습니다. 이건 잘생기고 못 생기고와는 조금 다른 차원의 '무엇'입니다. 잘생긴 남자도 분위기가 여러 가지 아닙니까? 예쁜 여자도 마찬가지고요. 잘생겼다고 말할 수는 없지만 뭔가 신뢰가 가는 느낌을 주는 사람이 있고, 미스코리아처럼 예쁜데 그걸 빼고는 이렇다 할 특징이 없는 여자도 있는 법입니다. 사람의 분위기는 그 사람이 평소 어떤 가치를 갖고 어떻게 생활해왔는가에 의해서 만들어진다고 생각합니다. 생긴 것과 마찬가지로 바꾸는 데는 한계가 있겠지만 그래도 이런 분위기의 인물로 비춰지기를 기대해 보십시오. 겸손하지만 당당하고, 부드럽지만 단호하며, 조금은 투박해 보이지만 믿음이 가는 그런 인물로 말입니다.

논술에 대해서

● **논술을 대하는 기본자세**

지금부터 말씀드리는 것은 제가 몇 년간 학생들을 가르치면서 스스로 터득한 것입니다. 따라서 제 말이 맞는지 이론적인 토대를 갖고 검증하지는 못했습니다. 그럼에도 불구하고 '제가 생각하는 논술은 이런 것입니다' 하고 말하고자 합니다. 잘 들어보시고 참고할 만한 얘기들이 있다면 새겨두길 바랍니다.

우선 논술 때문에 고민하는 학생들 중 상당수가 자신은 글솜씨가 없어서 논술을 잘 쓰지 못한다고 생각합니다. 미리 말씀드리는데 논술을 잘 쓰지 못하는 학생들 대다수는 글솜씨가 문제가 아니라 아는 게 없어서 쓸 게 없다는 것이 문젭니다. 논제에 대해서 아는 게 없으니까 쓸 게 없고, 글자 수는 채워야 하니까 중언부언하고, 상식선에서 얘기할 수 있는 공허한 얘기나 늘어놓게 되는 것입니다. 글솜씨가 아니라 머릿속에 콘텐츠가 많지 않음을 걱정하라는 애깁니다.

그 다음 논술을 가르치면서 많이 들었던 질문들은 '이런 식으로 써도 돼요?', '이렇게 시작해도 됩니까?' 하는 식으로 논술의 '룰'(rule)에 대한 것들이었습니다. 논술을 쓸 때 지켜야 할 기본적인 '틀'이 없는 것은 아닙니다만, '어떻게 써야 한다'는 격식에 얽매이는 것은 좋지 않습니다. '논술은 그저 논제에 관한 자신의 생각을 논리적으로 설득력 있게 쓰는 글'이라는 것만 생각하시기를 바랍니다.

마지막으로 논술은 누구에게 보라고 쓰는 글인가도 생각해보십시오. 자신이 누구를 염두에 두고 이 글을 쓰는지를 생각해보라는 겁니다. 학생들이 쓴 논술을 보다 보면 지적 수준이 자신들보다 훨씬 낮은 사람을 상대로 쓴 것처럼 건방져 보이는 글도 있고요. 아니면 쟁점이 있을 수 있는 사안에 대해서 어느 한쪽을 향해 불같은 공격을 퍼붓는 글도 있습니다. 제 생각입니다만 논술은 자신과 비슷한 아니면 조금은 지적 수준이 높은 이들을 대상으로 삼는 게 바람직하다고 봅니다. 또한 자신의 주장과 동의하는 쪽보다는 어느 쪽인지 입장을 정하지 않은 사람들이나 반대하는 사람들을 설득해보겠다는 자세를 갖는 것이 좋습니다. 그래야 글이 '겸손'해지고 설득력을 갖게 되는 것이라고 봅니다.

이런 기본적인 생각을 갖고 이제 논술을 좀더 자세하게 논해볼까요?

● 논술이란, 잘 쓴 논술이란

사전적 의미로 본다면, 논술은 논제(論題)에 대한 자신의 견해를 논리적으로 서술하는 글이죠. 즉, 논술의 생명은 논리적이냐 하는 것입니다. 이게 기본입니다. 한 걸음 나아가서 잘 쓴 논술은 뭘까요? 자신의 논리를 얼마나 설득력 있게 전달하느냐 하는 것이라고 생각합니다. 설득력 있게 전달한다는 건, 논술을 읽는 이가 자신의 견해에 동의하거나 최소한 공감할 수 있도록 하는 겁니다. 설득력 있는 글은 객관적인 사실과 자신의 주장을 잘 구분하고 있고요. 인용한 사실들이 정확하며,

자신의 주장을 강요하지 않는 글입니다.

그러려면 어떻게 해야 할까요? 자신의 논리를 잘 전개해서 읽기 편하고, 흥미로운 글을 써야겠죠. 흡인력(吸引力) 있는 글을 써야 한다는 거죠. 이게 쉽지 않습니다. 이런저런 글을 읽다 보면, 틀린 말은 하나 없는 것 같은데, 읽고 나면 아무것도 남는 게 없는 글을 많이 봤을 겁니다. 공허하죠. 그렇다면 어떻게 하면 읽는 이의 마음을 뺏을 수 있을까 고민해야 합니다. 또, 아무리 논리 전개가 무리가 없고, 나름 설득력을 갖는다 해도 독창성이 없으면 읽는 이들의 눈길과 마음을 빼앗기 쉽지 않습니다. 여기에 문장력을 갖춘다면 훌륭한 논술이 되는 겁니다.

종합해서 말하자면, 좋은 논술은 우선 논리적이어야 하고, 그 논리를 설득력 있게 서술하는 것인데, 설득력을 높이려면 독창적이고 세련된 글로 흡인력을 높여서 읽는 이의 눈길과 마음을 끌어당기는 것이라 할 수 있겠습니다. 너무 복잡한가요? 이런 거 사실 팔굽혀펴기를 하는 동작을 하나하나 풀어서 쓰면 매우 복잡한 것과 비슷한 겁니다. 두 팔을 어깨 넓이로 벌려 땅에 대고 두 다리는 쭉 뻗어서 … 얼마나 복잡합니까? 그러나 행위 자체는 간단하죠. 그런 겁니다. 앞으로 논술을 읽을 때나 쓸 때 이런 물음들을 생각하십시오. 논리적인가, 설득력 있는가, 독창적인가, 문장력은 좋은가, 흡인력이 있는가?

•어떻게 써내려 갈까

첫째, 논제(論題)부터 제대로 이해해야 합니다. 논술의 첫 번째 관문은 논제에 대한 정확한 이해입니다. 이 대목에서 잘못 길을 잡으면 논술은 틀린 길로 가거나 길을 잃기 십상입니다. 좀 거칠긴 하지만 예를 하나 들어보죠, '입양특례법은 입양될 처지에 있는 아동들에게 어떤 영향을 미치고 있는지 서술하라'는 논제를 받아들었다고 가정해봅시다. 우선 입양특례법에 대한 기본적인 지식이 있어야 합니다. 2012년 8월부터 시행되고 있는 입양특례법은 입양을 위해서는 법원의 허가를 받아야 하고, 무엇보다도 친생부모가 출생신고를 해야만 입양이 가능하도록 한 법이죠. 법이 시행되면서 출생신고를 피하려는 친생부모들이 아이를 베이비박스에 넣는 일이 많아져서 이 법을 둘러싼 논란이 크게 일기도 했습니다. 논제는 '이 법이 입양될 처지에 있는 아동들에게 어떤 영향을 미치는가' 하는 것입니다.

그렇다면 우선 입양특례법에 대한 기본적인 지식이 있어야겠죠. 그다음 논제가 원하는 논술이 무엇인지 잘 살펴봐야 합니다. 이 논제를 받고도 '출생신고를 할 형편이 되지 않는 친생부모의 어려움'을 주로 쓴다든가, '미혼모에 대한 사회안전망'에 대해서 쓴다든가 하면 논제에 부합되지 않는 것이겠죠. 아동이 '입양될 처지'에 있지만 이 법 때문에 양부모를 만나기 힘들어졌다든가, 아니면 법적인 절차를 거쳐 입양됨으로써 보다 안전한 미래를 보장받게 된다든가, 나중에 자신의 친생부모를 찾는 일이 가능해지는 장점이 있다든가 하는 식으로 입양될 처지에 있는 아동들에게 미치는 영향에 초점을 맞춰야 합니다. 동네까지는 맞는데 다른 번지에서 헤매면 그건 제대로 된 논술이 아닙니다.

둘째, 논술의 뼈대를 세워야 합니다. 논제를 파악했으면 어떤 논리를 펼 것인가 고민해야 될 겁니다. 아마도 이 대목에서 가장 고민도 되고 시간도 걸릴 것입니다. '어떤 논리를 펴느냐'와 '어떻게 펴느냐' ‒ 이두 가지가 서로 얽혀서 머릿속을 맴돌게 되지만 아무래도 어떤 논리를 펼 것인가부터 정리해야 하겠죠. 앞서 예로 든 논제를 놓고 얘기를 계속해 보겠습니다. 사람에 따라 입양특례법이 입양될 처지에 있는 아이들에게 미치는 영향에 대해서 긍정적으로 보는 사람도 있고, 부정적으로 보는 사람도 있을 것입니다. 이 같은 논제에 부딪치면 우선 자신의 견해는 무엇인지를 알아야 합니다. '이것도 맞고 저것도 맞고' 하는 식의 논리는 읽는 이를 설득시키기 어렵습니다. '입양특례법은 시행 초기 드러나는 문제점이 없지 않으나 보다 장기적인 측면에서 볼 때 입양될 처지에 있는 아동들에게 바람직하다'는 견해를 가질 수 있습니다. 혹은 반대로 '입양특례법의 입법 취지는 이해하나 우리나라의 현실과 맞지 않는 법으로 입양될 처지에 있는 아이들이 유기(遺棄) 되는 부작용이 너무 크다'고 생각할 수도 있죠. 어떤 생각이든지 이 논제에 관한 자신의 견해가 있어야 한다는 것입니다.

자, '입양특례법이 입양될 처지에 있는 아동들에게 긍정적인 영향을 더 미치게 될 것이다'라는 견해를 갖고 있다고 합시다. 그렇다면 이제 어떻게 논리를 전개하느냐 하는 문제에 대면하게 됩니다. 논술의 뼈대를 세워야 하지요. 서론, 본론, 결론에 무엇을 쓰느냐 하는 문제입니다. 서론은 어떻게 시작하고 결론은 무엇을 써야 할지, 또 본론에 들어가서 몇 문단 정도로 나눠서 쓰는 게 좋을지 등의 글의 기본 골격을 세워야 합니다.

앞서 말한 견해를 갖고 있다는 전제 아래 예를 들어보죠. 갓난아기 때 외국 양부모에게 입양됐다가 성년이 돼서 친생부모를 찾으려 애쓰는 사람들이나 잘못된 양부모를 만나 상처를 받은 사례로 시작하는 것도 좋겠죠. 바로 그런 문제들을 해결하고자 입양아의 입장에서 법을 만든 거니까요. 본론에는 입양아를 위해 고쳐진 법 내용들을 소개하면서 바람직한 방향이라는 주장을 펴고, 나중에 반대하는 사람들의 주장을 잠시 소개하고 그에 대한 반론을 펴는 것으로 본론을 마감할 수 있겠죠. 마지막으로 결론은 앞서 얘기한 것을 축약 정리하되 같은 말을 두 번 해서는 안 됩니다.

셋째, 뼈대에 알맞은 살을 붙여야겠죠. 이때 중요한 것은 글의 분량을 어떻게 배분하느냐는 것입니다. 이를테면 1,800자 안팎으로 글을 쓰라고 했고, 서론 - 본론 - 결론 형태의 미괄식으로 논술을 쓰기로 뼈대를 세웠다면 과연 서론은 몇 자 정도로 쓸 것인가, 마찬가지로 본론과 결론의 크기는 어느 정도로 할 것인가 하는 문제를 결정하는 것입니다. 서론은 거창하게 시작했다가 결론은 쫓기듯 내리는 경우가 있습니다. 글의 모양새가 '큰바위얼굴', 가분수가 되는 겁니다. 뼈대에 맞는 살을 적당하게 붙여주는 게 중요합니다. 서론, 본론, 결론의 비율은 1:3:1 내지 1: 3.5: 0.5 정도가 무난하고요, 이 분량에서 문단을 적절히 나누는 것도 중요합니다. 외형상 이렇게 잘 구성된 논술은 일단 자신의 주장을 논리적으로 '보이게' 합니다. 사실 이렇게 잘 구성하려면 주장의 전개가 논리적이어야 합니다.

흡인력이 있어야 합니다. 글을 쓰면서 어떻게 하면 좀더 읽고 싶은 글을 쓸 수 있을까 고민해야 합니다. '글솜씨'라는 게 필요한 단계입니다. 어떤 사례를 드느냐, 어떤 표현을 쓰느냐에 따라 글의 흡인력이 달라집니다. 독창성과 문장력이 필요한 순간이죠. 같은 말이라도 멋있게 하는 사람이 있고, 멋있는 생각도 별 볼 일 없이 말하는 사람이 있듯이, 문장도 마찬가지입니다. 글이 좋으면 같은 생각도 훨씬 그럴듯해 보이기 마련입니다. 그렇다고 '없는 것'을 잘 꾸며서 '있는 것'처럼 하라는 얘기는 절대 아닙니다. '없는 것'은 상수(上手)가 보면 금방 드러나게 마련입니다.

흡인력은 첫 문단에서 반 이상 결정됩니다. '첫 문단의 첫 줄을 무엇으로 쓸까'는 그래서 매우 중요합니다. 입사를 위한 논술에서는 더더군다나 중요합니다. 무난한 글은 탈락하기 쉽습니다. 그렇다고 논제에 적합하지 않은 도입을 해놓고 본론으로 이어가기 어려워 끙끙대는 것도 곤란합니다. 글의 도입을 잘하기 위해선 머릿속에 콘텐츠가 풍부해야 합니다. 영화 얘기로 시작할 수도 있고, 역사적 사건으로 풀어갈 수도 있으며, 유명한 사람의 인상적인 말을 내세울 수도 있으려면 말입니다.

마지막으로 찬찬히 자신의 글을 읽어보세요. 이제 읽는 이의 입장에서 읽어보십시오. 자신의 주장에 어떤 반론이 있을지 자기가 남이 되어 따져보십시오. 이런저런 반론이 가능할 것 같으면, 그 반론을 잠재울 수 있는 논리를 다시 한 번 생각해보십시오. 그리고 너무 단정적으로 표현한 부분이 있으면 좀더 순화시키시고요. 자신의 주장을 뚜렷하게 펼치는 것이 매우 중요하나 그게 곧 일방적인 주장을 의미하는 것은 아닙니다. 겸손해 보이지만 자신의 뜻이 분명하고 단호한 글이 설득력 있습니다.

끝으로 하나만 더 말씀드립니다. 논술을 직접 써볼 때 원고지에 글로 쓰는 훈련을 해보세요. 요즘처럼 컴퓨터 자판을 치면서 글을 쓸 때와 원고지에 쓸 때, 사고(思考)의 작동방식은 굉장히 다르답니다. 컴퓨터 자판을 치는 식으로 생각해 글을 쓰면 원고지가 아마 수정테이프 자국으로 가득 차게 될 것입니다. 원고지에 쓰면 머릿속에서 한 문장 전체를 정리한 뒤에야 쓰기 시작할 수밖에 없습니다. 띄어쓰기도 신경 써야 할 것입니다. 글씨체도 매우 중요합니다. 읽기 쉽게, 깨끗하게 쓰는 것은 정말로 중요합니다. 제가 입사 희망자들의 논술 채점을 몇 번 해봐서 더욱 이 점을 강조하고 싶네요.

• 자주 발견되는 잘못된 부분들

논술을 가르치면서 보니까 학생들이 글을 쓸 때 '저지르는' 잘못들이 대략 몇 가지 유형으로 나뉘더군요. 주장하는 내용이라든가 논리의 전개 같은 본질적인 면이 가장 중요하겠지만 사실 글쓰기 자체도 물론 중요합니다. 그럼 몇 가지 사례를 들어 학생들의 논술에서 나타나는 잘못들을 말해보겠습니다.

첫째, 한 문장을 너무 길게 쓰는 경우가 많습니다. 글이 길어지면 뜻이 명확하지 않을 때가 많고 주어와 술어가 서로 상응하지 않게 되는 일도 자주 생기게 되죠. 가능한 한 한 문장을 짧게 써 버릇하십시오. 밀양 송전탑 건설과 관련해 학생이 쓴 논술의 한 부분과 이를 고친 글입니다.[2] 비교해보십시오. 어느 쪽이 쉽게 눈에 들어오는지.

> 이런 상황에서 반대 입장에서는 '지중화'나 '백지화'만 주장하고 있는데 '지중화'는 현실적으로 실현 불가능하기에 그 대신 주민들에게 '통 큰 보상'을 약속하겠다는 한전의 입장에 무조건적 백지화를 주장하는 것은 비현실적이라고 생각한다.

⇩

> 반대 입장에서는 '지중화'나 '백지화'만 주장하고 있다. 반면 한전은 '지중화'는 현실적으로 실현 불가능하다면서 그 대신 주민들에게 '통 큰 보상'을 약속하고 있다. 이런 상황에서 주민들이 무조건 백지화만 주장하는 것은 비현실적이라고 생각한다.

---

2 비교를 위해 학생이 쓴 글을 최대한 살리는 방향으로 고쳤다. 따라서 같은 의미를 전달한다고 할 때, 고친 글이 최선이 아닐 수도 있다.

더 긴 글도 가끔 눈에 띕니다. 먼저 한 학생이 국민참여재판과 관련한 논술에서 쓴 글과 이를 고친 글입니다. 역시 잘 비교해보시기 바랍니다.

　법조인은 그 어떠한 개인의 성향과 무관하게 오로지 법에 의해서만 공정하고 정의에 부합하는 판결을 내려야 하는 것이 원칙이지만 정치 재판이 '승자의 싸움'이라는 말도 있는 것을 고려한다면 국민참여재판 제도에 의해 배심원들로 하여금 법조인들의 정치적 이해를 경계하게 함으로써 혹시 있을지 모를 불공정한 판결을 미연에 방지하고 정의가 이기는 싸움으로 재판을 이끄는 것이 민주사회 구현을 위한 보다 나은 대안이 될 수 있을 것이다.

⇩

　판사는 자신의 정치적 성향과는 관계없이 오로지 법에 의해서 공정하고 정의로운 판결을 내려야 한다. 그러나 '승자의 재판'이라는 말이 있듯이 판사들도 정치적인 압력이나 이해에서 완전히 자유롭지 못한 것도 현실이다. 따라서 배심원들이 혹시 있을지도 모를 판사의 불공정한 판결을 사전에 방지함으로서 재판을 정의롭게 할 수 있을 것이다. 그렇기에 국민참여재판은 민주사회 구현을 위한 대안이 될 수 있을 것이다.

　둘째, 쓸데없이 어렵고 복잡하게 쓰는 일이 많습니다. 글은 뜻이 분명하고 단순하게 쓰는 게 좋습니다. 내용은 심오하더라도 말이죠. 왜 이 단어를 이렇게 쓰는지 깊은 의식 없이 그럴 듯한 단어를 나열하는 식의 글이 많습니다. 쓸데없이 어려운 단어를 불쑥 쓰는 경우도 있고요. 얼핏 볼 때는 뭔가 '있어 보이지만' 하나하나 따지면 문장이 되지 않거나 의미가 달라지는 경우도 꽤 있습니다. 단어 하나를 쓰고 문장 하나를 완성할 때 왜 이렇게 썼는지 꼼꼼히 따져보는 훈련이 필요합니다. 사례 몇 가지 보겠습니다.

참여재판은 감성정치나 여론정치로의 가능성을 갖고 있다.

윗글을 쓴 학생이 무슨 말을 하고 싶어 하는지는 짐작되죠? 참여재판에서 배심원들이 감성적인 평결을 내리거나 여론을 인식해 '인민재판'식의 평결을 내릴 수 있다는 의미겠죠. 왜 '정치'라는 말이 뒤에 붙었는지 모르겠습니다. 앞뒤 문장을 읽어봐도 마찬가지였습니다.

또 다른 사례입니다.

주민들은 식음을 전폐하고 농성을 벌이며, 정부는 '권력'이라는 힘을 이용해서 밀어붙이기식의 태도를 일관하고 있다.

'권력이라는 힘을 이용해서'라는 말은 왜 들어갔나요? 좀 멋있어 보여서 그랬겠지만 별로 좋지 않은 '멋 부리기'입니다. 그냥 '정부는 밀어붙이기식의 태도를 일관하고 있다'고 쓰는 게 더 좋습니다. 사례 하나만 더 보죠.

입양과 관련되어 미혼모 문제가 관련되어 있기에 두 가지 상황에 대해 맞물리는 대책으로 입양특례법이 개정되었을 것이다. **우리가 바라는 이상적인 이념과 그를 이루고자 하는 실행 사이에 법과 제도를 통해 상호 간 도움이 될 수 있도록 촉진제 역할을 수행시켜야 한다고 생각한다.** 하지만 우리의 이상과 그를 위한 제도, 즉 입양특례법이 올바로 실행되지 못하고, 나아가 더 위험한 범죄문제로 심화되었다.

글이 너무 심오하고 현학적으로 보이네요. 자신의 글을 잘 포장하는 것은 분명 중요합니다. 그런데 이렇게 어렵게 써서는 곤란하죠. 내용이 어려운 게 아니라 글 자체가 무엇을 말하는 건지 이해하기 쉽지 않다는 겁니다. 이런 식의 글쓰기는 좋지 않습니다. 거듭 말하지만 내용은 심오하더라도 모양은 '심플'한 글이 좋습니다.

셋째, 너무 '세게' 쓰지 마세요. 괜한 거부감만 줍니다. 논술의 생명은 설득력에 있습니다. 자신의 지식을 자랑하는 글도 아니고 자신의 생각을 고백하는 글도 아닙니다. 사회적인 쟁점에 관한 사안에 대해서 어느 한쪽의 입장을 대변하기 위한 정당이나 단체의 '성명서'는 더욱 아닙니다. 자신의 주장을 읽는 이들에게 설득력 있게 전달하는 글입니다. 주장이 확실한 것은 좋은데 상대의 주장을 너무 '깔아뭉개'거나, 자신의 의견이 최선이라는 '오만'한 모습을 보인다면 그걸 읽는 사람들은 거부감을 느끼게 됩니다. 그 상황에서 설득을 당한다는 것은 불가능하겠죠. 몇 가지 사례를 보도록 하죠.

입양특례법이 개정되기 이전에는 아이에게 번호를 붙여 밖으로 팔아버리는
수준으로 입양이 무분별하게 이루어졌다.

입양특례법이 개정돼 시행된 게 2012년 8월부터인 것으로 알고 있는
데 그 이전에 이뤄진 입양은 아이에게 번호를 붙여 밖으로 팔아버리는
수준이었다고요? 지금도 일하고 있는 입양기관들은 그렇다면 '아이 판
매소'였다는 얘긴데 … 글쎄요. 제가 이 부분에 대한 지식이 부족해 단
언하기는 힘듭니다만, 이렇게까지 했겠습니까. 만약 이렇게 표현할 정
도의 근거가 있었다면 얘기는 다릅니다. 그랬다면 그걸 제시해야죠.
입양특례법의 필요성을 강조하려는 의도는 이해하지만 너무 지나쳐 오
히려 반감을 살까 우려되는 글입니다. 이번엔 입양특례법을 혹평하는
글도 한번 보겠습니다.

따라서 현재의 입양특례법은 입양을 고려하는 부모가 사실상 아이를 길거리
에 버리게 만드는 법인 것이다.

역시 마찬가집니다. 입양특례법에 긍정적인 면이 있는 데도 불구하
고 이렇게까지 비난한다면 읽는 이들에게 거부감을 주진 않을까요? 입
양특례법 개정을 촉구하는 단체의 홍보전단이라면 모를까, 논술로서는
부적절한 수위의 글이라고 생각합니다.

넷째, 부적절한 단어, 표현들도 많습니다. 몇 가지 사례를 들어보겠습니다.

> 그렇다고 포퓰리즘이었던 공약을 지켜야 한다는 논리로 장기적인 복지를 계획할 수는 없는 일이다. 포퓰리즘을 구별해내는 것을 대선 전에 했으면 좋았겠으나 그렇지 않은 이상 **공약 파기는 전진을 위한 일보후퇴이다**.

아무리 대선 공약을 재검토해야 한다는 논리에 동의를 한다 하더라도 '공약 파기는 전진을 위한 일보후퇴이다'라고 까지 표현한 것은 적절치 못하다고 생각합니다. 여권의 누가 이런 말을 했다면 아마 엄청난 비난을 받았을 것입니다.

> 독재정권에서는 절대 환영받을 수 없는 제도로 피고인이 국민참여재판을 받을 권리를 보장해야 하고 무죄가 선고된다는 이유 하나만으로 국민참여재판 **이용권**을 침해하는 것은 헌법상 위헌으로 판단될 소지가 있다.

국민참여재판 이용권이 뭡니까? 이용권은 주로 사우나 이용권, 놀이시설 이용권 등으로 사용되는 단어 아닌가요? '국민참여재판을 받을 권리를 침해하는 것은 …'이라고 써야죠. '이용권'은 부적절했습니다.

마지막으로 너무 뻔한 얘기는 곤란하다는 말씀을 드립니다. 이런 아주 상식적인 얘기는 결론 부분에 주로 많이 나옵니다. 학생들 앞에서 전 이런 글을 '공자님 말씀'이라고 불렀는데요. 이 '공자님 말씀'은 본론에서 쓸 얘기 다하고 나니까 정작 결론에서 쓸 말이 부족할 때 같은 말을 다시 쓸 수도 없고 그래서 아주 난감할 때 주로 출현합니다. '공자님 말씀' 몇 가지만 볼까요?

> 또한 입양이 불가피하다면 입양될 영아와 친부모 또한 양부모 모두가 행복할 수 있는 더 성숙된 법이 시급하다.

> 최대한 빠른 시간 내에 기초연금이 자리를 잡고 더 나은 노인복지에 대한 정책들로 하여금 노인들이 살아가기에 불편함이 없는 나라로 거듭나기를 기대해 본다.

이런 글이 결론의 가장 마지막 줄을 장식하고 있을 때 논술 전체의 인상이 매우 '따분'해지곤 합니다. 마지막 줄을 어떻게 쓸 것인가는 논술의 뼈대를 세우는 단계에서부터 고민해서 결정을 해놓고 글을 써내려가는 게 좋습니다.

여기서 한 학생이 쓴 논술을 쭉 보면서 앞에서 한 얘기들을 정리해보도록 하겠습니다. 이 논술의 논제는 "입양특례법이 입양이나 입양될 아동들에게 어떠한 영향을 미칠 것으로 보는지에 대해서 서술하시오"였습니다. 찬찬히 한번 잘 읽어보십시오.

3학년 학생이 쓴 논술인데, 제가 가르치던 반에선 상대적으로 잘 쓴 편에 속합니다. 그렇다고 해도 이 논술이 '모범답안'은 아닙니다. 부족한 점도 많은 글입니다. 자, 한번 볼까요?

작년 8월, 입양특례법이 시행되면서 이 법안에 포함된 내용이 바람직한 것인가에 대한 논란이 뜨겁다. 개정되기 이전의 법에서 보장해주지 못했던 부분들이 이번 입양특례법을 통해서 충족될 수 있다는 점에서 이 법이 타당하다고 생각한다. ①

먼저, 이번 입양특례법은 입양아동들이 자신들의 친부모를 찾을 수 있는 가능성을 높이는 데 기여할 것이다. 법이 개정되기 이전, 우리나라에서는 입양아동들의 '신분세탁'이 번번이 이루어졌다. 입양기관이 입양아동의 출생신고를 하고, 그들의 신상정보도 양부모가 원하는 대로 거짓으로 꾸며냈던 것이다. 그 결과 입양된 아동들은 성장하여 친부모를 찾는 것이 거의 불가능하게 되었다. 그런데 이번 법안에서는 친부모에 의한 출생신고를 의무화하고 있다. 따라서 이는 분명 입양아동들이 인간으로서 존중받아야 할 본질적인 권리인 원가족으로의 복귀 가능성을 높이는 측면이 있다는 점에서 입양아동들에게 바람직하다고 볼 수 있다. ②

다음으로 입양특례법은 입양의 질적인 측면을 제고하는 데 기여하는 바가 크다. 이번 법안을 통해서 사실상 입양을 하는 절차가 이전보다는 복잡해졌고 그 결과 입양을 하는 것이 예전만큼 쉽지는 않게 되었다. 특히, 입양가정에 대한 심사부문이 엄격해졌다. 결혼 후 3년 이상 지난 가정에 입양자격을 준다는 내용만 보더라도 그러하다. 입양특례법이 시행되기 이전, 우리사회에서는 입양의 수적인 측면만이 강조되어 무분별하게 입양이 촉진되어왔다. 그러한 사회적 분위기 속에서 이루어진 입양 중에는 오히려 입양아동의 권리신장에 반하는 사례도 꽤 있었다. 이런 점을 고려할 때 입양가정에 대한 사전 자격 심사와 사후관리가 강화된 입양특례법은 입양아동들에게 꼭 필요한

법이라고 생각한다. ③

이번 법안에 대해 반대하는 측에서는 오히려 이로 인해 입양수가 줄고 유기아동 수는 늘었다고 반박한다. 하지만 이러한 주장은 피상적인 주장이고 아직 확실히 검증된 바가 없다. 입양을 보내는 엄마의 대부분인 미혼모가 생각을 바꿔서 그런 것일 수도 있다. 또 유기아동 수의 급격한 증가는 베이비박스에 맡겨진 아동들의 수를 보고 말한 것이기 때문에 이를 단순히 유기아동 수의 급격한 증가로 여기는 것은 옳지 않다. ④

또한 이들은 입양특례법으로 인해 미혼모는 출생신고를 꺼리게 되었고 이는 결국 입양아동들의 입양 받을 수 있는 권리마저 침해한 것이라고 말한다. 하지만 미혼모들의 출생신고 기피와 관련해서는 부분적으로 당사자의 동의하에 정보를 공개하도록 하는 가족관계등록법을 개정하는 방법이 있다. 따라서 이러한 이유로 입양특례법의 전면적인 개정을 주장하는 것은 타당하지 않다. ⑤

입양특례법이 시행되기 전, 우리나라에서는 당사자들 간의 개인적 합의하에 입양이 이루어졌다. 이에 따라 입양의 수는 지금보다 많았을지도 모른다. 하지만 입양과 관련해서 우리는 단순히 입양의 수에만 초점을 맞출 것이 아니라 입양을 통해서 아동들의 삶에 질적인 개선이 이루어질 수 있는 방안을 모색해야 한다. 입양특례법의 근본적인 취지는 입양아동들의 권리신장이다. 헤이그국제아동협약의 내용과도 일맥상통하는 입양특례법은 분명 입양아동들의 실질적인 권리신장이라는 가치에 부합하는 법안이 될 것이라고 생각한다. ⑥

첫째, 논제에 충실했습니다. 결론은 '입양특례법은 입양아동들의 권리신장에 도움이 된다'는 것이었습니다. 곁가지로 빠지지 않고 쭉 논제에 대한 이야기로 끌고 간 것이 좋았습니다.

둘째, 논리전개도 괜찮았습니다. 좀더 구체적으로 문단별로 뜯어보겠습니다.

①은 서론이죠? 너무 간단하군요. 간단한 건 좋으나 매력이 없습니다. ②부터 ⑤까지는 본론이네요. ②, ③은 입양특례법의 장점을 두 가지로 나눠 썼고, ④, ⑤는 입양특례법을 반대하는 쪽의 논리를 반박하거나 대안을 제시했습니다. ⑥은 결론입니다.

문단 수로 봤을 때 서론 - 본론 - 결론의 비율이 1 : 4 : 1이네요. 적절하다고 봅니다. 분량의 측면에서 보면 결론이 서론보다 두 배가량 많은데 결론이 조금 줄고 서론이 조금 더 길었으면 합니다.

어법이나 표현도 무난한 편입니다. 이 부분은 그냥 넘어가겠습니다.

내용에 있어서 한 가지만 말씀드리고자 합니다. ②번 문단의 밑줄 친 문장을 봅시다. '입양아동의 본질적인 권리가 원가족으로의 복귀'입니까? 입양특례법이 친부모에게 출생신고의 의무를 지운 게 원가족으로의 복귀 가능성을 높이기 위해서입니까? 그렇게 생각하지 않습니다. 그것보다는 인간이라면 느끼는 '나는 어디서부터 왔는가, 나의 친생부모는 어떤 이들인가' 하는 원초적 질문에 대한 대답이 가능하도록 해서 입양아들의 정체성 혼란을 막자는 취지 아니었습니까? 친부모가 출생신고를 하도록 하는 이유에 대한 설명이 적절치 않으면 출생신고를 해야 하는 당위성에 대한 논리적 뒷받침이 약해지겠죠.

이 논술의 가장 큰 문제는 흡인력이 떨어진다는 것입니다. 서론이 특히 그렇습니다. 친부모를 찾으러 왔다가 못 찾은 입양아의 사연으로 시작했다면 좋았을 것입니다. 본론도 아주 딱딱해서 읽는 '재미'가 없습니다. 도입부에서 쓴 '사례'를 중간중간 섞어가면서 썼다면 훨씬 읽기 편했을 것입니다. 결론도 마찬가지입니다. 서론의 사례와 연결되는 문장으로 끝을 낸다면 수미상관(首尾相關)하는 모습으로 글의 완성도도 높아질 수 있었을 것입니다. 그렇다고 해서 반드시 사례로 시작하는 게 좋다는 얘기는 아닙니다. 어떤 방법으로든 읽고 싶은 글을 쓰라는 것입니다.

전체적으로 볼 때 흡인력은 떨어지나 또박또박 논리를 전개함으로써 최소한의 '틀'은 어느 정도 갖춘 글이라고 할 수 있습니다.

논술 역시 자꾸 써봐야 합니다. 콘텐츠가 글의 품질을 좌우한다고 하지만 사실 기술도 어느 정도는 필요하니까요. 기회가 나는 대로 논술을 써볼 것을 당부합니다. 그리고 가능한 논술의 내용을 여러 사람에게 보여주고 그들의 의견을 들어보십시오. 그게 실력을 향상시키는 데 큰 도움이 될 수 있을 것입니다. 꼭 언론사 입사를 위해서가 아니라 자신의 생각을 제대로 글로 표현하는 것은 대학생이라면 어느 정도 갖춰야 할 소양 아니겠습니까.

끝으로 다시 한 번 강조합니다. 논술은 머릿속에 활용 가능한 콘텐츠가 많아야 잘 쓸 수 있습니다. 많이 보고, 읽고, 느끼시길 권합니다.

강의를 마치며

세월호 참사에 대한 얘기로 강의를 마무리할까 합니다. 이 사건은 우리 사회를 세월호 전(前)과 세월호 후(後)로 나눌 수 있을 정도로 말 그대로 획기적인 사건이었습니다. 우리 사회에 낀 모든 '거품'과 '착시'(錯視)에서 벗어나, 우리 사회 각 분야의 진짜 모습과 실력을 깨닫게 해준 계기였으니까요. 언론도 그중 하나였죠.

"언론은 이슈가 아닌 진실을 보도해주십시오."[1]

세월호 가족들이 '이슈'와 '진실'을 어떤 의미로 썼는지 정확히는 모르겠으나, 사실과 진실을 구분해 달라는 얘기라고 생각합니다. '이런 일이 있었다', '누가 이렇게 말했다' 하는 식으로 단순히 전달만 하지 말고 거기서 정말 무슨 일이 벌어지고 있는지, 그건 옳은지 그른지, 믿을 만

---

1 "… 지금 언론은 무엇을 하고 있습니까? 신속한 구조작업을 촉구하는 목소리는 들리지 않습니다. 그저 속보경쟁에 열 올리며 오보를 내기 일쑤이고, 살아남은 이들에 대한 과도한 취재 경쟁으로 아이들의 상처를 더하고 있습니다. … 언론은 이슈가 아닌 진실을 보도해 주십시오. 진도의 학부모들은 언론과 현실이 너무나 다르다며 분통을 터뜨리고 계십니다."(2014. 4. 22. 단원고 생존자 학부모 일동)

한 얘기인지 아닌지 가려주고 판단해 달라는 뜻이라고 생각합니다. 언론이 그 일을 하지 못했다는 것입니다.

"언론에 요청드립니다. 저희의 요구를 그대로 보도해 주십시오."[2]

저는 이 말에서 '그대로'라는 말이 마음에 걸렸습니다. 자신들의 입장에 서달라는 것도 아니고, 마음에 드는 보도를 해달라는 것도 아닌 그냥 '그대로 보도해달라'는 것입니다. 이 같은 요구가 나오게 된 상황에 대해 저 역시 기자로서 그저 참담할 따름입니다.

절박한 심정의 가족들에게 '어떤 보도가 만족스러울 수 있겠느냐'라며, 이들의 비난을 슬쩍 눈 감고 피하려 하다가도 '단원고 학생 전원구조' 같은 희대(稀代)의 오보를 날리고도 아무 일 없었던 듯이 입을 씻고, 구조현장에서 현실보다 '과대 포장된 발표'를 전달하는 데 급급했던 것에 생각이 미치면 할 말이 없습니다. 또 '기자는 냉정해야 한다'는 생각에 사로잡힌 나머지 기자들이 스스로를 비인간적이고 무례한 존재들로 만들지는 않았는지 반성해볼 일입니다. 물론 같은 언론이라고 한꺼번에 도매금으로 넘어가는 게 억울한 언론사도 있을 것이고, 취재 기자들도 있겠습니다만, 세월호 참사가 우리 언론의 부끄러운 민낯을 드러낸 건 부인하기 힘든 사실입니다.

---

2 "언론에 요청드립니다. 저희의 요구를 그대로 보도하여 주십시오. 더 나아가 철저한 진상규명이 이루어지기 위해 무엇이 더 필요한지, 그것이 가능하기 위해 누가 무엇을 하여야 하는지를 연구하고 조사하고 제시해 주십시오. 철저한 진상규명이 완성될 때까지 비판과 감시를 이어나가 국민을 위한 언론으로 부활해 주십시오."(2014. 5. 16. 세월호 사고 희생자, 실종자, 생존자 및 가족 대책위원회)

기자가 되려는 여러분께 이런 우울한 말씀을 드리는 것이 마음에 걸립니다만, 제가 이 얘기를 꺼낸 뜻은 그저 반성의 말을 하려는 게 아닙니다. 여러분 한번 거꾸로 생각해보세요. 우선 여러분이 이미 기자였다고 생각합시다. 그래서 만약 세월호 참사가 터지기 전에 화물을 규정보다 많이 싣는 선박들의 불법을 고발하고, 배가 위험해서 타지 못하겠다고 회사를 떠난 세월호의 전(前) 선원들을 만나 취재해 보도하고, 선박의 안전을 검사하는 기관과 선박회사와의 유착 관계에 대해 탐사 보도를 했다면 어땠을까요. 또, 해양수산부 관리들이 능력과 관계없이 해운업계에 낙하산으로 투하되는 것이나, 배를 타본 경험이라고는 거의 없는 해양경찰의 구조적인 문제를 심층 취재해 보도했다면 어땠을까요.

보도를 한다고 모든 일이 고쳐지고 변화하는 것은 물론 아닙니다만, 경우에 따라선 결정적인 변화를 이끌기도 합니다. 선배기자들이 직무유기를 했다고 비난만 하지 마시고, 노력을 했지만 우리 사회엔 '세월호'가 너무 많아서, 또 그 많은 '세월호'를 둘러싼 악습의 고리가 너무 견고해 이들을 고치기엔 힘이 부쳤을 수도 있었을 것이라고 생각해주시길 바랍니다.

지금도 또 다른 세월호들이 여기저기 도사리고 있습니다. 그런 것들을 찾아내서 바로잡는 일을 하라고 언론이 있는 것이고, 기자가 존재합니다. 언론을 참담하게 만든 세월호 참사는 역설적으로 여러분이 빨리 기자가 돼야 하는 아주 중요한 이유를 제공하고 있습니다. 우리 사회가 여러분에게 어서 기자가 돼서 여기저기 웅크리고 있는 '제 2, 제 3의 세월호'를 찾아내고 위기에 빠진 언론을 '구조'하는 데 힘을 보태줄 것을 재촉하고 있는 것입니다.

이제 강의를 마쳐야 할 때가 됐군요. 강의에서 저는 주로 기사를 쓰는 법, 리포트를 만드는 '기술'에 대해서 말했습니다. 그런 것이 기본이 돼야 여러분의 훌륭한 취재에 빛이 더해집니다. 여러분 가운데 기자다운 기자들이 많이 나와서 '좋은 기사' 많이 써주기를 기대합니다. 그리고 제 강의가 여러분이 기자가 되는 데, 그래서 '좋은 기사'를 쓰는 데 조금이나마 도움이 되기를 바랄 뿐입니다.

고맙습니다.

참고도서

강내원 외 (2010), 《저널리즘의 이해》, 한울아카데미.

강상현 외 (2011), 《현대사회와 매스커뮤니케이션》, 한울아카데미.

국립국어원·MBC (2006), 《TV뉴스 문장쓰기》, 시대의 창.

김구철 (2005), 《방송뉴스 이렇게 쓴다》, 커뮤니케이션북스.

류희림 (2012), 《방송보도 기사쓰기》, 글로세움.

박성호 (2007), 《사건기자매뉴얼》, MBC 보도국.

방송기자연합회 저널리즘 특별위원회 (2013), 《저널리즘의 7가지 문제》, 컬처북.

박재영 외 (2013), 《한국 언론의 품격》, 나남.

빌 코바치·톰 로젠스틸, 이재경 역 (2009), 《저널리즘의 기본원칙》, 한국언론재단.

이건호 (2010), 《언론 글쓰기 이렇게 한다》, 한울.

이광엽 (2007), 《방송뉴스, 기획에서 보도까지》, 커뮤니케이션북스.

이병갑 (2009), 《우리말 문장 바로 쓰기 노트》, 민음사.

이재경 (2005), 《기사작성의 기초》, 나무와 숲.

임장원 (2009), 《TV뉴스 취재보도 실무》, 한국언론재단.

최병선 (2005), 《좋은 글의 시작 올바른 맞춤법》, 동광출판사.

하준우 (2007), 《기사쓰기 워크북》, 나남.